발간등록번호
51-6113103-000070-01

2021 국제교류전 Special Exhibition

북위 北魏

선비 탁발부 鮮卑拓跋部 의 발자취

北魏鮮卑拓跋部的历史足迹

NORTHERN WEI

THE LEGACY OF THE TUOBA TRIBE OF THE XIANBEI

한성백제박물관 SEOUL BAEKJE MUSEUM
국립부여박물관 Buyeo National Museum
洛陽博物館 LUOYANG MUSEUM
大同市博物館 DATONG MUSEUM

국립부여박물관

기　　획 윤형원 권소현
진　　행 박학수 권소현 이영범 조효식 김지호
노지현 신나현 서나현 이유라
지　　원 김소현 류제민 유가람 이지은 김은선
강유미 이혜민 이주이 백인화
보　　존 이영범 노지현 신연홍 김선영 양수현
국제교류 전상은
교육·홍보 김선영 신나현 최소영 이혜민 김명혜 김채원
행정지원 조길원 천혜정 오다경
전시시공 포핀
전시영상 피플리
촬　　영 석진화
자　　문 노중국 박순발 권오영 김기섭 정재훈 최진열

후룬베이얼박물원呼伦贝尔博物院

총　　괄总策划 바이진송白劲松
전시기획展览筹备 천구이팅陈桂婷
전시진행展览执行 천구이팅陈桂婷 아오샹敖翔
원고집필文字撰述 천구이팅陈桂婷 첸진钱进 추이솽崔爽

다퉁시박물관大同市博物馆

총　　괄总策划 왕리민王利民
전시기획展览筹备 차오천밍曹臣明 돤샤오리段晓莉
전시진행展览执行 궈펑郭凤 바이웨白月
원고집필文字撰述 뤄둥펑骆东峰 쉐친친薛琴琴

뤄양박물관洛阳博物馆

총　　괄总策划 리원추李文初
전시기획展览筹备 차오웨썬曹岳森
전시진행展览执行 황차오黄超 스옌옌石艳艳
원고집필文字撰述 황차오黄超 리쓰쓰李思思

한성백제박물관

기　　획 김영심 송동림
진　　행 송동림 김서경 임종문 지숙화 최충기
지　　원 이영선 이정은 장아름 정다움 정수경 황소은
국제교류 장아름
패널·영상 김영심 송동림 이영선 장아름 황소은
유물출납 권순철 최영미
보존처리 정세리
홍보·교육 이경자 김수희 김은형 백길남 정재현 조옥희
행정지원 임석진 권석진 이종덕 최에스더 양재연
강지원 김동현 신아영 최선영 이귀영
전시시공 디자인아침
전시영상 디오
촬　　영 K-Art Studio_김광섭
정지훈 서상수

도록집필 김영심 송동림 이영선 이정은 장아름 정다움 황소은
논고집필 박한제 서울대학교
박순발 충남대학교
강희정 서강대학교
한성춘韓生存 다퉁시박물관大同市博物馆
칼럼집필 최진열 한국전통문화대학교
권소현 김지호 이유라 류제민 이재균 국립부여박물관
도록편집 김영심 송동림 이정은 정다움
도록교정 윤형원 박학수 권소현 이유라
북디자인 (주)디자인나눔_송왕종 김효정 박수연

출품기관 후룬베이얼박물원呼伦贝尔博物院
다퉁시박물관大同市博物馆
뤄양박물관洛阳博物馆
자료협조 다퉁시박물관大同市博物馆
뤄양박물관洛阳博物馆
한국목간학회
타이위안시박물관太原市博物馆
미국 메트로폴리탄미술관The Metropolitan Museum of Art
권소현
Michael D. Gunther

일러두기

1. 이 책은 국립부여박물관과 한성백제박물관이 2021년 10월 19일~11월 28일과 2021년 12월 17일~2022년 2월 27일에 각각 개최한 2021 국제교류전 〈북위北魏 – 선비 탁발부鮮卑拓跋部의 발자취〉의 전시 도록이다.
2. 이 전시는 국립부여박물관, 한성백제박물관, 중국의 후룬베이얼박물원呼倫貝爾博物院, 다퉁시박물관大同市博物館, 뤄양박물관洛陽博物館 공동주최의 전시이다.
3. 이 책에 표기된 인명과 지명 등 외래어 고유명사는 국립국어원의 외래어표기법을 준용하였으며, 이로 인해 혼란이 가중될 경우에 한하여 학계에서 통용되는 명칭을 따랐다.
4. 수록 유물은 명칭(한국어/중국어/영어), 출토지, 시대, 재질, 크기(㎝), 소장처 순으로 명기하였다.
5. 도판의 출처는 일부를 제외하면 중국의 후룬베이얼박물원, 다퉁시박물관, 뤄양박물관 등 출품기관이며, 저작권도 각각 귀속된다.

목 차
CONTENTS

발간사

특별전 「북위北魏 - 선비鮮卑 탁발부拓跋部의 발자취」에 즈음하여

국외교류특별전 '북위-선비 탁발부의 발자취'는 '북위-선비 탁발부'의 문화 전반을 대상으로 중국 바깥에서 소개하는 최초의 전시입니다. 2019년 9월, 국립부여박물관과 한성백제박물관, 중국 후룬베이얼박물원, 다퉁시박물관, 뤄양박물관 5개 박물관은 우호 협약을 체결하고 부여전시(21.10.19.~11.28.)와 서울전시(21.12.17.~22.2.27.)를 개최하기로 하였습니다. 이 전시는 중국 뤄양박물관과 국립부여박물관의 학술문화교류 20주년을 기념하여 2019년 중국 뤄양박물관에서 개최된 '우호로 맺은 20년, 보존과학'(19.9.21.~20.2.2.) 전시에 대한 상호 교류의 일환입니다.

북위北魏-선비 탁발부鮮卑 拓跋部는 5호 16국 시대의 혼란했던 북방을 통일하고, 중앙아시아문화를 적극적으로 받아들이며 유목遊牧문화와 한漢문화를 공존시켰으며, 수隋나라·당唐나라 통일제국의 기틀을 마련했습니다. 이번 전시에서는 북위北魏의 문화를 살펴봄으로써, 백제百濟의 글로벌 활동을 다각도로 조명하였습니다.

올해는 2022년 한중 수교 30주년을 앞두고 '2021-2022 한중 문화교류의 해'의 시작을 알린 매우 뜻깊은 해입니다. 이 특별전으로 선비 탁발부가 이동·발전을 거듭하며 건설한 북위와 다양한 문화를 수용하며 글로벌 국가의 위상을 드높인 백제의 국제교류를 살펴봄으로써 한중 문화교류를 되짚어 보는 의미 있는 기회가 되었습니다.

또한, 지난 10월에는 백제학회·사단법인 중앙아시아학회와 공동으로 국제학술심포지엄 〈백제와 북위Ⅱ〉를 열어, 백제와 북위(선비 탁발부)를 연구하는 한국·중국·몽골·일본·러시아의 학자들이 고고학·미술사·역사학·복식사 등 다양한 주제로 발표와 토론을 펼쳤습니다.

전시와 심포지엄은 중국 남조와 활발하게 교류했던 백제가 또 다른 이웃 나라 북위와는 어떤 문화적 교류를 하였는지를 조명해 보는 연구의 그 출발선상에 있다고 할 수 있겠습니다. 앞으로 백제와 북위의 관계의 진일보한 연구 결과에 밑거름이 되기를 기대해 봅니다.

끝으로 코로나19라는 전대미문의 장벽 속에서도 이번 특별전이 성사될 수 있도록 노력해주신, 중국 후룬베이얼박물원 바이진송 원장님, 다퉁시박물관 왕리민 관장님, 뤄양박물관 리원추 관장님과 황차오 주임, 주한중국대사관과 주중한국대사관 관계자분들께 진심으로 감사의 인사를 드립니다. 또한 전시 준비와 다양한 연계 프로그램 진행에 힘을 다한 국립부여박물관 직원들과 한성백제박물관 직원들에게도 고마운 마음을 전합니다. 이번 특별전이 성사된 만큼, 20년 넘게 이어온 중국 뤄양박물관과 국립부여박물관의 우호가 더욱 빛날 뿐 아니라, 이번 국외교류전시의 공동 개최 5개 기관의 한중 문화교류의 중추 역할이 앞으로도 지속되기를 희망합니다.

2021년 12월

국립부여박물관장

윤 형원

한성백제박물관장

유병하

致 词

《魏书·序纪》记载"昔黄帝有子二十五人，或内列诸华，或外分荒服，昌意少子，受封北土，国有大鲜卑山，因以为号。"鲜卑族作为中国北方古老民族东胡族系的一支，以山名族。拓跋部作为鲜卑族其中的一个部落，在大鲜卑山茫茫林海的嘎仙洞中孕育，积蓄力量，在辽阔蒙古高原的盛乐鹰扬，在草原文化和农耕文明的襟带平城碰撞，历经几百年的迁徙和征战、几千里的跋涉和历练，从小到大、从弱到强，统一北方，最后立都中原洛阳，对中国中古社会格局重塑，对隋唐盛世的出现，奠定了社会和制度的基础，并对华夏多民族文化融合与形成，产生深刻影响，谱写了光彩夺目的华章。

呼伦贝尔、大同、洛阳不仅是鲜卑拓跋部族文化遗产最为集中、丰富的三个地区，而且是三地最具特色的共同历史文化记忆，分别代表了拓跋鲜卑部族起源、发展、壮大，逐步融入中华民族历史进程的各个阶段，因此重塑和再现拓跋鲜卑部历史发展脉络是洛阳博物馆、大同市博物馆、呼伦贝尔博物院三家文博单位的历史责任与使命。此次赴韩国举办"交融·魅力——北魏鲜卑拓跋部的历史足迹"是我们三方经过长时间的实地考察、策划论证以及两次巡展，逐步完善形成的鲜卑拓跋民族融合为主题的大型史诗展览。

"文明因多样而交流，因交流而互鉴，因互鉴而发展"，我们希望通过此次展览的举办，让韩国公众进一步了解中国的北魏时代，认识鲜卑拓跋部这个古老的民族，增进中韩文化理解提供坚实的基础。持续反复的新冠疫情，不仅没能阻断我们之间共同合作，展览的举办显得中韩文化交流意义更加特殊非凡。

最后，向此次展览付出努力的两国同仁表示衷心的感谢，并预祝展览圆满成功！

洛阳博物馆 馆长 李文初　　大同博物馆 馆长 王利民　　呼伦贝尔博物院 院长 白劲松

인사말

『위서魏書』「서기序紀」에는 "예전에 황제黃帝에게는 25명의 아들이 있었는데, 어떤 아들들은 안으로 중원을 나누어 차지하였고, 어떤 아들들은 바깥으로 변방에 흩어져 자리 잡았다. 막내아들 창의昌意는 북쪽 땅에 봉해졌는데, 나라에는 대선비산大鮮卑山이 있어서 그것으로 이름을 삼았다."라고 기록되어 있습니다. 선비족은 중국 북방의 오래된 민족인 동호족의 하나로, 명칭은 대선비산에서 유래합니다. 탁발부는 선비족 중의 한 부락으로, 대선비산 넓은 삼림의 알선동(가셴동)에서 시작하여 세력을 키우고, 광활한 네이멍구고원의 성락에서 날아올랐으며, 초원 문화와 농경 문명의 요충지인 평성에서 만나, 수백 년간의 이주와 전쟁, 수 천리를 이동하고 단련하는 과정을 거쳐 작은 것에서 큰 것으로, 약한 것에서 강한 것으로 변화하여 북방을 통일하였습니다. 마지막에 중원의 낙양에 도성을 세워 중국 중고시기의 사회구조의 재편성과 수·당 태평성세의 출현에 있어 사회와 제도의 기초를 다졌으며, 화하 민족의 문화 융합과 형성에 깊은 영향을 주어 눈부시도록 아름다운 새로운 장을 열었습니다.

후룬베이얼·다퉁·뤄양 세 곳은 선비 탁발부의 문화유산이 가장 집중되고 풍부한 세 지역이며, 또한 가장 특색 있는 공동의 역사와 문화를 간직하고 있습니다. 후룬베이얼은 선비 탁발부의 기원, 다퉁은 선비 탁발부의 발전, 뤄양은 선비 탁발부의 강대함을 대표하며, 중화민족의 역사로 점차 녹아 들어가는 발전 과정의 각 단계이기도 하므로 선비 탁발부 역사의 발전 흐름을 재구성하고 재현하는 것이 뤄양박물관, 다퉁시박물관, 후룬베이얼박물원 이 세 기관의 역사적 책임과 사명이라고 생각합니다. 한국에서 개최하는 이번 〈북위 - 선비 탁발부의 발자취〉 전시는 세 기관의 오랜 현지답사와 기획, 그리고 두 차례의 순회전시를 통해 완성된 전시로, 선비 탁발부의 융합을 주제로 한 대대적인 전시입니다.

"문명은 다양하여 서로 교류하고, 교류하여 서로 배우고 발전합니다." 저희는 이번 전시를 통해 한국 대중들에게 중국의 북위 시대와 선비 탁발부라는 오래된 민족을 자세히 소개하고자 합니다. 또한 한중 문화의 이해를 더욱 다지기 위한 토대를 마련하고자 합니다. 계속되는 코로나19 사태도 우리의 공동 전시를 막지 못하였을 뿐만 아니라, 전시의 원만한 개최가 한중 문화 교류의 의미를 더욱 특별하게 부각시키는 것 같습니다.

마지막으로, 이번 전시를 위해 애쓰신 분들께 진심으로 감사를 표하며, 끝까지 원만하게 마치시기를 기원합니다.

뤄양박물관 관장 리원추

다퉁시박물관 관장 왕리민

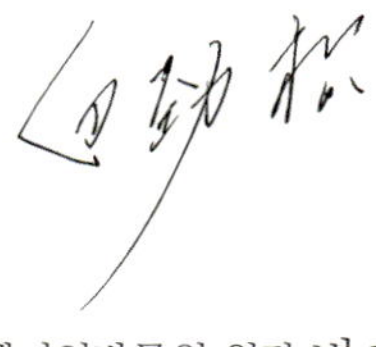
후룬베이얼박물원 원장 바이진송

Prologue

프롤로그

중원中原 지역의 지리적 특징

고대 중국의 중심은 진秦·한漢 시대 이래로 타이항산맥太行山脈을 기준으로 낙양洛陽(현재의 허난성河南省 뤄양洛陽) 중심의 관동關東 지방(중원)과 장안長安(현재의 산시성陝西省 시안西安) 중심의 관서關西 지방(관중關中)으로 나뉘어졌다. 타이항산맥은 동부 화베이평원華北平原과 서부 황투고원黃土高原의 자연 경계선을 형성하여, 생활환경이 판이하게 달랐다. 시간이 흐름에 따라 중심은 점차 동쪽 지역으로 이동하였지만, 관중 지역은 지리적 이점으로 인하여 계속해서 중시되었다. 북방 유목민족의 중국 북방 지역 점령을 계기로 많은 한인漢人들이 남으로 이주를 하였으며, 이는 정치·문화의 경계선이 동서에서 남북으로 바뀌는 계기가 되었다.

유목민족이 중원으로 이동할 때 가장 먼저 만나는 첫 번째 분계선은 인산산맥陰山山脈이다. 이 인산산맥선을 기준으로 북쪽은 유목, 남쪽은 농업과 목축 위주의 생활을 한다. 대부분의 유목민들은 인산산맥 북쪽, 다싱안링산맥大興安嶺山脈의 서쪽 지역인 네이멍구고원內蒙古高原에서 생활을 하다가 기후가 나빠지면 생존을 위해 남쪽 지역으로 내려와 약탈하였는데, 이로 인해 어얼둬쓰고원鄂爾多斯高原은 분쟁이 끊이지 않았다. 따라서 진·한 시대에는 인산산맥에 면하여 장성長城을 축조하였다.

흉노匈奴와 선비鮮卑로 대표되는 고대 북방 유목민족 역시 네이멍구고원을 중심으로 활동하였다. 선비 탁발부拓跋部의 경우, 동북부의 다싱안링산맥에서 발원하여 남하하다 네이멍구고원 후룬호呼倫湖 인근에 정착하여 수렵에서 유목 생활로 변화하였으며, 다시 남하하여 인산산맥에 도달하였다. 이후 인산산맥을 넘어 성락盛樂을 거쳐 평성平城에 도읍을 정하였다가, 타이항산맥을 따라 남천南遷하여 낙양을 최종 도읍으로 삼았다. 낙양은 북쪽으로는 인산산맥과 황허강黃河, 남쪽으로는 친링산맥秦嶺山脈으로 둘러싸인 천연의 요새였으며, 관중과 중원의 허브 역할을 하는 지정학적 요충지였다.

두 번째 분계선은 화이허강淮河과 친링산맥이다. 강북(화북華北)과 강남(화남華南)을 나누는 가장 대표적인 경계선으로 지리적인 방패 역할을 하였으며, 북방인과 남방인을 나누는 중요한 경계선이었다. 자연환경과 기후도 차이가 컸다. 이 남북 분계선을 기준으로 아열대와 난온대로 나뉘어져 북쪽에서는 밀·보리의 밭농사, 남쪽에서는 벼농사를 지었다. "강남 땅의 귤나무를 북쪽에 옮겨 심으면 탱자나무로 변한다(南橘北枳)."라는 고사성어에 등장하는 분계선은 화이허강을 가리킨다.

가장 남쪽의 세 번째 분계선은 난링南嶺·우이산맥武夷山脈이다. 이 강남 분계선의 남쪽 지역은 해양성 아열대 기후대로 강수량이 많고 기온이 높은 지역이며 벼를 이모작한다.

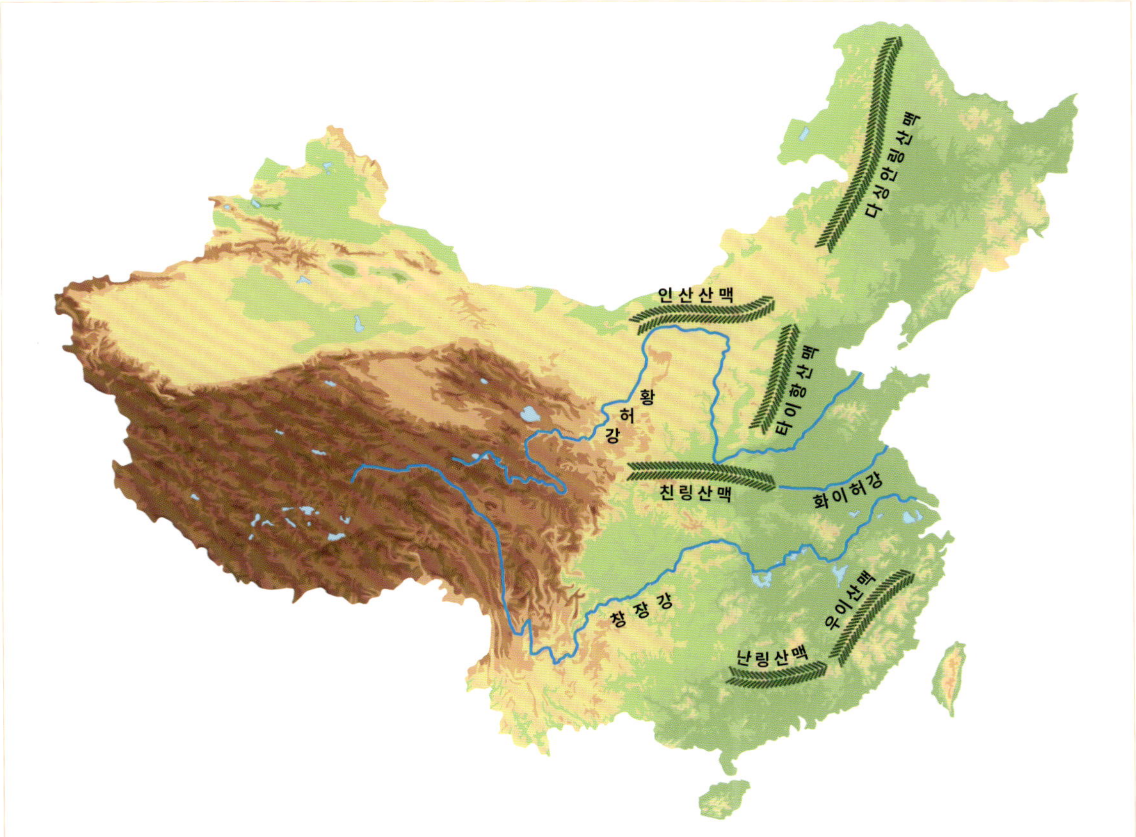

중국의 지형

북방의 다섯 민족과 중원

중국 역사에서 중원으로 대변되는 한인 사회가 중국의 중심이라는 것은 불변의 법칙이었다. 상商·주周 시대에서 진·한 시대에 이르기까지 내부의 패권 경쟁은 있었지만 이러한 법칙은 줄곧 변함없이 유지되었다. 그러나 한漢 무제武帝 대에 이르러 영토 팽창 정책을 펼치며 중원 밖에 있던 흉노로 대표되는 북방 민족과의 충돌이 시작되었고, 흉노의 서천西遷과 분열, 그리고 복속을 거치며 북방 민족의 중원 유입이 진행되었다. 후한後漢 후기 북방 변경 지역의 다섯 민족인 오호五胡(흉노·선비·저氐·갈羯·강羌)가 한의 군사적 필요에 의해 이용되기 시작하였다.

위魏·촉蜀·오吳 삼국三國 시대에도 각 지역에서 할거하던 군웅들이 국경 밖 오호의 군사력을 지속적으로 이용하였고, 중원을 빈번히 드나들던 이민족 세력들은 점차 중원의 상황을 이해하게 되었다. 이는 후에 삼국을 통일한 진晉에 이르면 커다란 사회문제로 나타나는데, '팔왕八王의 난亂'과 '영가永嘉의 난'이 그것이다. 3세기 말 서진西晉의 황족 여덟 명이 황제의 자리를 차지하기 위해 벌인 내란인 팔왕의 난을 겪으며 중원 내부의 모든 자원과 인력이 소진되었고, 팔왕은 부족한 힘을 외부에서 끌어들여 경쟁하였다. 이 과정에서 변방의 오호가 본격적으로 중원에 진출하게 되었고 중국 최초로 남북 민족 대이동이 시작되는 계기가 된 것이다. 모든 힘을 소진한 중원의 왕조는 영가의 난으로 멸망하여 남방으로 이주하였으며, 오호들은 북방에서 차례로 자신들의 국가를 세웠다. '팔왕의 난'과 '영가의 난'은 이러한 오호십육국五胡十六國 시대의 시작을 알리는 대표적인 사건이었다.

흉노의 유연劉淵이 세운 한漢(전조前趙)과 파저巴氐의 이웅李雄이 세운 성한成漢을 시작으로 다섯 이민족이 135년간 차례로 중국 내부에서 나라를 세우는데, 열여섯 개 이상의 국가가 존폐한 이 시기를 오호십육국 시대라고 부른다. 서진의 살아남은 왕족인 낭야왕琅琊王 사마예司馬睿는 창장강長江 이남으로 이주하여 건강建康(지금의 장쑤성江蘇省 난징南京)에 동진東晉을 건국하게 된다. 북방에는 오호십육국이 난립하고, 남방에는 이를 피해 온 한인들이 새로운 터전을 꾸미게 되며, 중국 역사상 처음으로 북호남한北胡南漢 체제가 성립된다.

이러한 혼란한 정세는 370년 저의 부견苻堅이 세운 전진前秦이 북방을 통일함으로써 마무리되었지만, 그 시간은 채 10년도 되지 못하였다. 이후 더 큰 분열을 거치는데, 선비 중 가장 북쪽에 있었던 선비 탁발부가 남하하여 세운 북위北魏에 의해 화북 통일이 완성되며 혼란한 오호십육국 시대는 막을 내리게 된다.

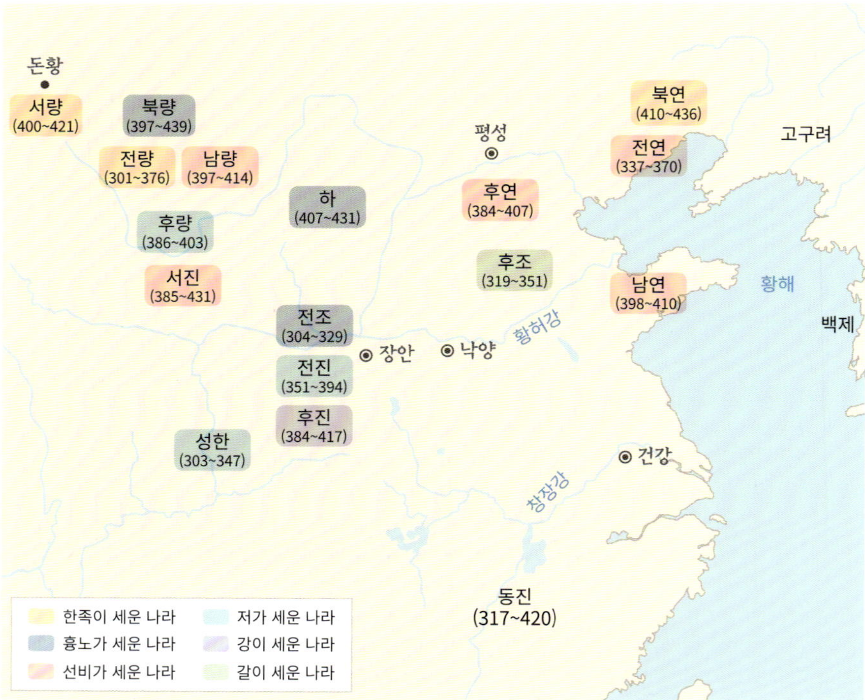

오호십육국 | 中國社會科學院 主辦, 譚其驤 主編, 『簡明中國歷史地圖集』, 中國地圖出版社, 1996 참고

선비 탁발부의 북위

다양한 민족과 영웅들이 공존했던 오호십육국 시대는 결국 선비 탁발부가 세운 북위에 의해 종결되고 남북조南北朝 시대가 열렸다. '16국'은 북위 말 사관史官 최홍崔鴻이 『십육국춘추十六國春秋』를 편찬할 때 사용했던 명칭이다. 영향력이 크고 존속 기간이 비교적 긴 16개 국가만을 선정했던 것으로, 실질적으로는 약 50여 개의 나라들이 명멸明滅했으며 그중에는 존속기간이 1년 이하인 경우도 있었다.

이 16국 중 선비에 의해 세워진 나라가 다섯 개(전연前燕·후연後燕·남연南燕·남량南涼·서진)였으며, 흉노 세 개(전조·북량北涼·하夏), 저 세 개(성한·전진·후량後涼), 갈 한 개(후조後趙), 강 한 개(후진後秦), 그리고 한漢 세 개(전량前涼·서량西涼·북연北燕)였다. 여기에 포함되지 않은 선비의 국가로는 탁발부의 대국代國, 모용부慕容部의 서연西燕·토욕혼吐谷渾·요동공국遼東公國, 단부段部의 요서국遼西國이 있었다.

이처럼 오호 중 선비의 역량이 가장 컸지만, 선비 탁발부는 선비 중에 가장 북쪽에 있었고 세력도 약하였다. 그럼에도 불구하고 탁발부는 혼잡한 북방을 정리하고 통일 왕조를 이룩할 수 있었다. 앞서 단명한 왕조들의 모습을 보면서 이민족과 한인 간에 어떠한 방식으로 통치를 해야 하는지 배워 자신의 방식으로 국가 기반을 다져나갔다. 안정적이고 차별 없는 천하 제국을 만들기 위해 한화漢化 정책, 도성제都城制, 불교 등의 다양한 정치·문화 요소를 활용하였으며, 이는 후대의 이민족 기반 왕조에 모범적인 선례가 되었다.

따라서 이 시대는 중원에 살던 한인과 변방 지역에 살던 이민족들이 대규모로 이동하고 융합하면서 정치·사회적으로 큰 변화가 있었던 시기로 평가된다. 중원의 우수성에 젖어 있던 한인과 변방에 살았던 사람들이 함께 모여 살게 되면서 화이華夷에 대한 인식이 변화하기 시작하였으며, 수렵 문화와 유목 문화, 그리고 농경 문화가 만나 함께 새로운 문화를 형성하였다. 다문화 사회의 시작이 되는 중요한 변곡점이었으며, 후에 대제국을 이룬 수隋·당唐 시대 통일의 밑바탕이 되었다.

최근 문헌자료만이 아니라 석각石刻이나 묘지석墓誌 등의 문자자료, 도자기·도용陶俑·금속기 등의 유물과 무덤 등 고고자료를 통해 선비 탁발부, 그리고 북위의 역사와 문화의 실체가 서서히 드러나고 있다. 선비 탁발부의 궤적을 살펴볼 수 있는 중국 후룬베이얼박물원呼倫貝爾博物院, 다퉁시박물관大同市博物館, 뤄양박물관洛陽博物館 등의 유물과 자료를 통해 당시 사람들의 삶의 모습과 다양한 문화를 생생하게 담아내고자 한다.

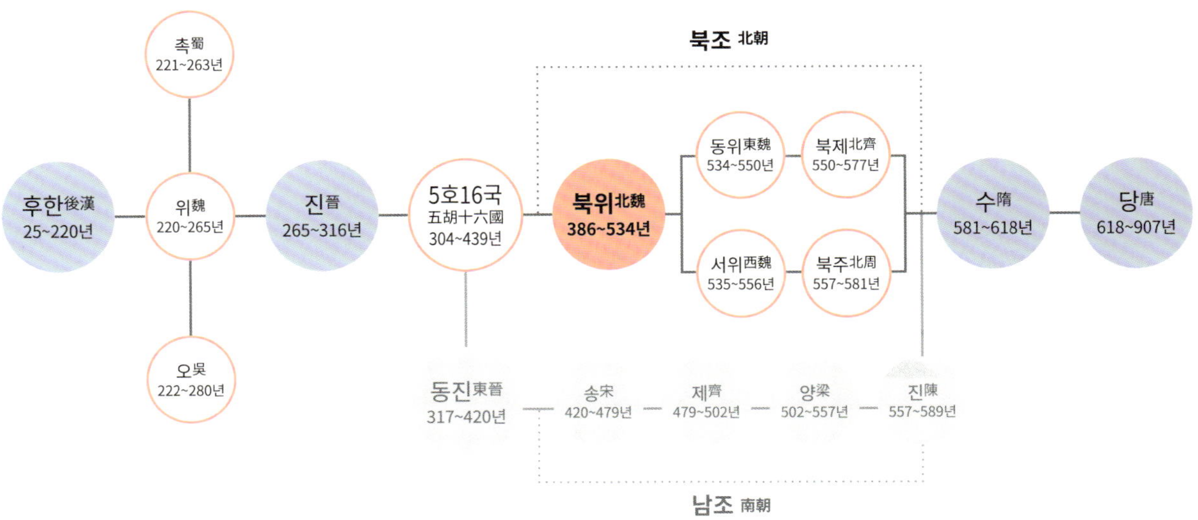

중국사 연표

I

선비鮮卑 탁발부拓跋部 : 발원에서 북위 건국까지

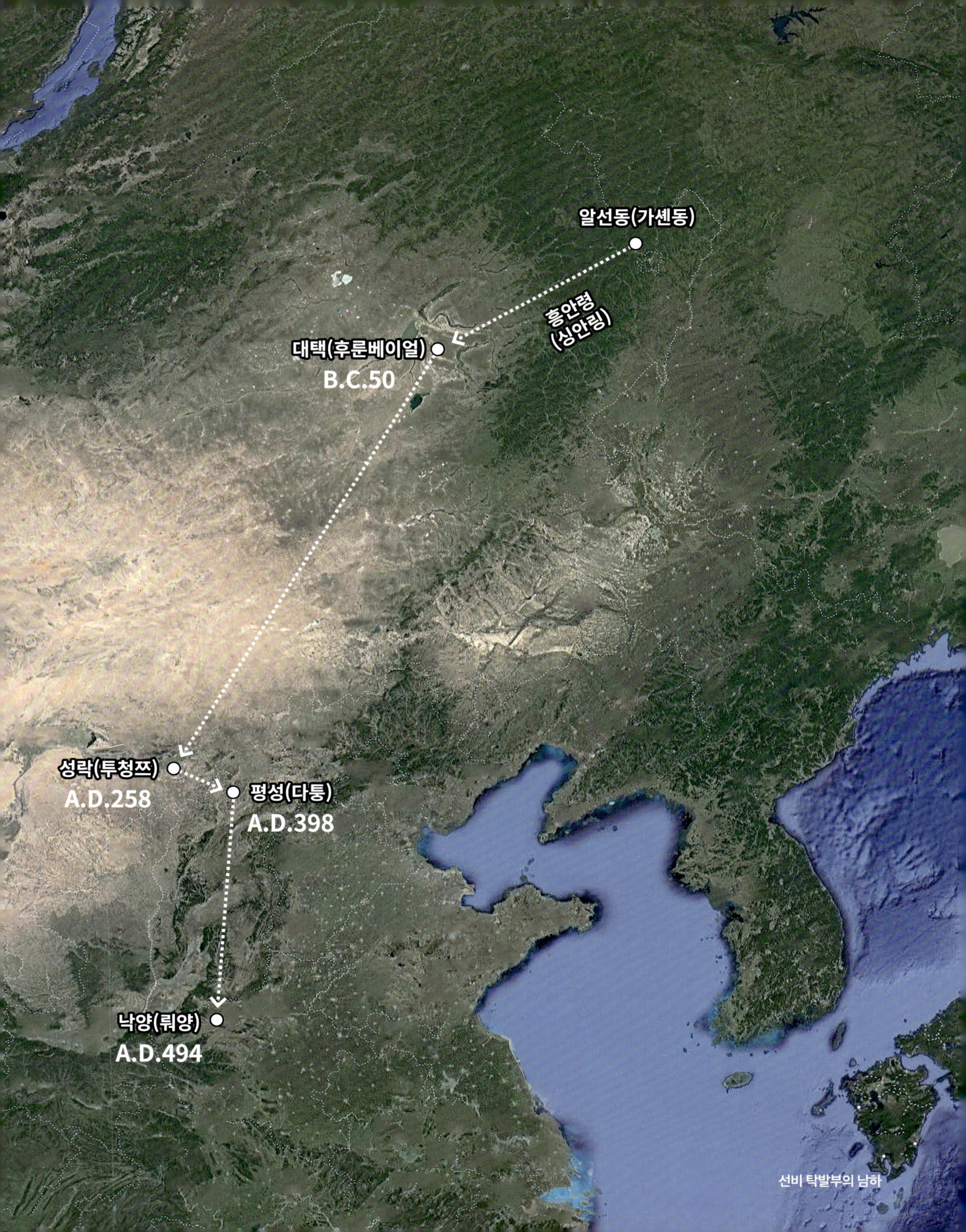
알선동(가셴동)
흥안령
(싱안링)
대택(후룬베이얼)
B.C.50
성락(투청쯔)
A.D.258
평성(다퉁)
A.D.398
낙양(뤄양)
A.D.494

선비 탁발부의 남하

1 흥안興安, 선비 탁발부의 옛터

『후한서後漢書』「오환선비전烏桓鮮卑傳」에 따르면 선비는 동호東胡에서 갈라져 나왔으며, 선비산鮮卑山에 의탁하여 살아서 '선비'라고 불리었다. 동호는 춘추春秋·전국戰國 시대부터 흉노匈奴, 월지月氏와 함께 동아시아 북방에서 활동하던 유목민으로, '호胡'라고 불리던 흉노의 동쪽에 있어서 붙여진 이름이다. 동호는 기원전 3세기 초 흉노인 묵특선우冒頓單于의 공격을 받아 오환산烏桓山과 선비산으로 흩어졌으며, 이 산 이름을 따서 각각 '오환烏桓 · 烏丸'과 '선비'로 불리었다. 선비는 이후 탁발부를 비롯하여 모용부慕容部, 우문부宇文部, 단부段部, 걸복부乞伏部, 독발부禿髮部 등 여러 세력으로 나뉘었다. 이들은 한漢이 붕괴되고 삼국이 정립되는 혼란한 상황 속에서 아시아 북방 일대를 장악하는 세력으로 성장하였고, 오호십육국五胡十六國 시대에는 중국 각지에 여러 나라를 세우게 된다.

북위北魏를 세운 선비 탁발부의 발원지는 오랫동안 베일에 싸여 있었다. 『위서魏書』에는 탁발부 조상의 "옛 터 석실(舊墟石室)"이 기록되어 있는데, 그곳의 위치가 정확히 어디인지는 알려져 있지 않았다. 그런데 1,500여 년의 시간이 지난 1980년, 네이멍구內蒙古 대흥안령(다싱안링)산맥大興安嶺山脈의 알선동(가셴동)嘎仙洞에서 축문祝文이 발견되면서 탁발부의 기원이 확인되었다. 축문은 443년 북위 태무제太武帝(재위 423~452)가 신하를 보내 조상의 발원지에서 제사를 지내고 올린 기록이다.

> 維太平眞君四年 癸未歲 七月二十五日 天子臣燾 使謁者僕射 庫六官 中書侍郎李敞·傅㲑用駿足 一元大武 柔毛之牲 敢昭告于 皇天之神 啓辟之初 佑我皇祖 于彼土田 歷載億年 聿來南遷 應受多福 光宅中原 惟祖惟父 拓定四邊 慶流後胤 延及沖人 闡揚玄風 增構崇堂 剋翦凶醜 威暨四荒 幽人忘遐 稽首來王 始聞舊墟 爰在彼方 悠悠之懷 希仰餘光 王業之興 起自皇祖 綿綿瓜瓞 時惟多祜 歸以謝施 推以配天 子子孫孫 福祿永延 薦于皇皇帝天 皇皇后土 以皇祖先可寒配 皇妣先可敦配 尙饗 東作帥使念鑿
>
> 아! 태평진군 4년 계미년(443) 7월 25일 하늘의 아들이자 신하인 도(태무제 탁발도拓跋燾)는 알자복야 고육관 중서시랑 이창과 부누를 보내 빠르고 훌륭한 말과 제사용 소, 양을 제물로 삼아 위대한 하늘의 신께 감히 아뢰옵니다. 계벽 초 이 땅에서 우리 조상을 도우시어 긴 세월이 지나 마침내 남쪽으로 옮기고, 많은 복을 받아 중원을 성덕으로 널리 다스렸습니다. 오직 우리 조부와 부친만이 사방의 변방을 개척하여 안정시켰사옵니다. 경사로움이 후손으로 이어져 저에게까지 내려왔으니 현학의 기풍을 널리 밝히고 높은 묘당을 더 세웠습니다. 흉악한 무리를 이겨 없애니 사방으로 그 위엄이 미쳤습니다. 오락후국 사신[幽人]이 먼 길을 마다않고 머리를 조아리고 내조해 와, 비로소 (우리 조상의) 옛 터가 이곳에 있음을 듣게 되었습니다. 아득히 먼 옛날을 생각하며 남겨진 은덕을 우러르길 바라옵니다. 왕업의 흥성함이 조상으로부터 시작되었고 끊이지 않고 자손이 번성한 것은 때 맞춰 하늘의 많은 도움이 있었기 때문입니다. 돌아와 감사하며 베풀고 받들어 하늘에 바치오니, 자자손손에 복록이 영원히 이어지기를 바라나이다. 위대하신 하늘의 신과 위대하신 대지의 신께 제사를 올리고, 조상인 선가한先可寒과 그 황후인 선가돈先可敦을 배향하오니, 흠향하옵소서. 동작수사 염이 새김.

가셴동이 위치한 다싱안링은 샤오싱안링小興安嶺, 와이싱안링外興安嶺과 함께 싱안링산맥興安嶺山脈을 이루고 있다. 싱안링의 울창한 삼림은 야생동물의 보고寶庫이며 수렵 생활로 출발한 고대 북방 민족의 주요 활동무대였다. 이곳에서 활동하던 선비 탁발부는 사냥과 어업, 채집 등을 하며 생활하였고 돌과 동물 뼈로 도구를 만들었다. 가셴동에서 출토된 다량의 돌화살촉石鏃과 뼈화살촉骨鏃, 사슴과 멧돼지 등의 야생동물 뼈 등이 이를 잘 보여준다.

『위서』「서기序紀」에는 북위를 세운 선비 탁발부의 기원과 선조들의 내력, 이동의 역사가 기록되어 있다. 유구한 역사와 신성함을 드러내기 위해 신화적인 인물인 황제黃帝에서부터 기술이 시작되었으며, 67대가 지난 탁발모拓跋毛 시기가 되면 36국과 99대성大姓을 통솔하고, 북방에 위세를 떨치게 됐다고 한다. '67'과 '36', 그리고 '99'는 구체적인 숫자라기보다는 많은 수를 의미하는 것으로 보인다. 오랜 세월에 걸쳐 다양한 씨족 집단과 그 대표자를 통합하고 통제할 수 있는 세력으로 나아간 것이다.

울창한 숲에 둘러싸인 싱안링의 자연환경은 외부로부터의 위협을 차단하여 집단의 역량을 축적하기에 적합한 이점을 가지고 있었다. 그러나 척박하고 폐쇄적인 환경은 국가 단위의 정치체로 발전하는 데에 커다란 한계가 있었다. 세월이 지나 외부의 물자와 사람이 오가고 선비 탁발부의 세력이 점차 커짐에 따라 더 넓은 생존 공간을 얻기 위해 그들은 싱안링 일대를 떠나 남쪽으로 향하게 된다.

가셴동嘎仙洞 **전경** | 한국목간학회

2 대택大澤, 선비 탁발부의 기상

기원후 1세기경 내분과 전쟁으로 흉노의 세력이 약해졌다. 남흉노는 한漢에 복속되고 북흉노는 중앙아시아 쪽으로 이동함에 따라, 몽골의 동부 고원은 주인을 잃게 된다. 탁발모의 5대손인 탁발추인拓跋推寅은 이러한 세상의 변화를 목도하고 오랫동안 살아온 싱안링의 숲에서 나와 대택으로의 이동을 단행하였다. 이는 대략 후한後漢 전기의 일로 추정되며, 사서史書에 기록된 선비 탁발부의 첫 남천南遷이자 최초의 대규모 사회 변혁이었다.

탁발추인이 다다른 대택은 사방 천여 리에 달하는 넓은 초원으로, 위치는 지금의 후룬호呼倫湖 일대로 비정하고 있다. 후룬호는 중국 네이멍구 북부의 후룬베이얼평원呼倫貝爾平原에 있는 거대한 호수이다. 집중 강우와 심한 연교차로 인해 넓은 습지가 발달하였으며 주변에는 무성한 목초지가 형성되어 있다. 자연스럽게 선비 탁발부의 선조들은 과거의 전통적인 수렵과 채집의 생활방식에서 벗어나 좀 더 안정적으로 잉여 생산이 가능한 목축 위주의 경제로 전환해 갔다. 이는 후룬베이얼 일대의 선비무덤군 발굴을 통해서도 알 수 있다.

이 시기 선비 탁발부의 대표적인 유적지로는 라부다린拉布大林과 자라이눠얼扎賚諾爾, 모구산蘑菇山 무덤군을 들 수 있다. 무덤군에서는 다양한 동물의 순장殉葬 풍습이 확인되었으며, 도기陶器, 동기銅器, 철기鐵器, 골기骨器 등의 껴묻거리가 출토되었다. 이곳에서 출토된 도기와 가셴동의 도기가 동일한 계통으로 밝혀져 선비 탁발부의 이동 경로를 확인시켜준다. 다만 가셴동 유적에서는 야생동물의 뼈가 발견된 반면, 후룬베이얼 일대의 무덤군에서는 양, 말, 소 등의 가축 뼈가 출토되었다. 또한 라부다린 무덤군보다 후에 조성된 자라이눠얼 무덤군에서는 자작나무 껍질 그릇樺樹皮器과 활 관련 유물의 출토량이 줄어들었으며, 야생 멧돼지와 사슴의 순장이 사라지고 가축인 양의 순장 비중이 높아졌다. 더 늦은 시기의 모구산 선비무덤군 출토품에서는 자작나무 껍질 그릇이 거의 보이지 않고 돌과 뼈보다 금속, 특히 철기의 비중이 높아진다. 이는 목축 생활의 비중이 늘고, 돌과 뼈를 사용하던 문화에서 철기 시대로 바뀌고 있음을 보여주는 것이다.

초원이라는 개방된 공간으로의 진출은 선비 탁발부에게 경제적 이득과 함께 여타 세력을 제압하고 정치 세력화를 도모할 수 있는 발판을 마련해 주었다. 사회 구조 역시 씨족 사회에서 부족 사회로 발전하였으며, 200년에 달하는 긴 세월 동안 여덟 명의 카간이 안정적으로 대택을 다스린 것으로 보인다. 그러나 대택은 강성해진 선비 탁발부의 세력이 발전하기에 적합한 곳은 아니었다. 처음 대택에 발을 내딛은 탁발추인은 어둡고 습기가 많은 이곳에서 재차 남쪽으로의 이동을 계획하였고, 탁발린拓跋鄰 때 남하를 시도하였다. 『위서』「서기」에 따르면, 당시 탁발린에게 신인神人이 나타나 "대택은 황량하고 (문명의 땅으로부터) 아득히 멀어 도읍을 세우기에 적당하지 않으니, 마땅히 다시금 거처를 옮겨야 한다."라며 이동을 권하였다고 한다.

결국 탁발린의 아들인 탁발힐분拓跋詰汾이 몇 년에 걸친 행군 끝에 네이멍구 남부의 인산산맥陰山山脈 일대, 지금의 바오터우시包頭市 구양현固陽縣 인근 '흉노의 옛 땅匈奴故地'에 다다를 수 있었다. 『위서』「서기」에 따르면 탁발힐분이 인산으로 남하하던 중 천녀天女와 동침을 하여 아들을 얻었는데, 그가 바로 북위의 시조로 일컬어지는 탁발역미拓跋力微이다. 탁발힐분과 천녀의 결합 이야기는 선비 탁발부가 그 일대 흉노의 남은 무리를 흡수하였음을 보여주는 은유적 표현이다. 이것이 사서에 기재된 선비 탁발부의 두 번째 남하이다. 과거 흉노제국이 번성했던 중심지로의 이주는 선비 탁발부가 부락연맹체 단계에서 벗어나 강력한 유목 국가로 발전할 수 있는 중요한 계기가 되었다.

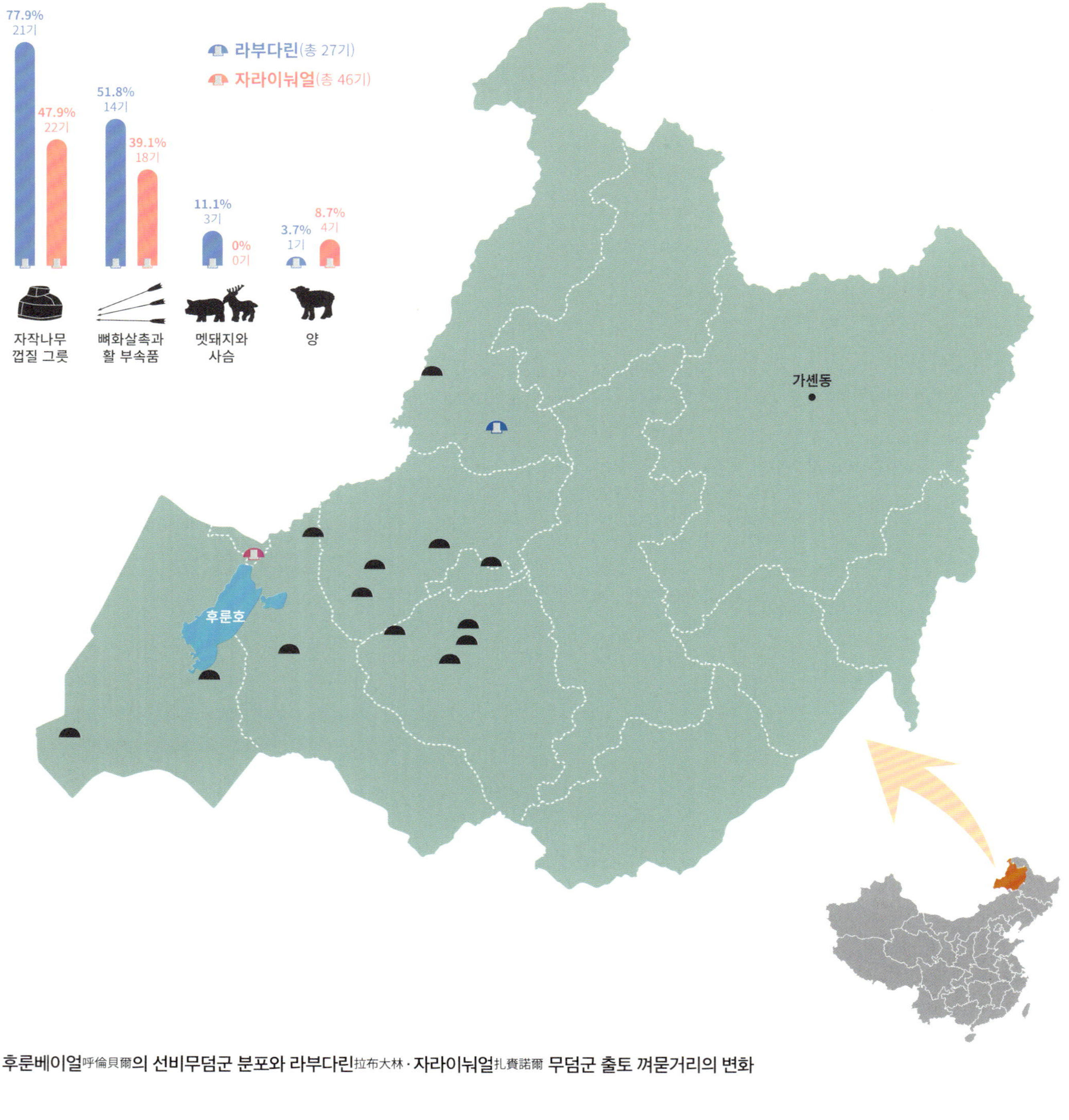

후룬베이얼呼倫貝爾의 선비무덤군 분포와 라부다린拉布大林·자라이눠얼扎賚諾爾 무덤군 출토 껴묻거리의 변화

유목민의 군주, 카간可汗

최진열
한국전통문화대학교

'카간'은 유목민의 군주 칭호이다. 흉노의 군주 칭호는 '선우單于'였는데, 16국 시대 '선우'를 칭하는 유목민 우두머리가 많아짐에 따라 '선우'의 권위와 가치가 떨어졌다. 유목국가 연구자들은 5~6세기 몽골고원에 있었던 유연柔然이 처음으로 '카간'이란 칭호를 사용했다고 주장하였다.

그러나 유연에 앞서 선비의 여러 부족이 카간이란 용어를 사용하였다. 예컨대 모용부로부터 분리되어 현재의 칭하이성青海省 지역으로 이주한 토욕혼吐谷渾의 우두머리 수락간樹洛干은 자신을 '무인가한戊寅可汗'이라 칭하였다. 또 룽시隴西 지역으로 이주한 걸복부乞伏部의 흘간紇干은 네 개 부족의 추대로 우두머리가 된 후 '걸복가한탁탁막하乞伏可汗託鐸莫何'라고 칭하였다. 따라서 카간이 걸복부의 우두머리를 지칭하는 칭호였음을 알 수 있다. 또 『남제서南齊書』「위로전魏虜傳」에 태무제太武帝의 황후를 '황후가손皇后可孫'이라고 칭하였다. 이는 황제의 아내를 뜻하는 황후와 '가손可孫'의 합성어인데, '가손'은 카간의 아내인 '카툰'의 음사로 보았다. 이밖에 『구당서舊唐書』와 『신당서新唐書』「음악지音樂志」에는 '모용가한慕容可汗'이란 북방 유목민들의 음악 이름(북적악北狄樂)이 있었다. 이런 예가 있었지만 학자들은 '카간'이 선비가 사용한 군주의 칭호라고 보는 데 신중하였다.

그런데 가셴동 무덤에서 발견된 제문은 북위 태무제가 자신의 조상들을 제사지내는 내용이다. 이 제문에서 태무제는 자신의 조상을 '선가한先可寒'과 '선가돈先可敦'이라고 표기하였다. 이후 『위서』「예지禮志」에 '가한'과 '가돈' 대신 '황제'와 '황후'로 표기되었다. 따라서 가셴동 제문의 발견으로 두 가지 사실이 밝혀졌다. 첫째, 북위 황제들은 선비를 비롯한 유목민들에게 '카간'으로 호칭되었고 아내는 '가돈可敦' 즉 '카툰'으로 불렸다. 후자는 『남제서』「위로전」에 보이는 '가손'과 일치한다. 둘째, 태무제가 조상을 '선가한'과 '선가돈'이라고 칭한 것은 이미 탁발부를 비롯한 일부 부족이 우두머리를 '카간'으로 칭했음을 뜻한다. 이는 선비의 한 부족이었던 모용부에서 갈라져 나온 토욕혼과 걸복부의 우두머리를 '카간'이라고 칭한 사례와도 일치한다. 따라서 가셴동 제문의 발견으로 탁발부를 비롯한 선비의 여러 부족이 우두머리를 '카간'이라 칭했음이 증명되었다. 유연도 탁발부(북위)의 지배를 받았으므로, 유연의 우두머리가 칭한 '카간'은 탁발부(북위)로부터 차용했을 가능성이 크다.

돌궐의 최고 우두머리는 '카간', 2인자는 '야브구'라고 불렸고 각각 제국의 동쪽과 서쪽을 다스렸다. 동돌궐과 서돌궐로 나뉜 이후에 우두머리를 모두 '카간'이라고 불렀다. 그런데 동서로 양분된 동돌궐과 서돌궐도 제국을 둘로 나누어 통치했기 때문에 각각 동면가한東面可汗과 서면가한西面可汗이 있었다. 따라서 동돌궐과 서돌궐에 각각 최소 2인 이상의 카간이 존재하였다.

몽골제국도 최고 우두머리를 '카간' 또는 '카안'으로 칭했는데, 후에 '카간'과 '칸'으로 나뉘었다. 전자는 몽골제국의 최고 우두머리를 지칭하는 용어였고, 후자는 하위 집단의 우두머리 칭호로 사용되었다. 몽골제국이 유라시아 대륙에 걸친 대제국으로 확장됨에 따라, 이후 유목민들은 칭기스칸의 직계자손인 황금씨족만이 카간(카안)이 될 수 있다고 생각하였다. 따라서 대제국을 건설했던 티무르와 오이라트의 에센은 카간(가안)을 자칭하지 못하였다.

'카간' 또는 '칸'이라는 칭호는 신라에서도 사용되었다. 내물왕 이후 사용했던 '마립간'은 '머리'와 '칸(간)'의 합성어로 보며, 칸(간) 가운데 '우두머리(머리) 칸(간)'이라는 뜻으로 추정된다.

3 성락盛樂, 북위 건국을 위한 시작

258년 탁발역미는 부족을 이끌고 흉노고지에서 북위의 첫 도성인 성락으로 남하하였다. 성락은 인산산맥 남쪽 기슭에 위치하며, 지금의 네이멍구 허린거얼현和林格爾縣 서북쪽에 해당한다. 이곳은 인산산맥을 기준으로 북쪽의 유목 문화와 남쪽의 농경·목축 문화가 나뉘는 중요한 지역으로, 남하하는 북방 유목민과 이를 저지하려는 중원 농경 국가가 충돌하는 곳이었고, 중원으로 들어오는 길목이자 문화의 완충지대였다.

선비 탁발부 최초의 도성인 성락고성盛樂古城은 탁발역미로부터 10여 명의 황제가 재위하는 동안 사용되었으며 그 후로도 약 천 년 동안 존속하였다. 지금까지 발견된 유적은 허린거얼현의 투청쯔土城子 유적과 퉈커퉈현托克托縣의 구청쯔古城子 유적 두 곳이다. 두 유적 모두 기존에 사용했던 평지성平地城을 다시 활용한 것으로 보이며, 당시 선비 탁발부의 권력이 한 곳에 집중되지 않고 여러 성으로 분산되어 있었음을 보여준다.

탁발역미는 한인 국가인 위魏 및 서진西晉과의 화친을 결정하고 한인의 제도와 문화를 배웠다. 량청현涼城縣 샤오바쯔탄小壩子灘에서 출토된 금·은 도장에는 "진선비귀의후晉鮮卑歸義侯"자와 "진선비솔선중랑장晉鮮卑率善中郎將"자가 새겨져 있어 탁발부의 군주가 서진으로부터 '귀의후'·'솔선중랑장'의 작위를 받았음을 확인할 수 있다. 이러한 적극적인 교류와 왕래를 통해 한인의 상품 경제와 문화는 선비 탁발부의 생활 풍습으로까지 영향을 미치기 시작하였다.

277년 탁발역미가 죽자 네 명의 아들에게 차례로 카간의 자리가 돌아갔다. 이 중 서부의 탁발의로拓跋猗盧는 흉노·오환을 물리치고 3부로 나뉜 탁발부를 통일하였으며, 서진의 병주자사幷州刺史 유곤劉琨과 힘을 합쳐 전조前趙와 대립하기도 하였다. 탁발의로는 서진으로부터 대왕代王에 봉해졌으며, 이때부터 선비 탁발부의 나라를 '대국代國'이라 부르기 시작하였다. 그러나 376년 화북華北을 통일한 전진前秦의 공격을 받아 멸망하였다.

그로부터 10년 후인 386년, 탁발규拓跋珪는 북방이 다시 분열된 틈을 타 탁발부를 규합한 뒤 대국을 재건하고 그 해 4월 국호를 위魏로 고쳤다. 후대에는 앞선 위나라와 구별하여 '북위北魏'라고 칭하였다. 탁발규는 북위의 초대 황제가 되었고, 사후 도무제道武帝(재위 386~409)로 추증追贈되었다.

선비 탁발부는 탁발규 시기에 이르러 커다란 전환기를 맞이하였으며, 이 시기를 성락시기(386~398)라고 부르기도 한다. 통치 지역은 더욱 넓어졌고 다른 부족과의 교류도 빈번해졌다. 정치에서는 한인을 적극적으로 임용하였으며, 중원 국가의 제도와 문물을 참고하여 나라가 비약적으로 발전하였다. 유목 경제가 발전하는 한편 중원의 기술을 적극 수용하여 농업 기술의 향상을 이루었다.

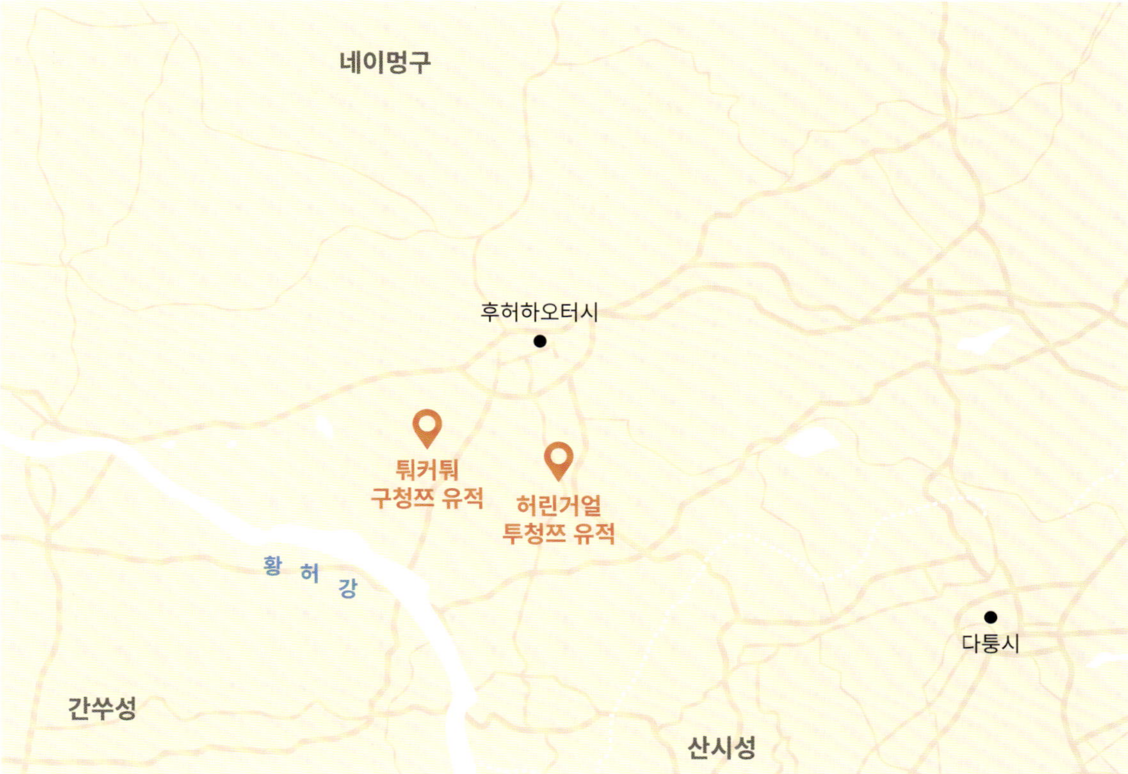

성락고성盛樂古城 관련 유적지

성락고성盛樂古城 발굴 모습 | 다퉁시박물관

001 알선동(가셴동) 유적 축문 탁본

嘎仙洞遺址石刻祝文拓本

Rubbing of the Stele in Gaxiandong

네이멍구 후룬베이얼 가셴동 유적
內蒙古呼伦贝尔嘎仙洞遺址
현대
종이
89.0×156.0
후룬베이얼박물원

가셴동 동굴 벽에 새겨진 북위 시대 축문의 탁본이다. 다싱안링 동쪽의 오락후국烏洛侯國 사신을 통해 선대의 흔적을 알게 된 태무제太武帝가 443년 신하를 보내 제사를 지내고 올린 것이다. 1980년 7월 기자이자 향토사학자인 미원핑米文平이 발견하였다. 『위서』「열전列傳」과 「예지」 등에 기록으로만 존재했던 축문이 실제로 발견됨에 따라 선비 탁발부의 기원에 대한 의문이 풀리게 되었다.

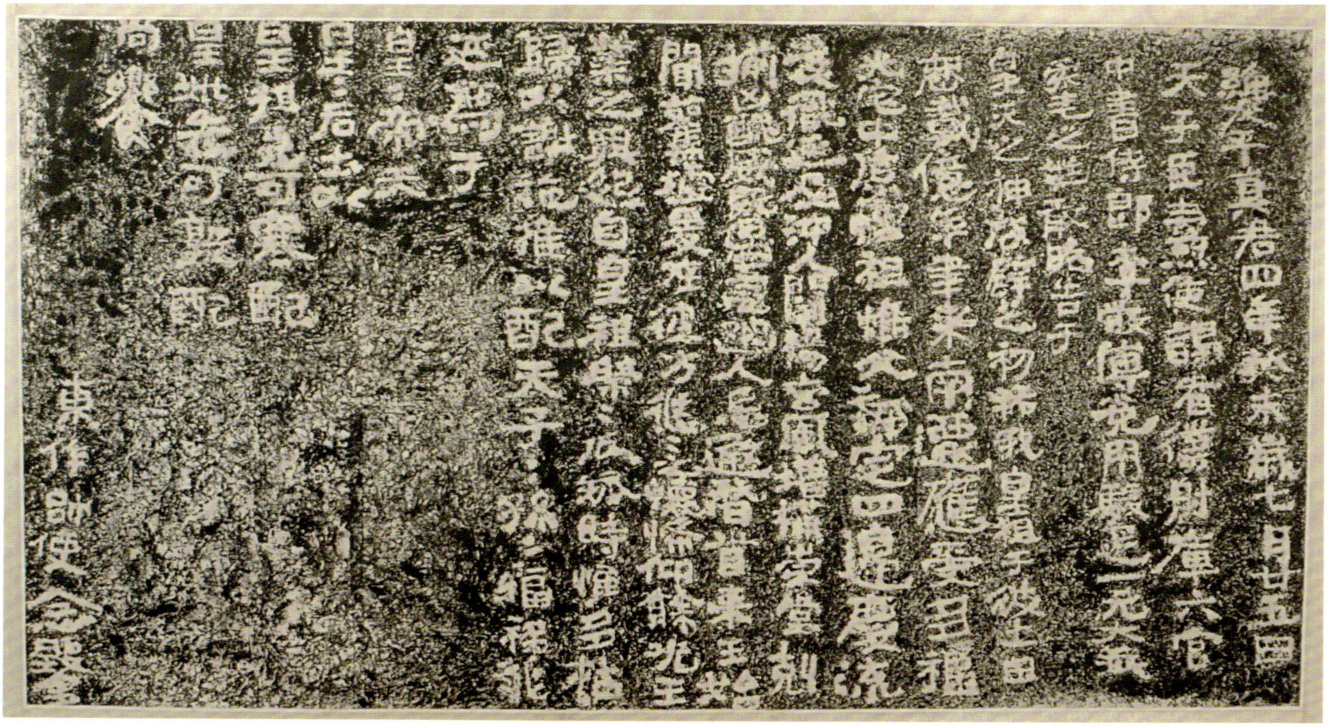

002 화살촉

石镞

Stone Arrowheads

네이멍구 후룬베이얼 가셴동 유적
内蒙古呼伦贝尔嘎仙洞遗址
춘추전국 春秋战国
돌
길이 5.1, 2.5
후룬베이얼박물원

가셴동에서는 버드나무잎 모양柳葉形과 삼각형의 돌화살촉이 발견되었다. 이미 정형화된 형태를 보이고 있어 당시의 수렵 기술이 일정 수준에 도달하였음을 알 수 있다.

003 뼈

骨料

Bones

네이멍구 후룬베이얼 가셴동 유적
内蒙古呼伦贝尔嘎仙洞遗址
춘추전국 春秋战国
뼈
길이 19.2 외
후룬베이얼박물원

동물 뼈로 만든 공구工具로, 원시 수렵 경제의 산물이다. 표면은 매끄러우며 한 쪽은 안으로 오목하게 들어가 있고 인공적으로 뚫어 놓은 구멍이 있다.

004 항아리

陶罐

Jar

네이멍구 후룬베이얼 모구산 선비 무덤군

内蒙古呼伦贝尔蘑菇山鲜卑墓群

한 汉

토도

높이 16.3, 입지름 13.7

후룬베이얼박물원

낮은 온도에서 구운 토기로 불에 탄 흔적이 있다. 입은 바깥쪽으로 벌어져 있고 그 아래로는 거칠고 짧게 새긴 띠무늬가 한 줄 장식되어 있다. 이러한 기형은 가셴동 유적에서도 출토된 바 있어 이른 시기부터 제작된 것으로 추정하고 있다.

005 항아리

陶罐

Jar

네이멍구 츠펑시
內蒙古赤峰市
한 汉
토도
높이 14.3, 최대지름 11.9
후룬베이얼박물원

I 鲜卑拓跋部：
肇源兴安至北魏立国

拓跋肇启

拓跋鲜卑，从茫茫大兴安岭的嘎仙洞出发，一步步融入中原文明发展的大潮之中。巍巍兴安，滚滚呼伦，茫茫敕勒，拓跋鲜卑 族人筚路蓝缕，披荆斩棘，从森林到草原，谱写出了一曲顽强奋进的民族史诗。他们在诸多民族中几经辗转，最终脱颖而出，屹立草原。拓跋鲜卑以前所未有的勇气和雄心，完成了由部族向国家的转变。

源起兴安

拓跋鲜卑族属东胡后裔，上迄商周，世代生活在大兴安岭北段茂密的原始森林中，他们衣兽皮，食兽肉，居山洞，采野果，工射猎，世代处于孤闭、隔绝的状态，刻木纪事，民风纯朴，历史文化口口相传。在大兴安岭生息的漫长岁月中，鲜卑先民守望森林，积蓄力量，南迁大泽，驰骋草原。关于早期鲜卑人的生活状况，史料中记载拓跋鲜卑出于“大鲜卑山”，先南迁“大泽”，后又南移而居“匈奴故地”。随着考古工作的推进，早期鲜卑历史才逐渐有眉目可寻。1980年嘎仙洞石刻祝文的发现证明了大兴安岭即为鲜卑早期的生息地。20世纪60年代开始在呼伦湖附近相继发现了众多鲜卑墓葬，逐渐勾勒出鲜卑由大兴安岭到呼伦贝尔草原的生活轨迹。在这些墓葬中多出土石器、骨器、桦皮器、夹砂陶器等，说明早期鲜卑人处在由森林向草原过渡的经济形态。

墓葬中还出土了十分具有鲜卑特色的鹿纹牌饰，使得我们从中可以一窥早期鲜卑人的精神世界。在鲜卑神话中，“有神兽，其形似马，其声类牛，先行导引”，带领鲜卑人走出了茫茫大兴安岭，这种神兽被认为是鹿。在原始鲜卑先民的生活中，鹿担当着重要角色，逐渐渗透到鲜卑人的精神生活中，便转化为一种图腾崇拜。

驰骋草原

为了获得更大的生存空间，公元2世纪初，拓跋鲜卑离开呼伦贝尔草原，再次南迁，最终到达“匈奴故地”，这就是史书中记载的拓跋鲜卑的第二次南迁。南迁途中，拓跋鲜卑率先到达西拉木伦河上游东部鲜卑的生息地。公元156年，东部鲜卑首领檀石槐建立部落大联盟，南迁至此的拓跋鲜卑首领“第二推寅”(拓跋邻) 率众入为西部大人之一，原先占据草原腹地的匈奴衰落，其部众也被吸纳入联盟之中。拓跋鲜卑由此壮大，并与东部鲜卑及匈奴不断融合交流，因此墓葬中多见东部鲜卑和匈奴文化因素。擅石槐部落联盟瓦解之后，拓跋鲜卑继续南迁至“匈奴故地”-大青山及河套一带，到达草原与中原汉地的交界处，拓跋鲜卑从此进入了新的发展阶段。公元3世纪中叶，神元帝力微率众形成以拓跋鲜卑为首的部落大联盟。经后世数代人的经营，公元340年，昭成帝什翼犍移都盛乐宫，盛乐成为拓跋鲜卑第一座都城。直至公元398年 (北魏天兴元年) 道武帝拓跋珪迁都平城之时，盛乐一直是拓跋鲜卑的政治中心。盛乐时期，拓跋鲜卑较前实力更强，所控地域扩大，游牧经济有了飞跃式的发展，与其他各族的交往更加频繁，尤其是代政权的建立和对中原典章制度的吸收，使拓跋鲜卑人在政治上更趋成熟，为北魏建立奠定了基础。

Ⅱ

북위北魏 : 제국의 시대

1 평성平城의 건설과 화북華北 통일

4세기 후반, 화베이평원華北平原의 동부는 후연後燕이, 서부는 하夏·서진西秦·북량北凉·남량南凉이, 북부의 네이멍구內蒙古 어얼둬쓰고원鄂爾多斯高原 일대에는 유연柔然이 난립하고 있던 혼돈의 시대였다. 선비鮮卑 탁발부拓跋部의 대국代國은 아직 장성長城 인근의 성락盛樂과 평성에서 기반을 닦으며 때를 기다리고 있었다.

386년 북위를 건국한 도무제道武帝(재위 386~409)는 397년 마침내 40만 대군을 동원하여 일거에 후연을 격파하고 화베이평원의 대부분을 정복하였으며, 이듬해 수도를 평성, 현재의 산시성山西省 다퉁시大同市에 정하였다. 이는 성락과 평성으로 분산된 권력을 평성으로 집중하고 남쪽 농경 지역으로 나아가기 위함이었다. 평성은 494년 낙양 천도 이전까지 약 100년간 북위의 수도였으며, 이 시기를 북위 평성시기라고 한다.

평성이 자리한 다퉁분지는 평탄하고 하천이 사방으로 뻗어 있어 농경과 유목에 적합하였으며, 주변은 산봉우리로 둘러싸여 있어 군사 방어에 용이하였다. 도무제는 진秦·한漢 시대의 현성縣城을 확장하여 궁성과 종묘·사직 등을 건설하였고, 북위는 평성을 근거지로 삼아 안정된 정착 사회로 진입할 수 있었다. 또 피지배 유목 부족을 해산하여 수도 인근으로 강제 이주시키고 군현제에 편입시켰으며, 각 부족의 유력자와 한인漢人 사족士族을 고급 관리로 채용하여 국가 체제의 기틀을 잡았다. 후연은 북쪽 어얼둬쓰 일대로 옮겨 잠시 명맥을 유지하였으나 409년 풍발馮跋이 반란을 일으켜 북연北燕으로 바뀌게 된다.

평성에 자리 잡은 후 약 반세기 동안 북위는 강력하고 기동성이 뛰어난 북방 기병을 활용하여 여러 방면으로 영역을 확장하였다. 2대 황제인 명원제明元帝(재위 409~423)는 주변의 여러 나라들을 견제하며 치세 말에 이르러 남조南朝의 송宋을 공격하여 허난河南 지방으로 진출하였다. 다음 황제인 태무제太武帝(재위 423~452)는 유연을 제압하여 고비사막 이북으로 추방하였으며, 하·북연·북량 등을 차례로 평정하여 북쪽 국경을 안정시켰다. 이로써 오호십육국五胡十六國 시대가 종식되고 남북조南北朝 시대가 열렸으며, 북위는 439년 통일 북조 국가로 우뚝 서게 되었다.

명원제는 북위 도성 특유의 방제坊制를 도입하였다. 그는 궁성의 남쪽을 둘러싼 32리(약 16㎞) 길이의 외곽外郭을 축조하여, 60~500가家까지 수용할 수 있는 크고 작은 방坊으로 구획된 정사각형의 계획도시를 건설하였다. 이는 사방을 문이 달린 담으로 둘러싸고 안쪽에 작은 마을巷을 배치한 것이다. 주민들을 군사 편제로 조직하여 수용함으로써 편입된 피지배 부족민을 통제하고 치안을 유지하는 한편, 수공업자 등의 특정인들을 사역使役하여 필요한 물자를 조달할 목적이었던 것으로 생각된다. 도시 바깥으로는 동쪽에 동원東苑과 태묘太廟, 서쪽에 사천단祠天壇·서원西苑, 북쪽에 북원北苑·녹야원鹿野苑, 남쪽에 원구圜丘·명당明堂 등이 낙양 천도 이전까지 누대에 걸쳐 조성되었다. 당시의 흔적은 다퉁시 차오창성操場城과 류항리柳航里 등지의 황궁 건축 유적을 비롯하여 시쓰얼량산西寺兒梁山의 문명태후文明太后 영고릉永固陵과 스자자이石家寨의 사마금룡부부무덤司馬金龍與姬辰合葬墓 등에 잘 남아 있다. 이밖에 다퉁시 서쪽 윈강진雲岡鎭 우저우촨강武州川에는 북위 초부터 말기까지 축조된 원강석굴雲岡石窟이 있다.

북위는 효문제孝文帝(재위 471~499) 대에 이르러 크게 도약하였다. 헌문제獻文帝의 붕어 당시 5세에 불과했던 효문제의 즉위를 주도한 문명태후는 강력한 권력을 바탕으로 약 20년간 수렴청정을 하였다. 이때 시행된 중요한 정책으로 485년에 공포된 균전제均田制를 들 수 있다. 이는 호족의 토지 겸병을 제한하고 오랜 전란으로 황폐해진 농경지를 농민에게 분배하여 농업 생산력을 회복하고 재정 기반을 구축하기 위한 것이다. 이는 점차 신분에 따른 토지 소유 체계로 발전하여 당唐 대에까지 영향을 미친 제도가 되었다. 또 부정부패의 폐단을 방지하기 위해 관리에게 봉록을 지급하는 반록법班祿法을 제정하고, 일정 가구마다 장長을 두어 호적을 관리하고 조세·병역·요역에 활용하는 삼장제三長制를 실시하였다. 일련의 개혁을 바탕으로 한 징세원의 확보와 효율적인 통치 체제, 우월한 군사력은 북위가 남조 국가들에 비해 비교적 안정적인 치세를 펼쳐나갈 수 있었던 원동력이었다.

북위 영역의 확대

다퉁시 차오창성操場城 북위 1호 유적 | 다퉁시박물관

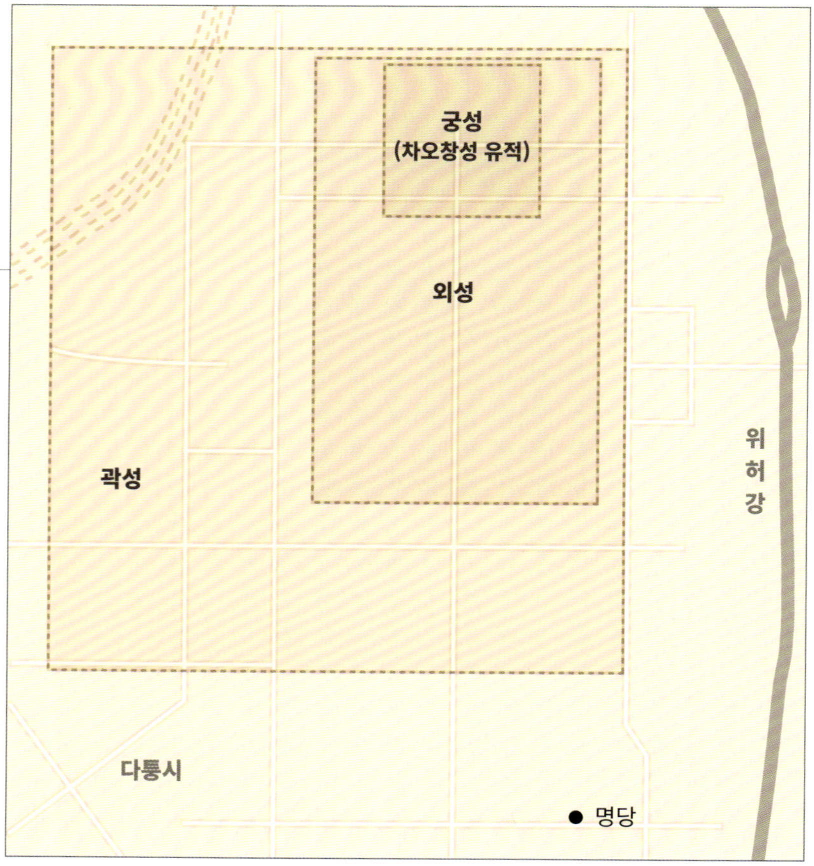

평성 북위 유적 평면도

Column 2

고대 제국의 기틀을 닦은 문명태후

류제민

국립부여박물관

문명태후는 북위 문성제文成帝 탁발준拓跋濬의 황후이다. 그녀의 할아버지는 북연의 마지막 황제였던 풍홍馮弘으로, 본래 북연의 황족 출신이었다. 북연이 북위의 태무제에게 점령되면서 아버지 풍랑馮朗은 북위에 귀순하였으나 결국 모반에 연루되어 죽었다. 그녀는 시비侍婢로 궁에 들어가게 되었으나, 태무제의 후궁이었던 고모 좌소의左昭儀의 보살핌을 받을 수 있었다. 용모가 단정한 그녀는 문성제가 즉위한 후 귀인에 뽑혔고, 이윽고 황제의 총애를 받아 황후의 자리에 오르게 되었지만 불행하게도 문성제는 26세의 젊은 나이로 사망했다. 그 뒤를 이은 헌문제는 즉위 당시 12세였고, 황후는 태후가 되었지만 북위 황실의 풍속상 정치에 관여할 수 없었다. 나라가 혼란한 틈을 타 거기대장군車騎大將軍 을혼乙渾이 승상을 자칭하며 평원왕과 여러 신하 등을 죽이고 권력을 남용했는데, 문명태후는 조정 내의 여러 대신들과 함께 힘을 합쳐 을혼을 제거한 뒤 스스로 수렴청정을 시작했다. 2년 후 황자 탁발굉拓跋宏이 태어나면서 문명태후는 1차 섭정을 마치고 헌문제에게 권력을 이양했다. 헌문제의 성장으로 인해 문명태후와의 권력 다툼이 시작되자, 그는 숙부에게 보위를 넘기길 원했으나 조정 대신들의 만류로 결국 5세의 어린 황태자였던 효문제 탁발굉에게 선양했다. 그러나 황위를 효문제에게 넘긴 뒤에도 여전히 문명태후와 상황 헌문제의 끊임없는 권력 투쟁이 지속되었고, 476년 음력 6월에 헌문제는 누군가에 의해 독약을 탄 술을 마신 후 승하했다.[1] 당시 효문제의 나이는 10세였으며, 문명태후는 태황태후가 되어 국가 대정을 장악하고 2차 섭정에 들어갔다.

그녀는 14년의 2차 수렴청정 기간 동안 북위의 풍습에 한인의 방식을 더해나갔다. 한인 출신인 문명태후의 밑에서 교육을 받은 효문제는 선비 탁발부와 한인 양쪽을 보다 잘 이해할 수 있게 되었고, 그녀의 사후에도 효문제는 태화개혁을 비롯한 강력한 개혁을 표방하며, 자연스럽게 호한胡漢 통합 정책을 시행할 수 있었다.

문명태후 섭정기의 주요 개혁

삼장제	• 5가구→1린, 5린→1리, 5리→1당 단위 설정 • 인장 · 이장 · 당장을 두어 호구 조사, 조세량 지정 등 행정 업무 위탁
반록제	• 관직에 따라서 농토를 지정하고 작물을 급여로 주도록 봉록 제도 개편 • 관직을 떠나면 후임자에게 농토 인계
균전제	• 주인이 없는 버려진 땅을 성인이 된 15세 이상 남녀에게 균등하게 배분하고, 일정 기간 농민을 지원하는 제도
교육제도 보완	• 관학을 확대시켜 지방 곳곳에 향학을 세우는 칙령 발표 • 황족 자제 교육기관인 황자학 설치
참위讖緯 금지	• 주술과 미래의 일을 예언하는 선비 탁발부 고유의 행위 금지

문명태후는 섭정 기간 동안 북위의 제도 개혁에 불을 붙였다. 우선 관리의 임용 제도부터 바꿔나가기 시작한다. 472년, 관리들의 치적治績을 객관화하는 성과제를 만드는데, 성과에 따라 관직을 높이고 임용 기간을 늘리는 기준을 정하여 행정조직을 개편했다.

기존의 주군현州郡縣 징수 제도 역시 바꿔나가기 시작했다. 484년 반록제를 신설하여 봉록 제도를 개혁했다. 기존의 호조 체제를 보완하여 관직의 고하에 따라 토지를 지정해서 그곳에서 출하된 작물로 임금을 줬다. 전임자는 자연스레 토지를 후임자에게 인계하게 하고, 재물을 밝히는 관리를 조사 후 엄격히 벌하여 백성의 수탈을 철저히 막았으며, 이는 곧 북위 경제의 안정화로 이어졌다. 그 다음으로는 485년 균전제를 시행했는데, 황무지와 주인 없는 땅을 국가의 소유로 개편한 뒤 남녀 성인과 노비의 비율, 농사짓는 소 등의 노동력을 계산하여 토지를 재분배했다. 토지마다 정해진 품목을 경작하여 일정량의 작물을 세금으로 내게 하는 것으로, 곡물, 비단, 포, 대추 등 다양한 공물을 배분·제작·생산하게 하여 국가의 생산성을 높였다. 같은 해, 삼장제를 실시하면서 5가구를 모아 1린을, 5린을 모아 1리를, 5리를 모아 1당이라는 단위를 설정하여 인장, 이장, 당장을 두어 호구 조사, 조세량 지정 등 행정 업무를 맡기는 고대의 주민등록제도를 만들었다. 이는 기존의 향촌 제도의 명확한 한계를 돌파하여 합리적인 백성 통제가 가능한 제도로의 변화를 뜻하며, 지방호족들이 백성들을 마음대로 사유하지 못하게 하는 제도이기도 했다. 이뿐만 아니라 문명태후는 섭정 초기부터 교육의 중요성을 깨달아, 중앙교육기관인 관학을 확대시켜 지방에도 향학을 세우고, 중앙에는 황자학을 신설하여 황족 자제들을 교육시켰다. 교육 제도의 통일로 문명태후는 선비 탁발부와 한인들이 서로 문화적 통합을 이루는 데 크게 이바지했다. 또한 주술과 앞으로의 일을 예언하는 참위를 금지시키는 등 호한 통합에 더욱 박차를 가했다.

문명태후는 490년을 끝으로 수렴청정을 마쳤으며 491년 9월, 49세의 나이에 병으로 승하했다. 효문제는 그녀의 죽음을 받아들이지 못하고 5일이나 식음을 전폐하고 두문분출하였다. 10월에 효문제가 문명태후를 영고릉에 안장하였는데 능묘의 크기와 장례의 절차가 황제의 절차와 같았다. 또한 문명태후에 대해 황제의 존경심과 추모의 정을 나타내는 조서가 반포되었다.[2]

문명태후와 효문제의 개혁은 유목 국가였던 북위를 안정화시키고 성장시키는 발판이 되었다. 비록 권력의 승계 과정에서 거기장군 을혼, 헌문제와의 갈등으로 많은 정적들의 피를 봤으며, 장기 집권으로 이어지는 과정에서 북위의 지배층을 개혁 찬·반파로 나누는 부작용을 초래했다는 단점은 부정할 수 없는 사실이다. 하지만 유목민족의 관습이 잔존했던 국가체계가 문명태후의 개혁과 그것의 연장선상인 효문제의 태화개혁으로 인해 국가의 생산력이 비약적으로 증대하여 오늘날의 보편적인 고대 국가체계로 바뀔 수 있었다. 태황태후의 자리에서 도합 16년에 걸친 섭정기간을 이끌며 보여준 뛰어난 정치 수완을 바탕으로 그녀의 개혁 정책이 수·당으로 이어져 고대 중국의 기틀이 되었다는 점에서 유능한 정치가였다는 것을 알 수 있다.

1 박한제, 『박한제 교수의 중국역사기행 3, 제국으로 가는 긴 여정』, 사계절, 2003, p. 120; 서영교, 「북위 풍태후의 집권과 고구려 정책」, 『중국고중세사연구』11, 중국고중세사학회, 2004, p. 224.

2 김석준, 『중국을 움직인 13인의 여인들』, 내외신서, 2013, p. 146.

사마금룡부부무덤
司馬金龍與姬辰合葬墓

사마금룡司馬金龍(?~484)은 망명한 동진東晉 황족 사마초지司馬楚之와 북위 황실의 하내공주河內公主 사이에서 태어나 낭야왕琅琊王이 되었으며, 운중진대장군雲中鎭大將軍과 진서대장군鎭西大將軍 및 이부상서吏部尙書를 역임하였다. 부인은 방계 황족인 농서왕隴西王 원하源賀의 딸 희진姬辰이다. 따라서 사마금룡의 무덤은 한인과 선비가 공존한 다문화 가정의 모습을 잘 보여주고 있다.

사마금룡부부무덤은 다퉁시에서 동남쪽으로 8.5㎞ 떨어진 스자자이에 있다. 피라미드 모양 천장攢尖頂의 앞·뒷방으로 구성된 길이 63m의 대형 벽돌무덤으로 문명태후의 영고릉보다는 규모가 작으며, 내부에서는 묘지석墓誌과 대량의 도용陶俑, 채색 옻칠 병풍彩漆屛風 및 석조 관받침棺臺, 생활용기 등 총 454점의 유물이 출토되었다.

사마금룡부부무덤에서 출토된 도용은 황·녹색의 유약을 바르고 구웠으며 일부에는 흰색 줄무늬를 그렸다. 신체의 비례가 맞지 않고 형태가 둔한 북위 전기 도용의 특징을 지니고 있다. 그중에는 모래바람 방지용 덮개垂裙가 있는 선비의 둥그런 모자風帽를 쓴 인물, 어깨 갑주披膊와 쇠미늘 갑옷 등 북방식 갑옷을 착용하고 폭이 좁은 전통 주름바지를 입은 무사, 닭 볏 모양의 모자鷄冠帽를 쓰고 동물가죽 갑옷皮甲을 입은 경기병, 투구와 갑옷을 착용한 중기병, 발걸이鐙子를 걸친 전마戰馬 등이 절반 이상을 차지하고 있다. 특히 기마병 도용은 십육국 시대부터 북조 시대까지 가장 특징적인 도용으로서, 유목 부족의 특성과 북위의 강대한 군사력을 대변한다.

또 역대 황제와 효자, 열녀 등을 그린 옻칠 병풍과 유목 부족의 생활 방식을 보여주는 이동식 가옥 도용, 인도에서 전래된 인동당초무늬忍冬唐草文가 얕게 돋을새김된 돌침대 등은 다문화가 공존했던 당시의 시대상을 잘 보여준다.

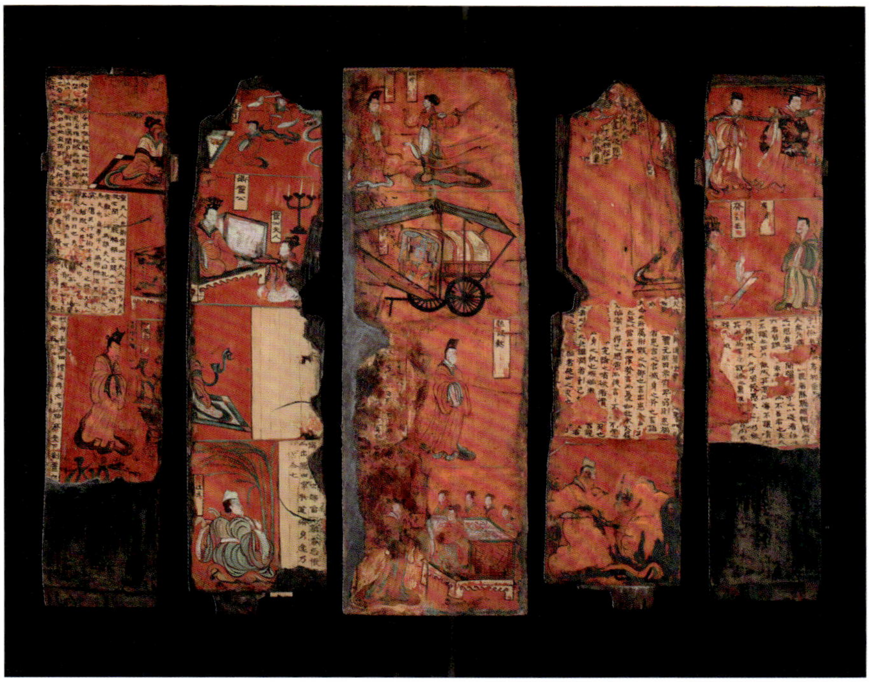

사마금룡부부무덤 출토 채색 옻칠 병풍 | 다퉁시박물관

006 선비모자를 쓴 도용

釉陶风帽仪仗俑

Figurine_Man in a Cap

다통시 스자자이 사마금룡부부무덤

大同市石家寨司马金龙夫妇墓

북위 北魏

토도

높이 23.0

다통시박물관

007 무사 도용

釉陶武士俑
Figurine_Warrior

다퉁시 스자자이 사마금룡부부무덤
大同市石家寨司马金龙夫妇墓
북위 北魏
토도
높이 21.0
다퉁시박물관

008 기병 도용

釉陶甲骑具装俑
Figurine_Cavalry

다퉁시 스자자이 사마금룡부부무덤
大同市石家寨司马金龙夫妇墓
북위 北魏
토도
높이 28.0, 길이 29.0
다퉁시박물관

009 닭 볏 모양 모자를 쓴 기마 인물 도용

釉陶骑马鸡冠帽俑

Figurine_Horserider in a Cockscomb-shaped Cap

다퉁시 스자자이 사마금룡부부무덤

大同市石家寨司马金龙夫妇墓

북위 北魏

토도

높이 30.0, 길이 28.0

다퉁시박물관

2 낙양洛陽 천도와 효문제孝文帝의 개혁

490년 친정親政을 시작한 효문제는 강력한 한화漢化 정책을 추진하였다. 먼저 493년 수도를 낙양, 현재의 허난성河南省 뤄양시洛陽市 동쪽으로 옮겼다. 이 시기를 북위 낙양시기라고 한다.

황허강黃河 인근의 소분지에 자리한 낙양은 화베이평원과 화이수이분지淮水盆地를 잇는 교통의 요지에 있어, 중원의 중심이자 물산의 집산지로서 오래 전부터 경제·문화적 중심지였다. 동시에 오랫동안 한의 수도로서 한인 국가의 중심 도시라는 상징성이 있었고, 농업 생산력이 더 높았을 뿐만 아니라, 지리적으로도 선비 부족의 영향력을 약화하고 남조를 정벌하기 위한 전초기지로 좋았다.

효문제는 대다수 선비의 성姓을 한인의 성으로 고쳤으며, 이때 황실의 성씨도 탁발씨에서 원씨元氏로 바꾸었다. 관료에 대하여 선비의 복식과 언어를 금지하고 선비의 전통 제의인 서교제천西郊祭天 행사도 금지하였다. 낙양으로 이주한 선비의 호적原籍을 낙양으로 삼고 무덤을 평성 일대로 이장移葬하지 못하도록 하였으며, 상장예의喪葬禮儀 제도를 정비하고 옛 음악古樂을 정리하였다. 선비 귀족의 등급을 정하여 서열화하는 성족상정姓族詳定 정책을 세우는 한편 선비 귀족과 한인 사족 간의 혼인도 장려하였는데, 이는 선비 귀족을 한인 문벌귀족으로 편입하여 선비 부족끼리 집단을 이루는 것을 방지하고 한인 귀족과의 융합과 공존을 이루기 위함으로 생각된다. 그리고 국자國子·태학太學·사문소학四門小學을 세우고 유가 사상과 제례를 채택하였으며, 선비 고유의 관제를 완전히 위魏·진晉 대의 귀족주의적 관제로 바꾸었다. 이러한 효문제의 개혁은 단순히 한인과의 융합을 목표로 한 것이 아니라 더 효율적이고 중앙 집중적인 지배를 위해 선택적으로 도입한 결과였다.

그러나 효문제가 499년 남제南齊 원정 도중 젊은 나이로 사망하면서 한화 정책은 추진 동력을 잃게 되었다. 이때 권력에서 소외된 선비 부족의 불만이 누적되어 524년 북방 6진鎭의 난이 발생하게 된다. 곧 북위는 여러 군벌이 이합집산을 거듭하고 다섯 명의 황제가 폐위·살해당하면서 혼돈 속으로 빠져 들어갔다. 북위 말기에 이르러 업성鄴城의 고환高歡과 장안長安의 우문태宇文泰가 첨예하게 대립하면서 낙양은 전쟁의 최전선에서 황폐해졌다. 이후 북위는 동위東魏(534~550)와 서위西魏(535~556), 북제北齊(550~577)와 북주北周(557~581) 시대를 거쳐 통일 국가 수隋로 흡수되었다.

낙양은 채 50년도 되지 않은 짧은 기간 동안 수도로 기능하였으나 국제적인 대도시였다. 효문제는 후한後漢·서진西晉의 옛 성터를 재활용하였으나, 한 대의 남·북궁 병존 구조 대신 하나의 궁성을 중심축에 둔 궁성·내성內城·외곽의 삼중 동심원 구조를 도입하였다. 둘레 약 14㎞에 달하는 내성은 동양문東陽門과 서양문西陽門을 잇는 동서대로로 나누어, 북쪽에는 궁성과 황실 원림園林을, 남쪽에는 관청·저택·의례장소와 황실의 불교 사원을 세웠다. 이 시기에는 기존의 방제를 더욱 확대하여, 외곽에 넓은 어도御道를 중심으로 사방 1리의 정사각 방 약 320개를 배열하여 신분과 직업에 따라 서로 다른 구역에 거주하게 하였다. 궁성을 중심으로 한 삼중 구조와 행정 기관·주거 공간의 규제, 그리고 격자형 가로 구획과 높은 담으로 조성된 이 도시 계획은 이후 수·당唐 시대 장안과 낙양의 도성 제도에 큰 영향을 주었다. 또 사찰을 매우 중시하여 북위 말에 이르러 낙양에만 1,367곳의 절이 있었다고 한다. 북위 말 폐허가 되어 온전히 남은 궁성 유적이 별로 없으나 창합문閶闔門과 태극전 터가 현존하며, 이밖에 낙양 북쪽 망산邙山 일대 고분군과 이양현宜陽縣 서남쪽 마야오촌馬窯村의 양기무덤楊机墓, 남쪽 이수이강伊水 양안兩岸의 룽먼석굴龍門石窟 등이 있다.

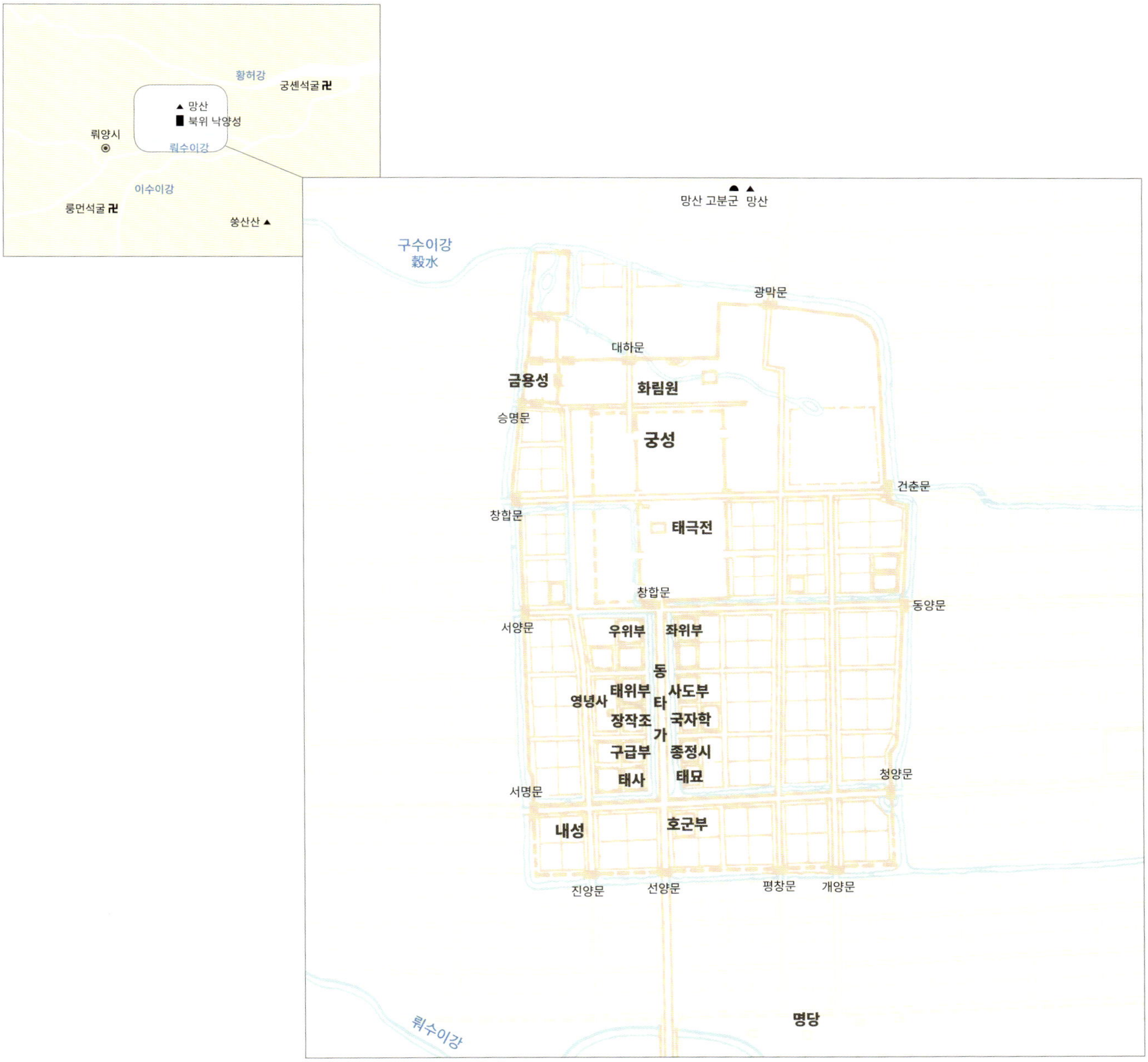

6세기 초 북위 낙양성 복원도

북위 낙양성과 백제 사비도성

이재균
국립부여박물관

북위의 효문제는 개혁군주로서 적극적인 한화 정책을 시행한 군주이다. 효문제는 494년 낙양 천도를 시작으로 의복개혁, 495년 한족적漢族的 단성單姓 개칭, 선비어의 금지와 한어漢語의 사용 등 '한화 정책'을 추진하였다. 백제의 성왕聖王(재위 523~554) 또한 백제 중흥의 군주로서 평가된다. 538년 사비도성 천도를 시작으로 왕도를 오부오항五部五巷으로 재편하였으며 국호를 남부여南扶餘로 개칭하고 관등제를 정비하였다. 효문제와 성왕의 개혁이 도성 천도에서 시작되었다는 점에서 큰 의의가 있으며, 특히 북위의 낙양성은 기존의 전통적인 도성 양식과 다르다는 점에서 주목할 만하다.

중국 고대의 도성 제도의 기본원칙은『주례周禮』「고공기考工記」 장인조匠人條에서 4가지가 확인되며 다음 표와 같다.[1] 이러한 원칙은 각 왕조의 상황에 맞게 변용의 과정을 거치지만 전한前漢의 장안長安, 후한의 낙양, 서진의 낙양 등에서 준수되었다.

『주례』「고공기」 장인조	
중앙궁궐의 원칙	방형의 부지에 도로를 연결하여 64개의 구역을 설정한다. 그 중심부에 해당하는 4개 혹은 16개의 구역지를 궁궐 부지로 배당한다.
전조후시의 원칙	시장은 궁성구역의 북쪽, 도성 안에 있는 한정된 일구역에 설치한다.
좌조우사의 원칙	궁성·황성구역의 동쪽에는 종묘宗廟, 서쪽에는 사직이 위치한다.
좌우민전의 원칙	도성 내의 동·서쪽의 3구, 총 6개의 지역을 민가 구역으로 설정한다.

중국 고대 도성 제도의 기본원칙

북위의 낙양성이 갖는 특수성은 위에서 살펴본 전통적인 중국 고대 도성제와 차이점이 확인되기 때문이다. 우선 북위 낙양성의 왕궁은 도성의 최북단에 위치하여, 단일 궁성의 체계를 갖추어서 중앙궁궐의 원칙과 배치된다. 궁성이 최북단에 위치하기 때문에 시장은 궁성의 북쪽이 아닌 다른 곳에 배치될 수밖에 없었고, 실제로 대시大市, 소시小市, 사통시四通市가 각각 동·서·남쪽에 위치하였다.[2] 또한 궁성에서 남으로 향하는 대로大路, 이른바 동타가銅駝街를 만들고 그 좌우에 중앙 관청을 집중시켰다. 따라서 민가 구역과 궁성 구역이 분리되었기 때문에 종래의 민가 구역과 차이가 있다.

또한 북위 평성에서 처음 시작한 외곽성을 설치하였다. 외곽성 내에 1리(300보)의 정방형 방리坊里 300여 개를 두어 민가구역을 만들었는데, 이는 중국 도성사都城史에서 주목할 만한 부분이며 이러한 형식은 후대의 수·당의 장안성에 영향을 주었다.

낙양성의 궁성이 도성 최북단에 위치한 원인으로서 궁원宮苑인 화림원華林園이 주목된다. 선비 탁발부는 유목민족으로 기동성이 가장 중시된다. 그들은 한화 정책과 중원 국가로의 발돋움을 위하여 낙양으로 천도하였지만, 자신들의 가장 장점이 되는 기동성을 포기할 수 없었다. 화림원은 단순한 유락 시설이 아니었으며, 진출·퇴각로의 기능이 있었기 때문에 궁성은 화림원과 가까운 도성의 최북단에 위치할 수밖에 없었다.

동타가의 존재도 주목할 만하다. 동타가는 궁성의 정문인 여합문閶闔門에서 도성의 남문인 선양문宣陽門까지 직선으로 이어진 도로다. 이 구조는 서진의 낙양성에서 비슷하게 보이지만 완성된 것은 북위의 낙양성이며, 그 이전까지는 보이지 않던 구조이다. 동타가는 훗날 당 장안성 주작대로의 효시로 파악할 수 있다.

백제 성왕의 사비 천도는 이전 웅진성 천도와 달리 왕실의 계획에 의해서 추진되었다. 성왕 이전 동성왕(재위 479~501)은 재위 중반부터 사비 지역에 관심을 가졌다.[3] 당시 백제의 웅진성 천도는 개로왕의 죽음으로 인한 피난처적인 성격이 강하였다. 웅진성은 공간이 협소하여 수도의 입지로는 적합하지 않았다. 하지만 사비 지역은 백마강과 부소산으로 둘러싸인 지형적 조건을 갖추고 있을 뿐만 아니라, 강을 타고 바다로 나가는 것이 가능한 교통의 요지였다. 또한 남쪽과 동쪽에 벌판이 펼쳐져 있어서 농업 생산력을 기대할 수 있는 요건도 갖추었다.

성왕의 사비 천도 계획에 대하여 문헌사료에서 전하는 기록이 소략하다. 따라서 고고학적인 접근으로 사비도성에 대한 이해를 구하고자 한다. 성왕의 사비 천도 준비 단계에 있어 추정하는 사료는 두 가지로 하나는 부소산성 추정동문지에서 출토된 '大通대통' 명 기와가 있으며, 다른 하나는 부여 나성 청산성 구간에서 출토된 연화무늬 전돌이 있다. 대통은 양梁 무제武帝의 연호로서 527~528년(성왕 5~6)에 사용되었으며, 연화무늬 전돌의 양식은 무령왕릉과 교촌리 2호분과 같은 유형이다.[4] 늦어도 무령왕이 안치된 525년부터는 백제 왕실에서 사비 천도에 대한 관심이 있었다고 이해할 수 있다.

'대통'명 기와

청산성 출토 연화무늬 전돌

백제의 사비도성 계획은 그 유사성을 볼 때 북위의 낙양성과 남조의 건강성建康城을 참고하였을 가능성이 크다.[5] 사비도성은 중국 왕조의 두 도성과 마찬가지로 도성의 북쪽에 궁원으로 볼 수 있는 부소산이 존재하였다. 또한 도성의 최북단에 궁성이 위치하였을 것으로 추정된다. 사비도성이 두 왕조를 참고하였을 것으로 생각되는 유적이 백제 정림사定林寺이다. 백제 정림사의 이름은 양 무제의 후원 속에서 남조 불교학의 중심지가 되었던 건강성의 상정림사上定林寺에서 가져왔을 가능성이 있으며, 도성의 중심에 사찰이 위치하는 도성 양식은 북위 낙양성의 영녕사永寧寺의 배치를 참고하였을 것이다.[6]

외곽의 존재 또한 주목된다.[7] 외곽은 북위 평성에서 처음으로 등장하였으며, 낙양성으로 이어졌다. 다만 백제는 북위처럼 1리(300보)의 방을 설정한 것으로 파악되지 않으며, 웅진시기의 부제部制를 계승·발전시켜서 오부오항제를 실시한 것이 『주서』·『한원』·『수서』·『북사』에서 확인된다. 오부오항제의 직접적인 근거자료는 출토 유물인 목간과 기와에서 확인된다.[8] 북위 낙양성과 백제의 사비도성은 거주민을 외곽 내로 모두 수용하였다는 점에서 공통점이 있다. 백제의 외곽은 고대 한반도 도성 중에서 가장 먼저 등장하였기 때문에 사비도성의 가장 큰 특징으로 볼 수 있다.

백제 사비도성의 경우 북위 낙양성이 갖는 지형적 입지 조건과 차이를 보이기 때문에 그대로 도성 계획을 옮길 수는 없었다. 하지만 도성 구조는 중국 고대의 도성 제도를 바탕으로 만들어진 것으로 이해할 수 있으며, 특히 북위의 낙양성과 많은 유사성이 보이는 것으로 파악된다.

1 朴漢濟, 「北魏 洛陽社會와 胡漢體制 -都城區劃과 住民分布를 중심으로-」, 『泰東古典硏究』6, 한림대학교 태동고전연구소, 1990, pp. 123-124.

2 단일 궁성을 도성의 북단에 배치하고 사방을 곽으로 방호한 것은 조위曹魏 업성鄴城이 효시이다. 박순발, 「泗沘都城과 익산 王宮城」, 『馬韓·百濟文化』제21집, 원광대학교 마한백제문화연구소, 2013, p. 64.

3 『三國史記』卷26 「百濟本紀」第四 東城王 12年(490)·23年(501)條.

4 노중국, 『백제 정치사』, 일조각, 2018, pp. 363-364.

5 북위의 낙양성과 남조의 건강성은 궁원의 북쪽 위치나 가로구획이 실시되었다는 점에서 공통점이 있으나, 건강성의 가로구획은 이미 형성되었던 시가지의 바탕에서 만들어졌기 때문에, 북위의 낙양성처럼 도성 전체에 전면적으로 시행되지 않았으며 정연되지 않았다. 김희선, 「고대 동아시아 천도와 도성 -계획 천도와 좌북조남식 도성구조를 중심으로-」, 『동아시아문화연구』63, 한양대학교 동아시아문화연구소, 2015, p. 104.

6 국립부여박물관, 『백제 정림사와 북위 영녕사』, 2015, p. 24.

7 박순발은 흔히 사용되는 '나성羅城' 용어를 적절하지 않은 것으로 보았다. 나성은 중국의 사전辭典 용례에서 "방어력을 더욱 높이기 위해 성장城墻 외부에 덧붙인 소성권小城圈"을 의미한다. 즉 궁성과 연접병렬된 외곽을 '나성'으로 불러야 할 것이며, '부여 나성'은 '부여 외곽'으로 지칭하는 것이 옳은 용례이다. 박순발, 「泗沘都城과 익산 王宮城」, 『馬韓·百濟文化』제21집, 원광대학교 마한백제문화연구소, 2013, pp. 62-63.

8 관북리 백제유적 연지 출토 '中部중부'명 목간, 궁남지 수전면 출토 '西部後巷서부후항'명 목간, 능산리사지 출토 '○○城성 下部對德하부대덕…'명 목간, 부소산성·관북리 백제유적·쌍북리 백제유적 출토 '前部甲瓦전부갑와'·'中部乙瓦중부지와'·'上部乙瓦상부지와'·'後部乙瓦후부지와'명 인장와.

양기무덤

楊机墓

양기(474~533)는 북위의 중신重臣으로 탁지상서度支尙書를 역임하였다. 북위 말 고환과 우문태 사이의 권력 다툼 사이에서 살해당했다. 양기무덤은 뤄양시 서남쪽 15㎞ 거리에 있는 이양현 마야오촌에 있으며 무덤이 파괴되어 원형을 알 수 없다.

무덤에서는 양기와 그 부인의 묘지석을 비롯하여 문관·무관·악단·여성·진묘수鎭墓獸 등의 형상을 한 채색 도용이 다수 발견되었으며 그중 상당수가 선비 복식의 무사 도용으로 확인된다. 북위는 당시 유일하게 상장예의 제도를 정비하면서 무덤에 부장되는 도용을 진묘용鎭墓俑(진묘수와 무사 도용), 의장용儀仗俑(소와 말 수레牛馬車와 의장 도용), 인물용人物俑(시종 도용과 악단 도용), 동물용動物俑(돼지, 개, 닭 등 가축 도용)의 네 종류로 규정하였는데, 양기무덤에서 출토된 도용들은 이러한 규범을 정확하게 보여주고 있다.

북위 후기의 도용은 전기에 비해 제작기술의 수준이 높아졌는데, 머리와 몸체를 따로 제작하여 쌍모雙模(또는 합모合模) 거푸집으로 합친 후 구워서 채색을 입혔기 때문에 단단한 재질과 아름다운 색채를 자랑한다. 조화로운 비례와 세심하고 사실적인 의복 표현도 보여주는데, 긴 방패와 칼, 갑옷과 모자, 폭이 좁은 바지, 허리 밑으로 길게 늘어진 말안장과 장식 등에서 선비의 의복 양상을 확인할 수 있다. 또 큰 소매의 붉은 비단옷을 입은 문관 도용을 통해 한화 정책이 진행된 낙양시기의 운치를 표현하였다.

010 사람 얼굴을 한 진묘수 도용

彩绘陶人面镇墓兽

Figurine_Auspicious Animal Statue with Human Face

뤄양시 이양현 양기무덤

洛阳市宜阳县杨机墓

북위 北魏

토도

높이 28.3

뤄양박물관

011 진묘수 도용

彩绘陶兽面镇墓兽

Figurine_Auspicious Animal Statue

뤄양시 이양현 양기무덤
洛阳市宜阳县杨机墓
북위 北魏
토도
높이 23.0
뤄양박물관

012 검을 든 무사 도용

彩绘陶持剑武士俑

Figurine_Warrior with a Sword

뤄양시 이양현 양기무덤

洛阳市宜阳县杨机墓

북위 北魏

토도

높이 32.2

뤄양박물관

013 방패를 든 무사 도용

彩绘陶扶盾武士俑

Figurine_Warrior with a Shield

뤄양시 이양현 양기무덤

洛阳市宜阳县杨机墓

북위 北魏

토도

높이 32.3

뤄양박물관

014 말 도용

彩绘陶马

Figurine_Horse

뤄양시 이양현 양기무덤
洛阳市宜阳县杨机墓
북위 北魏
토도
높이 21.7, 길이 23.7
뤄양박물관

015 당나귀 도용

彩绘陶驴

Figurine_Donkey

뤄양시 이양현 양기무덤
洛阳市宜阳县杨机墓
북위 北魏
토도
높이 14.0, 길이 20.0
뤄양박물관

016 기병 도용

彩绘陶甲骑具装俑

Figurine_Cavalry

뤄양시 이양현 양기무덤
洛阳市宜阳县杨机墓
북위 北魏
토도
높이 22.5
뤄양박물관

017 기병 도용

彩绘陶甲骑具装俑

Figurine_Cavalry

뤄양시 이양현 양기무덤

洛阳市宜阳县杨机墓

북위 北魏

토도

높이 23.0

뤄양박물관

018 **기병 도용**

彩绘陶甲骑具装俑
Figurine_Cavalry

뤄양시 이양현 양기무덤
洛阳市宜阳县杨机墓
북위 北魏
토도
높이 23.0
뤄양박물관

019 **기병 도용**

彩绘陶甲骑具装俑
Figurine_Cavalry

뤄양시 이양현 양기무덤
洛阳市宜阳县杨机墓
북위 北魏
토도
높이 23.0
뤄양박물관

020 소 수레 도용

彩绘陶牛车

Figurine_Oxcart

뤄양시 이양현 양기무덤
洛阳市宜阳县杨机墓
북위 北魏
토도
높이 23.4, 길이 25.0
뤄양박물관

021 작은 관을 쓴 문관 도용

彩绘陶小冠俑
Figurine_Civil Official

뤄양시 이양현 양기무덤
洛阳市宜阳县杨机墓
북위 北魏
토도
높이 26.0
뤄양박물관

022 작은 관을 쓴 문관 도용

彩绘陶小冠俑
Figurine_Civil Official

뤄양시 이양현 양기무덤
洛阳市宜阳县杨机墓
북위 北魏
토도
높이 26.0
뤄양박물관

023 방패를 든 무사 도용

彩绘陶执盾武士俑

Figurine_Warrior with a Shield

뤄양시 이양현 양기무덤

洛阳市宜阳县杨机墓

북위 北魏

토도

높이 22.0

뤄양박물관

024 방패를 든 무사 도용

彩绘陶执盾武士俑

Figurines_Warrior with a Shield

뤄양시 이양현 양기무덤

洛阳市宜阳县杨机墓

북위 北魏

토도

높이 22.0, 21.1

뤄양박물관

025 갑옷을 입은 무사 도용

彩绘陶铠甲武士俑

Figurine_Warrior in Armor

뤄양시 이양현 양기무덤

洛阳市宜阳县杨机墓

북위 北魏

토도

높이 22.5

뤄양박물관

026 갑옷을 입은 무사 도용

彩绘陶铠甲武士俑

Figurines_Warrior in Armor

뤄양시 이양현 양기무덤
洛阳市宜阳县杨机墓
북위 北魏
토도
높이 21.6, 22.0
뤄양박물관

027 작은 관을 쓴 인물 도용

彩绘陶小冠俑
Figurines_Man in an Official Hat

뤄양시 이양현 양기무덤
洛阳市宜阳县杨机墓
북위 北魏
토도
높이 22.0, 22.0
뤄양박물관

028 작은 관을 쓴 인물 도용

彩绘陶小冠俑

Figurines_Man in an Official Hat

뤄양시 이양현 양기무덤
洛阳市宜阳县杨机墓
북위 北魏
토도
높이 21.5, 20.5
뤄양박물관

029 피풍을 입은 인물 도용

彩绘陶披裘俑

Figurines_Cloaked Man

뤄양시 이양현 양기무덤
洛阳市宜阳县杨机墓
북위 北魏
토도
높이 19.2, 19.5
뤄양박물관

030 피풍을 입은 인물 도용

彩绘陶披裘俑

Figurines_Cloaked Man

뤄양시 이양현 양기무덤
洛阳市宜阳县杨机墓
북위 北魏
토도
높이 19.0, 19.0
뤄양박물관

031 무사 도용

彩绘陶武士俑
Figurines_Warrior

뤄양시 이양현 양기무덤
洛阳市宜阳县杨机墓
북위 北魏
토도
높이 21.0, 21.0
뤄양박물관

II 北魏：帝国时代

平城隆业

大同，北魏时称平城，自道武帝天兴元年(398)至孝文帝太和十八年(494)，作为北魏王朝的国都近一个世纪。这近百年的时间里北魏社会发生了重要转型，统治者一方面改变原来的部落组织形式，仿效中原传统制度，以皇权和官僚系统取代了部落联盟首领的推举制，逐步建立起国家机制。另一方面通过战争迁徙大量人口充实京畿地区，筑城池、修苑囿、发展生产，黄河流域迎来了较长时间的稳定和发展时期。北魏统治者凭借强大的武力维护了西域道路的畅通，保障了商贸往来，为平城经济文化、社会风尚注入了新的活力。

平城崛兴

天兴元年(398)，道武帝拓跋珪由盛乐迁都平城，北魏进入崭新的平城时代。太武帝拓跋焘即位后，国强军威，北讨柔然，西征夏国，攻灭北燕、北凉，统一北方，虎视江南。文明太后和孝文帝时期推行的改革，加速了拓跋魏的汉化进程，胡风汉韵，生气勃勃。经过几代君主的开拓和经营，京都平城的建设也日臻完备。至孝文帝迁洛前的近百年间，平城成为中国北方政治、经济、军事和文化中心。北魏迁都平城之初，势力范围仅局限于代北一隅，随着军事行动的推进，版图不断扩大，政权日渐稳固。平城地区的北魏前期贵族墓葬中出土了大量俑阵，从中可以看到北魏军事的强盛。具有鲜卑特色的风帽甲骑具装俑以及马镫的使用，使得北魏军队战斗力所向披靡，为平城百年的稳定与繁荣奠定了基础。都城建设一直延续了整个平城时代，逐渐形成了皇城、苑囿、陵寝、宗庙完备的城市规模，北魏平城郭城和里坊的设置独具特色，草原游牧风格显著的兽面瓦当在此时出现。随着汉化的进一步推进，孝文帝时期还新建了中原传统礼制建筑“明堂”，在近一个世纪中，平城逐渐发展成为规模宏大、功能完备的北方国际性都城。

洛邑重辉

太和十八年(494)，北魏孝文帝将国都从平城迁到洛阳，掀起了规模巨大的汉化运动，推动了当时社会经济和文化发展，开创了北魏洛阳时代。据《洛阳伽蓝记》记载，当时的洛阳是国际一流的大都会，西域百国千城，莫不欢附，商胡贩客众多，天下之货悉备，一派繁荣昌盛景象。崇佛之风盛行，龙门石窟、永宁寺等寺院遍布城内外。洛阳成为北朝时期民族、文化、宗教、艺术融合的熔炉。

洛阳营建

孝文帝迁都洛阳后，在昔日汉晋洛阳城的基础上，营建了新都，即北魏洛阳城。通过考古发掘，逐渐明确了其形制。北魏洛阳城在汉晋洛阳城基础上规模进一步扩大，总面积约100平方公里，由宫城、内城、外郭城三重城垣组成。宫城正殿为太极殿。宫城外为内城，分布着众多官署、贵族宅第、朝廷祭祀场所和皇家佛寺。最外层为外郭城，街巷布局以里坊制为主，里坊区内还建置有“大市”、“小市”和“四通市”等工商业区。从现存遗址与出土物可见北魏洛阳城昔日的辉煌。阊阖门是北魏宫城的正门，其北正对太极殿，南对铜驼街，一同构成了北魏洛阳城的中轴线。城内出土的制作精良体量巨大的板瓦、筒瓦、以及各类型的瓦当。在承袭平城时期建筑风格特征的基础上，等级日渐分明，工艺日臻娴熟。城内布局科学合理，对后世特别是隋唐长安城和洛阳城的建设影响较大，在中国都城建设史上占有重要地位。

III

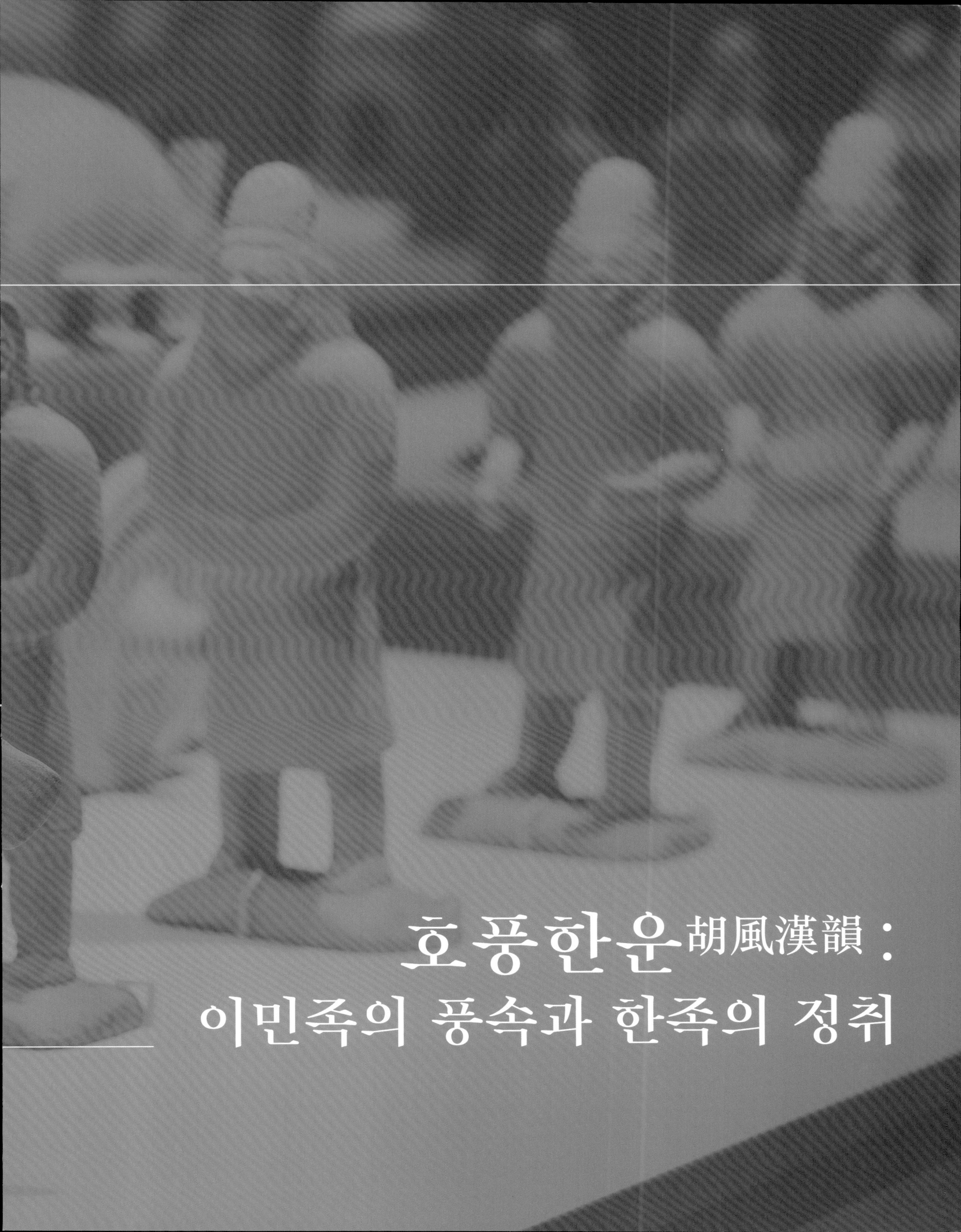

호풍한운胡風漢韻 : 이민족의 풍속과 한족의 정취

1 복식문화

북위의 수도 평성平城은 네이멍구고원內蒙古高原의 유목 지역과 중국 북방의 경계 지역에 위치하여, 초원 문화와 농경 문화가 공존하는 경제·문화적 점이지대漸移地帶였다. "이민족과 한족의 풍속이 여러 가지 모습으로 어지러이 섞여 있다(胡風國俗 雜相糅亂)."라는 기록과 같이 선비인과 한인 각자의 문화가 공존하며 서로 영향을 주고받았다. 효문제孝文帝가 낙양洛陽으로 천도한 후 한화 정책을 추진하여 선비의 풍속과 언어 등을 폐지하고 적극적으로 한인 문화를 받아들였지만 많은 선비는 여전히 자신의 고유한 생활방식과 풍속을 유지하였다. 오히려 서로 다른 문화가 만나 교류하여 북위 사회와 문화를 풍부하게 했다.

한인의 전통적인 복식은 옷깃의 여밈이 오른쪽인 우임右衽과 통 넓은 소매가 특징이다. 남녀 모두 바지를 입지 않고 다리까지 내려오는 치마를 입었다. 옷의 주요 재료는 식물성 재료로 만든 베나 누에고치로 만든 비단이었다.

반면 선비인의 복식은 옷깃의 여밈이 왼쪽인 좌임左衽과 폭이 좁은 소매인 착수窄袖가 특징이다. 남성은 바지의 일종인 고습袴褶을 입었으며, 둥근 옷깃인 원령圓領이 가슴에서 교차하는 좁은 소매의 무릎 길이 상의인 교령交領 위에 허리띠를 매고, 복사뼈까지 덮는 가죽신 화靴를 신었다. 여성은 몸에 꼭 맞고 소매가 좁은 저고리와 치마인 유군襦裙을 입었고 치마 길이는 발을 가렸다. 선비인 남녀 모두 귀를 덮는 모자인 수군풍모垂裙風帽를 썼다. 이러한 옷차림은 선비인의 주 활동 무대인 북아시아 초원지대에서 비롯된 것으로, 추위를 막으면서 말을 타고 활을 쏘기 편한 복장이었다. 복식의 주재료는 동물의 가죽이고 이 가운데 양가죽과 소가죽이 가장 보편적으로 쓰였다. 이와 같은 중국 북방 이민족의 복식을 '호복胡服'이라고 한다.

선비 탁발부는 중원으로 진출한 이후 한화 정책 등을 통해 정책적으로 한인 복식을 수용하였으나, 복식은 민족의 정체성보다는 일상생활에서의 편리성 여부가 착용과 유행에 더 큰 영향을 주었다. 선비인은 여전히 자신들의 전통을 유지하였고, 오히려 한인 복식이 호복의 장점을 흡수하면서 새로운 유행을 만들었다. 고습·원령 등의 편안하고 실용적인 호복이 한인 복식에 영향을 주어 후에 일상복은 물론 문무백관의 예복인 조복朝服으로 보급되었다.

다퉁시大同市 **즈자바오**智家堡 **북위무덤 <부부병좌도**夫妻幷坐圖**>** | 다퉁시박물관

남자는 무릎까지 오는 긴 상의에 통이 좁은 바지를, 여자는 치마 또는 바지를 입고 있으며, 남녀 모두 윗부분이 둥글게 솟은 검은 수군풍모를 착용하고 있다.

선비 탁발부의 두발 풍습과 모자

고대 사회에서 머리 모양은 지속적이면서도 특징적인 풍속으로서, 집단마다 독특한 형식이 있다. 『남제서南齊書』「위로전魏虜傳」에 의하면 선비 탁발부는 "머리를 아래로 흐트러뜨리고, 옷깃을 왼쪽으로 여몄는데, 이런 이유로 삭두라고 불리었다(被髮左衽 故呼爲索頭)."라고 한다. 남조 사람들은 선비 탁발부를 '삭두로索頭虜'·'삭로索虜'라고 비하하였는데, 머리카락을 땋아 새끼줄처럼 늘어뜨렸기 때문이다. 그러나 현재까지 선비인의 머리 모양을 확인할 수 있는 유물이 발견되지 않아 구체적인 모습과 특징은 알 수 없다. 다만, 산시성山西省 타이위안시太原市 하발창무덤賀拔昌墓에서 발굴된 북제北齊 시대 도용陶俑에서 당시 유목민의 머리 모양을 추측할 뿐이다. 도용에서 묘사한 말을 탄 인물들은 긴 머리카락의 일부를 땋거나 끝을 끈으로 묶고 있어 당시 선비인의 머리 모양도 이와 유사했을 것으로 추정한다.

선비인의 머리 모양을 확인할 수 있는 자료가 부족한 이유는 그들이 모자를 쓰는 풍습이 있었기 때문이다. 벽화나 도용에서 표현된 선비인들은 모두 모자를 쓰고 있다. 선비인의 모자는 선비모鮮卑帽, 풍모風帽, 수군모垂裙帽, 장군모長裙帽, 대두장군모大頭長裙帽 등으로 불렸다. 선비모는 머리 전면을 싸는 모옥帽屋과 모자 뒷부분을 덧댄 모군帽裙으로 이루어져 있다. 모옥은 대부분 원형이며 뾰족한 형태尖形도 있는데, 모자 윗부분의 가운데는 아래로 오목하거나 십자十字로 교차된다. 일반적으로 남성의 모옥은 원형이 많고, 여성의 모옥은 머리 윗부분이 살짝 아래로 오목하다. 모옥 부분이 닭 볏 모양인 계관모鷄冠帽도 도용에서 자주 나타난다. 모군은 보통 머리 뒤쪽이나 양쪽에서 어깨까지 닿아 바람이나 추위를 막는 역할을 하였다. 선비모를 제작하는 재료는 동물 가죽 또는 털실로, 색깔은 대부분 검은색이다. 선비모는 북위 사회에서 성행하여 한인 사이에서도 유행하였으며, 점차 무사가 쓰는 투구 또한 선비모의 형식과 비슷해졌다.

이후 효문제가 한화 정책을 추진하여 선비 탁발부의 머리를 풀어헤치는 피발被髮 풍습 대신 머리를 묶고 상투를 틀게 하였으나 여전히 선비인들은 자신들의 전통적인 머리 모양과 모자를 쓰는 풍습을 지켰으며, 북조 후기에는 오히려 '호화胡化' 열풍이 일어나 한때 유행하기도 했다.

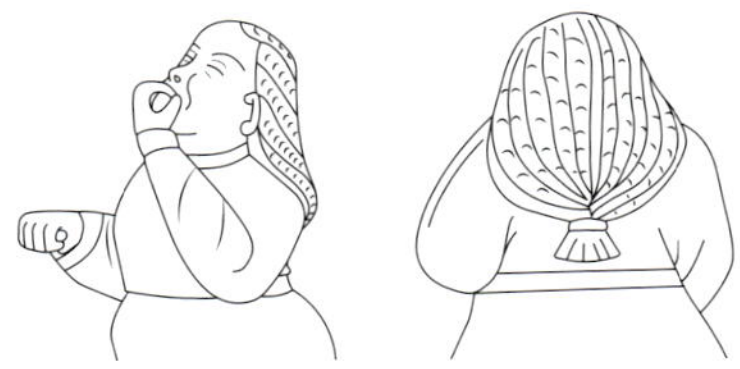

북제 시대 도용의 변발辮髮 | 타이위안시박물관太原市博物館

산시성 타이위안시 하발창무덤 출토 변발 기마 인물 도용

선비 계관모 | 다퉁시박물관

다퉁시 스자자이石家寨 사마금룡부부무덤 출토 기마 인물 도용

선비 수군모 | 다퉁시박물관

다퉁시 옌베이사범학교雁北師院 내 북위무덤 출토 시종 도용

032 시종 도용(남, 여)

彩绘侍俑

Figurines_Attendant

다퉁시 옌베이사범학교 북위무덤
大同市雁北师院北魏墓
북위 北魏
토도
높이 22.0 외
다퉁시박물관

남녀 시종을 표현한 도용으로, 모두 붉은색과 흰색으로 된 옷에 검은색 모자를 썼다. 무릎 길이의 상의는 좌임교령에 소매가 좁다. 남자는 바지를, 여자는 치마를 입었다. 남녀 모두 쓰고 있는 선비 수군모는 어깨까지 늘어뜨렸으며, 모자 윗부분이 전체적으로 둥글고 '十십'자 모양으로 파여 있다.

033 손을 잡고 있는 여인 도용

彩绘陶牵手女俑

Figurine_Two Women Holding Hands

뤄양시 이양현 양기무덤
洛阳市宜阳县杨机墓
북위 北魏
토도
높이 17.0
뤄양박물관

머리를 양쪽으로 틀어 올린 두 여성이 손을 잡고 서 있다. 틀어 올린 머리를 꽃장식으로 고정했고 볼에 찍은 연지가 선명하다. 상의는 붉은색 좌임의 교령에 옷소매는 통이 넓다. 허리는 졸라매고 아래는 바지를 입었다. 북위 후기 호복의 특징을 간직하면서 중원식 넓은 소매의 영향을 받아 변형된 것을 보여준다.

034 여인 도용

彩绘陶女俑

Figurine_Woman

뤄양시 이양현 양기무덤

洛阳市宜阳县杨机墓

북위 北魏

토도

높이 18.7

뤄양박물관

깃저고리와 치마를 갖춰 입은 여성을 묘사한 도용이다. 목둘레를 깊이 드러낸 저고리를 치마 안에 넣고 위에 넓은 띠를 두른 모습은 북위 후기 여성의 전형적인 복식 형태 중 하나이다.

035 작은 관을 쓴 문관 도용

小冠文官俑

Figurine_Civil Official

뤄양시 이양현 양기무덤
洛阳市宜阳县杨机墓
북위 北魏
토도
높이 26.0
뤄양박물관

2 음식문화

선비 탁발부는 전통적으로 수렵과 유목 생활을 경제 기반으로 삼았기 때문에 육류와 유제품을 중심으로 한 음식문화가 발달한 것으로 보인다. 다퉁시大同市 사링沙嶺 북위무덤北魏墓 벽화 속 연회 음식 준비 모습에는 양의 도살 장면과 꼬치요리를 하고 있는 장면이 묘사되어 있고, 『낙양가람기洛陽伽藍記』에는 낙양 천도 이후에도 고기를 먹고 우유 또는 양유로 만든 음료인 락酪을 마셨다는 기록이 있다. 실제로 최근 북위 수도 평성으로 추정되는 차오창성操場城 발굴조사에서 사슴뿔과 호랑이 뼈 등 다량의 동물 뼈가 여러 곳에서 발견되었고, 다퉁시 난자오南郊 북위무덤에서 출토된 인골을 분석한 결과 곡물 섭취보다 육식의 비중이 높은 것으로 나타났다.

북위 고양태수高陽太守였던 가사협賈思勰이 6세기 전반에 저술한 동양 최고最古 농업 기술 안내서인 『제민요술齊民要術』에는 당시의 북위 식문화가 상세하게 기술되어 있는데, 유목민 혹은 중앙아시아에서 전래되었을 것으로 생각되는 음식인 호포육胡炮肉, 호갱胡羹, 강자羌煮, 호반胡飯, 맥적貊炙 등의 조리법이 실려 있어 눈을 끈다. 한인들도 이러한 이국적인 음식문화에 차츰 영향을 받았던 것으로 보인다. 『낙양가람기』는 강남(남조)에서 생선과 차에 익숙했던 왕숙王肅이 북위에 살면서 유목민들의 주식인 양고기와 양젖의 발효식품을 익숙하게 잘 먹게 된 일화를 소개하고 있다.

> 炙豚法 用乳下豚極肥者 豶牸俱得 擊治一如煮法 揩洗刮削 令極淨 … 梓木穿 緩火遙炙 急轉勿住 … 取新豬膏極白淨者 塗拭勿住 … 色同琥珀 又類真金 入口則消 狀若凌雪 含漿膏潤 特異凡常也
>
> 돼지 굽는 법: 아직 젖을 떼지 않은 아주 통통한 돼지를 굽는 것이지만 불깐 돼지나 암소라도 모두 쓸 수 있다. 삶을 때의 방법처럼 문질러 씻고 비비고 깎아서 아주 깨끗하게 만든다. (중략) 떡갈나무로 돼지를 꿰어서 약한 불에 돌려가며 굽는데 구울 때 멈추지 말고 빨리 돌려야 한다. (중략) 신선하고 아주 깨끗한 돼지기름을 취하여 쉬지 않고 발라 주면, (중략) 호박 또는 순금과 같은 색이 난다. 입에 넣기만 하면 곧 녹는 것이 마치 눈이나 얼음을 먹는 것과 같으며 즙은 기름기가 많아서 일반 돼지고기와 맛이 확연히 다르다.
>
> 『제민요술』권9 80장 굽기

한편 화북을 통일한 선비 탁발부는 목축 경제에서 농업 경제로 전환을 꾀하였다. 농업을 장려하고 선진 농업 기술을 수용하여 농업 생산력을 높였으며, 특히 농기구의 발전과 우경이 생산량의 혁신적인 증가에 기여하였다. 『제민요술』에는 토양 경작과 농작물 재배 관리 기술, 채소와 과수 재배 기술을 포함한 원예와 식수植樹 기술, 농부산물의 가공 및 조리 기술 등, 진秦·한漢 이래 황허강 유역의 농업 과학 기술과 관련된 지식이 체계적으로 집대성되어 있다. 이러한 농경의 발전을 토대로 북위는 토지를 기반으로 하는 조세 제도를 실시하여 안정적인 국가 재정을 확보하고 관리할 수 있었다.

摘瓜法 在步道上引手利取 勿聽浪人踏瓜蔓 及翻覆之 … 凡瓜所以早爛者 皆由脚躡及摘時不愼 翻動其蔓故也 若以理愼護 及至霜下葉乾 子乃盡矣

오이 따는 법: 행길 위에서 손을 뻗어 딴다. 낭인이 오이 덩굴을 밟거나 뒤적이지 못하도록 해야 한다. (중략) 오이가 일찍 시드는 것은 모두 발로 밟거나 오이를 딸 때에 조심성 없이 그 덩굴을 뒤적여놓기 때문이다. 만약 이치에 맞도록 조심하여 보호해 주면 서리가 내리고 잎이 마를 때까지 오이를 맺을 수 있다.

『제민요술』권2 14장 오이 가꾸기

다퉁시 사링沙嶺 북위무덤 <포주취작도庖廚炊作圖> 요리 부분 | 다퉁시박물관

많은 사람이 참가한 비교적 큰 규모의 연회 장면으로 두 명의 남성이 양을 도살하고 있고, 아래에는 불로 요리하는 장면이 있다. 일상생활에서 양고기를 즐겨 먹던 선비인의 음식문화를 확인할 수 있다.

다퉁시 퉁자만仝家灣 북위무덤 출토 <노작도勞作圖> | 다퉁시박물관

중원으로 진출하여 정착한 뒤 농경생활로 변모된 선비 탁발부의 모습을 보여주는 벽화이다. 사람들이 소를 이용하여 밭을 갈고, 디딜방아로 쌀을 빻아서 음식을 만들고 있다. 이 같은 전형적인 농경생활의 모습 안에 수레와 말, 이동식 가옥 등 유목민의 모습이 함께 묘사되어 있다.

036 **부뚜막 모양 토기**

陶灶

Miniature Pottery_Cooking Stove

다퉁시 둥신광장 2기 북위무덤
大同市东信广场二期北魏墓
북위 北魏
토도
높이 14.9, 길이 21.0, 너비 12.0
다퉁시박물관

우물·부뚜막·디딜방아·맷돌 등 정주 기반 시설과 농기구들을 형상화한 다퉁시 북위무덤 출토 명기明器 중 부뚜막 모양 명기이다. 북방 유목민이었던 선비 탁발부가 점차 정착하여 농경 문화를 수용하였음을 보여준다.

037 키를 잡고 있는 여인 도용

彩绘陶持箕女俑
Figurine_Woman Holding a Winnowing Basket

뤄양시 이양현 양기무덤
洛阳市宜阳县杨机墓
북위 北魏
토도
높이 13.5
뤄양박물관

038 아이를 안고 있는 여인 도용

彩绘陶抱婴女俑

Figurine_Woman with a Baby

뤄양시 이양현 양기무덤
洛阳市宜阳县杨机墓
북위 北魏
토도
높이 13.0
뤄양박물관

039 동이를 안고 있는 여인 도용

彩绘陶抱盆女俑
Figurine_Woman Holding a Jar

뤄양시 이양현 양기무덤
洛阳市宜阳县杨机墓
북위 北魏
토도
높이 13.5
뤄양박물관

040 두 귀 달린 솥

双耳铜鍑

Bronze Pot with Two Lugs

다퉁시 하이리촌 북위무덤
大同市海力村北魏墓
북위 北魏
청동
높이 19.0, 입지름 12.0
다퉁시박물관

청동 솥은 야외에서 쓰던 취사용품으로 북방 유목민족이 자주 사용하였다. 다퉁시에서 많이 발굴되어 북위 전기까지 유목 전통을 간직하고 있었음을 알 수 있다.

041 **용머리 자루 솥**

龙首铜鐎斗

Bronze Tripod Cauldron with Dragon Head Handle

다퉁시 둥신광장 북위무덤
大同市东信广场北魏墓
북위 北魏
청동
높이 23.0, 최대너비 29.5
다퉁시박물관

자루 솥은 음식을 데우는 용도의 식기이며 한·위魏 시대에 유행하였다. 세 개의 다리와 용머리로 장식한 손잡이가 달려 있다.

042 세 발 달린 술 단지

彩绘陶樽

Tripod Liquor Container

다퉁시 난자오구 북위무덤
大同市南郊区北魏墓
북위 北魏
토도
높이 10.6, 입지름 13.0
다퉁시박물관

원통 모양으로 다리가 세 개 달려 있다. 외벽은 붉은색으로 채색하였다. 술을 담는 용도로 사용되었으며, 전국 시대부터 전한前漢 시대까지 유행하였다.

다퉁시 퉁자만仝家灣 북위무덤 <비식도備食圖> 식기 부분 | 다퉁시박물관

남조 도자기의 번영

초기 선비 탁발부는 질박하고 둔탁한 도기를 주로 사용하였으나, 화북 통일 이후 남조의 영향을 받은 영롱하고 윤기가 흐르는 자기도 사용했다. 현존하는 무덤 벽화와 껴묻거리에서 확인되는 다양한 자기를 통해 남조 자기가 북위에서 유행하였음을 알 수 있다. 남방 청자의 바탕은 곱고 섬세하면서 단단하고, 유약을 바른 표면은 매끄러웠다. 종류도 다양해져 대접·접시·주전자·항아리·쟁반 외에 가래나 침을 뱉는 그릇唾具·등잔걸이·박산향로博山香爐·연적·촛대 등이 제작되었다. 남조의 도자수공업은 기술·종류·조형 등의 방면에서 큰 발전을 이루었고, 당唐·송宋 시대 이후 대부분의 유명 가마터들이 전성기에 진입할 수 있는 기초를 닦아놓았다.

043 청자 사발

青瓷碗

Celadon Bowl

뤄양시 이양현 양기무덤
洛阳市宜阳县杨机墓
북위 北魏
토도
높이 7.5, 입지름 13.3
뤄양박물관

044 청자 병

青瓷盂
Celadon Bottle

뤄양시 지리구 여달무덤
洛阳吉利区吕达墓
북위 北魏
토도
높이 8.5
뤄양박물관

3 주거문화

북위를 세운 선비 탁발부는 평성에 궁성을 짓고 목조 건축물에 거주하기 시작했다. 그러나 유목민족의 주거 풍습을 완전히 버리지 않고 오랫동안 이동식 가옥과 목조 건축물 두 종류의 주거 형태를 유지한 것으로 보인다. 평성 황궁 건축 유적인 다퉁시 차오창성 북위 1호 유적의 서쪽에는 동쪽과 달리 기둥을 세운 흔적과 기와 조각瓦片이 없어 이동식 가옥으로 궁전을 만들었다고 추측된다. 또 다퉁시 사링 북위무덤 남쪽 벽에는 선비 탁발부의 연회 장면이 그려져 있는데, 목조 건축물과 이동식 가옥이 함께 그려져 있는 것을 확인할 수 있다.

이동식 가옥의 경우 문헌 기록과 북위무덤에서 출토된 고고자료를 통해 당시 모습을 유추해 볼 수 있다. 『남제서』「위로전」의 기록에 의하면 북위에는 '백자장百子帳'이라 불리는 혼례용 장막이 있는데, "끈으로 교차하여 묶고, 나뭇가지를 묶어 문설주를 만들고, 푸른 견직물로 덮었으며, 평평한 둥근 형태이다. 백 명을 수용하여 앉힐 수 있다(以繩相交絡 紐木枝棖 覆以青繒 形制平圓 下容百人坐)."라고 한다. 그 모습은 몽골에서 '게르Ger(포包)'라고 불리는 이동식 가옥과 유사한데, 다퉁시에서 발견된 북위무덤 벽화 속 선비 탁발부의 이동식 가옥들도 이와 비슷한 모습이다.

목조 건축물의 경우 북위무덤에서 출토되는 가옥 도용, 석곽石槨, 석당石堂 등을 통해 알 수 있다. 석곽은 당시의 목조 건축의 구조를 모방한 것으로 정교하게 실제 건축을 재현하여 현존하지 않는 북위 건축의 구조 원리를 그대로 전달한다. 북위 전기에는 전면에 팔각형의 기둥을 세워 복도前廊를 형성하고, 지붕은 홑처마單檐의 맞배지붕을 올렸으며 3칸의 규모로 뒷방後室을 조성하였는데, 점차 복도를 갖추지 않은 간략한 구조로 변화한다. 이후 우진각지붕이나 팔작지붕도 확인된다.

북위 후기에는 효문제의 한화 정책으로 선비인들이 대거 낙양에 거주하게 된다. 낙양에 살기 싫어한 선비 지배층들은 여름에는 북쪽의 본 거주지에서 생활하고 겨울에만 낙양의 조정에서 근무하게 하였다. 낙양 이주를 거부한 선비들은 여전히 이동식 가옥에서 거주하는 유목생활을 유지한 것으로 보인다.

다퉁시 사링沙嶺 북위무덤 <포주취작도庖廚炊作圖> | 다퉁시박물관

시라무런希拉穆仁 초원의 게르 | 한국목간학회

045 게르 모양 토기

陶毡帐

Miniature Pottery_Ger

다퉁시 윈보로 북위무덤군
大同市云波路北魏墓群
북위 北魏
토도
높이 38.0, 길이 28.0, 너비 28.0
다퉁시박물관

게르는 보온성이 좋고, 이동이 편리한 유목민족의 대표적인 주거형태이다. 북위 무덤에서 출토되는 천막 형태의 명기를 통해 게르와 유사한 선비 탁발부의 이동식 가옥의 모습을 확인할 수 있다. 밑받침은 장방형이고, 네 벽은 바깥쪽으로 휘어 있다. 윗부분에는 두 개의 창이 나 있고, 정면 벽에 문을 만들었다. 뒷벽에는 밧줄모양 줄이 있는데, 한쪽은 세 갈래로 나뉘어 뒷벽을 고정하고, 다른 한쪽은 둥근 단추로 앞쪽과 문 쪽 장막을 단단히 고정하였다.

046 누각 모양 등

陶楼灯

Miniature Pottery_ Pavilion -shaped Lamp

다퉁시 치리촌 북위무덤군
大同市七里村北魏墓群
북위 北魏
토도
높이 24.6, 바닥너비 14.3
다퉁시박물관

겹처마지붕의 누각 형태의 등잔이다. 북위 건축물을 모방한 것으로 아래층과 위층은 각 면마다 창문을 낸 구멍이 있다.

4 상장의례喪葬儀禮

선비 탁발부의 상장의례에 관한 직접적인 기록은 없으나, 초기 선비와 오환烏桓·烏丸의 장례 방식은 유사했을 것으로 추정된다. 선비와 같은 계통인 오환의 상장의례에 대해 기록한 『삼국지三國志』 「오환선비동이전烏丸鮮卑東夷傳」에 의하면 "사람이 죽으면 시체를 관에 안치하고 땅에 묻는다. 상례 시에는 친지들이 모여 노래하고 춤을 추며 죽은 자를 애도하고 개와 말로 하여금 망자의 영혼을 보호하게 하며, 이들과 생전의 의복 및 기물을 태워 영혼과 함께 보낸다."라고 한다. 또한 『송서宋書』 「삭로전索虜傳」에는 "사람이 죽으면 몰래 매장했으며 봉분을 세운 무덤은 만들지 않았다. 장송葬送할 때에 이르러 모두 관을 안치하고 봉분과 덧널을 가짜로 만들었으며, 생전에 사용했던 수레와 말, 각종 기물을 모두 불살라 죽은 사람을 보냈다."라고 기록되어 있다.

북위 무덤은 대부분 도성이었던 평성과 낙양, 즉 오늘날의 다퉁시와 뤄양시 부근에 집중되어 있다. 평성 일대 북위무덤은 초기 선비의 장례 풍습을 계승한 모습을 찾아볼 수 있다. 대부분 어울무덤合葬墓이며, 무덤에서 금·은·동·철 등으로 만든 각종 금속 제품이 다수 확인된다. 또한 청동솥銅鍑, 꾸미개牌飾 등과 함께 소·말·양 등을 순장시킨 동물의 뼈나 조각품도 발견된다.

이후 북위의 영토가 확대되고 사회·문화 방면에 각 민족의 대대적인 흡수가 이루어지면서, 선비의 고유 전통과 중원 및 서역의 장례 문화가 끊임없이 융합되며 변화하는 특색을 보인다. 무덤의 형태는 벽돌무덤塼築墳, 굴식널무덤土洞墳, 널무덤土坑墳, 돌덧널무덤石槨墳으로 분류되며, 후기로 갈수록 규모가 큰 무덤의 경우 긴 무덤길墓道, 널길甬道, 무덤방墓室의 구조를 갖춘 외방벽돌무덤單室塼築墳이 많이 축조되었다. 벽화무덤이 점차 성행하며 묘주도·연음도宴飮圖·주방도·잡기도·수렵도·시위도侍衛圖·출행도·신수도·천상도 등 다양한 주제들이 나타나는데, 그 가운데 의장출행도儀仗出行圖는 중요한 회화 제재였다.

5세기 후엽에는 동물 희생과 같은 선비 특유의 장례 관습은 점차 사라지고, 한인 문화의 영향으로 도용·석상石牀 및 각종 도기와 장신구 등 다양한 껴묻거리와 장례 도구가 부장되었다. 이 중 도용은 후기로 갈수록 의장용儀仗俑·시위용侍衛俑·고취용鼓吹俑 등 종류가 다양해졌다. 특히 의장출행도용에서 투구와 철갑옷甲冑을 착용하고 철갑옷을 두른 말을 탄 중기병이 많아지는 양상을 보인다. 경기병과 보병의 경우 선비모나 계관모를 쓰고 고습을 한 경우가 대부분이다. 이후 소매가 넓고 가슴에 대를 두른 포의박대褒衣博帶를 입은, 둥글둥글한 체형이 두드러진 도용도 나타난다. 또 다양한 형식의 수레가 등장하는데 주로 소 수레牛車가 포함된다. 이 밖에 짐을 진 나귀와 낙타가 뒤따르기도 하며 서역인 형상도 상당수 출현한다.

영고릉永固陵 | 한국목간학회

다퉁시 북쪽 시쓰얼량산西寺兒梁山에 있는 문명태후文明太后의 무덤이다. 높이 23*m*, 남북 길이 117*m*, 동서 길이 124*m*의 영고릉은 무덤길 · 앞방前室 · 널길 · 뒷방으로 구성된 벽돌무덤으로, 능묘 앞쪽에 전당石殿 · 문石闕 · 석수石獸 · 비石碑를 축조하는 한인의 능묘 양식을 채택하였다.

다퉁시 사링沙嶺 **북위무덤 <출행도**出行圖**>** | 다퉁시박물관

위풍당당하게 행진하는 북위 귀족의 성대한 출행 모습을 생동감 있게 재현하였다. 말 탄 기사가 행렬을 인도하는 가운데 군악대와 갖가지 곡예사들이 길을 열며 기병들이 중심에 있는 한 대의 마차를 호위하고 남녀 시종들이 뒤따르는 모습이다. 모두 선비 복식을 하고 선비모를 쓰고 있다.

북위 평성·낙양 무덤양식의 변화

최진열
한국전통문화대학교

북위 평성시대의 황제·황후·훈신勳臣들은 금릉金陵에 묻혔다. 금릉의 명칭과 위치에 대해서는 학설이 분분하고 아직까지 금릉의 무덤이 발굴되지 않았다. 다퉁시의 북위무덤은 대동부성의 동쪽과 남쪽에 집중되었다. 이밖에 대퉁시와 행정구역이 다른 화이런현懷仁縣은 당시에 상건군桑乾郡이었고 평성의 먼 교외에 해당하는데, 16국 시대와 동진·남조에서 항복한 한인(중국인)들이 주로 묻혔다.

북위 전기 수도 평성인 현재의 다퉁시에는 두 종류의 무덤이 있다. 첫째, 문명태후의 무덤인 영고릉과 효문제의 수궁壽宮인 만년당萬年堂 등 황제·황후·황태후의 능이다. 둘째, 기타 다른 사람들의 무덤이다. 무덤의 형태는 수혈묘, 토갱묘(토광묘), 토동묘, 전실묘 등이 있다. 예를 들면, 다퉁시 난자오 북위무덤군北魏墓群 가운데 수혈토갱묘竪穴土坑墓가 17기, 수정묘도토동묘竪井墓道土洞墓가 50기, 수정묘도횡혈토동묘竪井墓道橫穴土洞墓가 1기, 장사파저묘도토동묘長斜坡底墓道土洞墓가 98기, 장사파저묘도전실묘長斜坡底墓道塼室墓가 1기였다. 잉빈다다오 북위무덤군迎賓大道北魏墓群에서 수혈토광묘竪穴土壙墓 5기, 토동묘 62기, 전실묘 8기 등이 발견되었다. 토광묘는 무덤의 모양에 따라 사다리꼴 묘실의 토동묘梯形墓室土洞墓 17기, 칼자루형 토동묘刀把形土洞墓 33기, 사각형 묘실 토동묘方形墓室土洞墓 12기로 나뉜다. 동쪽에서 발견된 북위무덤은 토동묘와 전실묘가 많고 묘지석墓誌 등 무덤 주인을 알 수 있는 기록이 더 많다.

북위의 낙양 천도 이후 수도가 된 낙양의 무덤은 토동묘와 전실묘의 두 종류가 있으며, 각각 완만한 비탈식인 사파식斜坡式 묘도와 곧은 바닥식인 수정식竪井式 묘도의 두 종류로 나뉜다. 528년 이전에는 토동묘와 전실묘가 함께 존재하였다. 전실묘는 황제릉과 원씨元氏 일족, 항복한 동진東晉 황실의 자손이었고, 중하급 관리들은 토동묘가 많았다. 즉 지위가 높은 사람들은 전실묘, 중하급 관리들은 토동묘의 등급의 차이가 보였다. 그러나 무태武泰 원년元年(528) 하음河陰의 변 이후 전실묘와 토동묘 간 등급 차이가 없어졌다. 본래 전실묘를 사용했던 사람들은 간략한 토동묘를 사용하게 되었다.

평성의 영고릉·만년당과 낙양의 경릉景陵(효문제와 고구려 여성 고조용高照容 사이에서 태어난 선무제宣武帝의 능)의 무덤 구조의 공통점은 다음의 세 가지이다. ① 전석磚石 구조이며, ② 묘도·전용도前甬道(혹은 전실前室)·후용도後甬道(혹은 용도甬道)·묘실墓室 네 부분으로 구성되었으며 각 부분의 형제形制와 구조는 기본적으로 일치하고, ③ 무덤에 모두 벽화가 없다.

쑤바이宿白의 연구에 따르면, 낙양의 능묘는 효문제의 장릉長陵을 중심으로 분포하며, 황족과 귀족의 무덤은 장릉의 동쪽에 있다. 황족 무덤은 효문제의 7세조인 도무제의 자손의 무덤을 중심으로 좌우로 배치되었다. 6세조 명원제明元帝, 4세조 경목제景穆帝(공종恭宗), 2세조 헌문제獻文帝의 자손은 우측, 5세조 태무제太武帝, 3세조 문성제文成帝의 자손은 좌측에 묻혔다. 효문제의 자손 묘지는 중앙에 분포하였으나, 일부는 좌측에 있었다. 황족들의 무덤은 유가의 소목제昭穆制를 상기시키는 배치이다. 또 쑤바이는 망산芒山에 북위 능묘가 집중하는 현상을 선비 족장族葬의 유풍으로 보았다.

귀족 출행 도용 행렬

귀족 출행의 성대한 장면을 보여준다. 말을 탄 자가 수레 앞에서 길을 인도하고 있다. 수레 양측과 뒤에는 여러 명의 시종들이 수행하고 있다. 남녀 시종 도용들은 모두 선비모를 쓰고 있고, 여자 도용은 좌임교령에 폭이 좁은 바지를 입었다.

047 말을 탄 인물 도용

骑马俑

Figurine_Man on Horseback

다퉁시 위창자위안 북위무덤

大同市御昌佳园北魏墓

북위 北魏

토도

높이 35.0, 길이 29.0

다퉁시박물관

048 말 수레 도용

马拉车
Figurine_Carriage

다퉁시 위창자위안 북위무덤
大同市御昌佳园北魏墓
북위 北魏
토도
높이 27.5, 잔존길이 53.0, 잔존너비 14.9
다퉁시박물관

049 소 수레 도용

牛拉车

Figurine_Oxcart

다퉁시 위창자위안 북위무덤
大同市御昌佳园北魏墓
북위 北魏
토도
높이 21.0, 잔존길이 48.2
다퉁시박물관

050 시종(남) 도용

侍俑(男)

Figurines_Male Attendant

다퉁시 위창자위안 북위무덤

大同市御昌佳园北魏墓

북위 北魏

토도

높이 25.4, 24.7

다퉁시박물관

051 시종(남) 도용

侍俑(男)
Figurines_Male Attendant

다퉁시 위창자위안 북위무덤
大同市御昌佳园北魏墓
북위 北魏
토도
높이 24.6, 24.5
다퉁시박물관

052 시종(여) 도용

侍俑(女)
Figurines_Female Attendant

다퉁시 위창자위안 북위무덤
大同市御昌佳园北魏墓
북위 北魏
토도
높이 23.6, 23.0
다퉁시박물관

053 시종(여) 도용

侍俑(女)
Figurines_Female Attendant

다퉁시 위창자위안 북위무덤
大同市御昌佳园北魏墓
북위 北魏
토도
높이 23.3, 23.0
다퉁시박물관

054 시종(남) 도용

侍俑(男)

Figurines_Male Attendant

다통시 위창자위안 북위무덤
大同市御昌佳园北魏墓
북위 北魏
토도
높이 24.9, 23.8
다통시박물관

055 시종(남) 도용

侍俑(男)

Figurines_Male Attendant

다통시 위창자위안 북위무덤
大同市御昌佳园北魏墓
북위 北魏
토도
높이 24.5, 24.8
다통시박물관

056 춤추는 인물 도용

舞俑

Figurine_Dancer

다통시 위창자위안 북위무덤
大同市御昌佳园北魏墓
북위 北魏
토도
높이 24.5
다퉁시박물관

057 춤추는 인물 도용

舞俑

Figurine_Dancer

다통시 위창자위안 북위무덤
大同市御昌佳园北魏墓
북위 北魏
토도
높이 24.5
다퉁시박물관

5 음악과 기예

북위 조정은 화북을 통일한 후 궁중에 각종 악무樂舞 기구를 설치하고 한과 진晉 궁정의 옛 제도를 모방하여, 조하朝賀(조정에 나아가 왕께 하례함)·절령節令·연회 등의 행사 시 한인 사회에서 유행하는 각종 악무와 기예百戲를 들여와 공연하였다. 노래와 춤에 사용된 음악은 선비 탁발부의 호쾌하고 호방한 진인대가眞人代歌 또는 황시무皇始舞(도무제 때 시조 탁발역미를 기리기 위해 만든 음악), 그리고 한인의 느리고 부드러운 팔일무八佾舞(8명씩 8줄로 총 64명이 추는 중국 고대 최고最古의 제례무)였다.

음악을 연주할 때는 여러 나라에서 온 다양한 악기도 사용하였다. 윈강석굴에서 확인되는 악기 부조만 해도 선비의 대각大角과 한·위의 옛 악기인 거문고, 쟁箏, 생황笙뿐만 아니라 서량西涼의 제고齊鼓·담고擔鼓(첨고檐鼓)·의취적義觜笛, 구자龜玆의 오현五弦, 서아시아의 수공후竪箜篌, 인도의 범패梵唄 등 다양하다. 서역의 비파와 현악기로 연주하는 도용 및 벽화도 북위무덤에서 많이 확인된다.

이뿐만 아니라 낙양에서 서역의 서커스와 마술 등이 유행하기도 했다. 이 시기 사찰에서는 교리를 전파하고 널리 신도를 모으기 위해 종교 기념일과 법회 등의 행사에서 가무와 기예를 공연했다. 『낙양가람기』에 따르면 매년 석가모니의 탄신일을 전후해 석가를 태운 코끼리상이 장추사長秋寺 밖으로 행진할 때 서역의 서커스와 마술이 함께 공연되었다고 한다. 의례와 함께 거행된 다양한 공연은 인도에서 전래된 것으로 당시 구경꾼들이 구름처럼 모일 정도로 인기를 끌었다. 이렇듯 북위 사람들은 다양한 민족의 음악과 춤, 곡예와 마술 등 다채로운 문화를 즐겼다.

뤄양시 이양현宜陽縣 양기무덤楊机墓 출토 악기를 연주하는 인물 도용 | 뤄양박물관

다통시 제싱解興 석당 벽화 <주악도奏樂圖> | 다통시박물관

화원에서 여유롭게 악기를 연주하는 장면이다. 왼쪽에는 여악공이 피리를 불고 비파를 연주하고 있으며, 오른쪽에는 남악공이 공후와 쟁을 연주하고 있다.

다통시 퉁자만仝家灣 북위무덤 <비식도備食圖> 기예단 부분
| 다통시박물관

악기를 연주하는 도용

여덟 명의 여인이 한 조를 이루어 악기를 연주하고 있다. 이러한 악기 연주 도용은 북조 무덤에서 출토된 도용 중 가장 자주 보이는 주제이다. 교령 옷깃에 넓은 소매의 적삼을 입었다. 긴 치마는 바닥에 닿아 끌리고, 허리띠를 높게 매었으며 가운데에서 매듭을 지었다. 머리는 검고 입술은 주황빛이다. 비파와 북을 제외하고는 악기가 남아 있지 않아 도용의 자세를 통해 연주하는 악기를 유추할 수 있을 뿐이다.

058 악기를 연주하는 인물 도용

彩绘陶伎乐俑

Figurine_Musician

뤄양시 이양현 양기무덤
洛阳市宜阳县杨机墓
북위 北魏
토도
높이 14.0
뤄양박물관

059 악기를 연주하는 인물 도용

彩绘陶伎乐俑

Figurine_Musician

뤄양시 이양현 양기무덤

洛阳市宜阳县杨机墓

북위 北魏

토도

높이 14.0

뤄양박물관

060 악기를 연주하는 인물 도용

彩绘陶伎乐俑
Figurine_Musician

뤄양시 이양현 양기무덤
洛阳市宜阳县杨机墓
북위 北魏
토도
높이 13.9
뤄양박물관

061 악기를 연주하는 인물 도용

彩绘陶伎乐俑
Figurine_Musician

뤄양시 이양현 양기무덤
洛阳市宜阳县杨机墓
북위 北魏
토도
높이 13.8
뤄양박물관

062 악기를 연주하는 인물 도용

彩绘陶伎乐俑
Figurine_Musician

뤄양시 이양현 양기무덤
洛阳市宜阳县杨机墓
북위 北魏
토도
높이 13.7
뤄양박물관

063 악기를 연주하는 인물 도용

彩绘陶伎乐俑
Figurine_Musician

뤄양시 이양현 양기무덤
洛阳市宜阳县杨机墓
북위 北魏
토도
높이 13.4
뤄양박물관

064 악기를 연주하는 인물 도용

彩绘陶伎乐俑
Figurine_Musician

뤄양시 이양현 양기무덤
洛阳市宜阳县杨机墓
북위 北魏
토도
높이 14.0
뤄양박물관

065 악기를 연주하는 인물 도용

彩绘陶伎乐俑
Figurine_Musician

뤄양시 이양현 양기무덤
洛阳市宜阳县杨机墓
북위 北魏
토도
높이 13.3
뤄양박물관

서역 문화

북위가 화북 지역을 통합하고 중국과 서역(중앙아시아)을 연결하는 교역로를 확보함에 따라 실크로드가 다시 번영하게 되었다. 서역 각국으로 통하는 안전한 길이 보장되면서 각지의 사신단과 상인들이 북위에 조공이나 무역을 하기 위해 방문하였다. 도무제道武帝 천흥天興 5년(402)에서 효문제 태화太和 17년(493)까지 사서에 기록된 조공 무역은 180여 차례에 달하고, 관련된 국가와 지역은 100곳이 넘는다. 『낙양가람기』에 의하면 "파미르고원葱嶺 서쪽부터 로마大秦에 이르기까지 수많은 나라의 도시들이 기뻐하며 따르지 않는 곳이 없었으며, 소그드상인胡商과 서역의 상인이 매일 이 변경에 와서 묵으니 이른바 천지의 모든 것이 이곳에 다 있었다. 중국 풍습을 좋아하여 거주하는 사람이 많아 이루 헤아릴 수가 없다. 그리하여 귀화한 백성이 만여 가구에 이르렀다."라고 한다. 그리하여 북위 수도 평성과 낙양은 선비와 한인, 투르크계 유목민, 서역인 등 다양한 사람들이 합류하는 국제 대도시로 성장하여 여러 문화가 공존하고 융합하는 다문화 사회를 꽃피웠다.

다퉁시 원잉로文瀛路 북위무덤 <호인견타胡人牽駝> | 다퉁시박물관

곱슬머리에 코가 높은 서역인이 양손에 고삐와 채찍을 쥐고 쌍봉낙타를 끌고 있다.

066 낙타 도용

彩绘陶骆驼

Figurine_Camel

뤄양시 이양현 양기무덤
洛阳市宜阳县杨机墓
북위 北魏
토도
높이 24.5, 길이 23.0
뤄양박물관

북위는 서역, 토욕혼, 돌궐, 거란 등 주변 각 나라와 빈번하게 교역하였다. 실크로드를 오가던 상인들이 끌고 온 낙타도 북위무덤의 도용과 벽화에 자주 등장하는 소재이다. 양기무덤에서 나온 이 익살스러운 표정의 쌍봉낙타 도용은 한 쪽에 물고기와 고양이, 다른 한 쪽에 토끼와 오리로 보이는 사냥감을 매달고 있다.

북위 도용陶俑의 특징과 변화

권소현
국립부여박물관

1. 용俑의 의미와 전개

용은 중국 무덤의 중요한 껴묻거리 중 하나로 순장殉葬을 대신하기 위해 사용되었던 명기로 정의할 수 있다. 죽은 자가 저승에서도 생전과 동일하게 생활한다고 생각하여 사람의 행동과 움직임을 모방하여 제작하였는데, 도용, 목용木俑, 석용石俑, 자용磁俑 등 다양한 재질로 제작되었으나 도용의 예가 가장 많다. 용은 대체로 사람 모양의 명기뿐만 아니라 가축·가금이나 기타 동물 모형도 포함한다.

용의 시원적 형태는 산시성陝西省 한청韓城 량다이촌梁帶村 서주무덤西周墓 출토의 목용으로, 시녀용侍女俑으로 생각된다. 용을 부장하는 풍습이 유행하면서 용의 조형도 점차 변하였는데, 그중 진용秦俑은 실제 인물과 거의 흡사하게 제작되어 수량으로나 질적으로 중국 고대 예술의 대표작으로 꼽힌다. 진시황릉의 도용은 감상용이 아닌 장례 의식에서 순장 대체품으로 제작되어 크기, 복식 등이 매우 사실적으로 표현되었다. 이후 한대漢代에는 진秦의 전통을 이어받아 용을 부장하였으나 그 형체는 진용에 비해 현저하게 작아졌다. 시녀용, 병사용 등의 인물 형상 도용과 함께 소, 양, 돼지, 개, 닭 등의 동물 형상 도용도 만들어졌다. 동한東漢 중기 이후에는 다층 누각형의 건물, 창고나 농경지를 표현한 모형물이 부장되었다. 한편, 조위曹魏 시대는 상장례를 검소하게 하여 호화로운 껴묻거리를 금지하였기에 정교하고 세밀한 용은 그다지 발견되지 않았다.

서진西晉 시대는 새롭게 장의葬儀 제도가 형성되면서 도용의 유형이 진묘수용鎭墓獸俑, 출행의장용出行儀仗俑, 가거생활용家居生活俑으로 구성·제작되었고 이러한 규범이 남북조南北朝 시대까지 계승되었다. 서진이 멸망한 이후 중국은 남과 북으로 나뉘어 남방 지역의 도용은 서진의 도용과 장의제도를 바탕으로 강남의 풍속과 결합된 모습으로 제작되고, 북방 지역에서는 끊임없는 전란이 계속되었던 십육국十六國 시대에 각 민족이 융합되는 과정에서 기존의 풍속이 무너지고 각 민족마다 장례 문화가 다르게 형성되었다. 전체적인 구성은 서진 무덤과 동일하나, 처음으로 고취용이 출현하고, 무사武士와 전마戰馬들이 모두 갑옷을 착용하고 있어 군사적인 색채를 보여주고 있다.

2. 북위 도용의 구성과 특징

선비 탁발부의 세력이 점차 강성해지면서 북위를 건립하였고 이후 점차 북방 지역을 통일하여 남북조 시대가 시작되었는데, 이후 북조의 묘에서는 용을 부장하는 풍습이 점차 성행하였다. 원래 선비족은 용을 부장하는 풍습이 없었는데, 점차 상장의례에 변화가 나타나고 북조 시대에는 정치적인 환경 변화가 매우 빈번하여 각 지역에서 출토된 도용의 특징과 제작 수준이 다르게 나타난다.

북조 시대 도용이 출토된 고분은 총 84기로 그 중 기년명이 존재하는 고분은 총 68기이다.[1] 도용이 발견된 지역을 살펴보면, 대부분 정치 문화의 중심지였던 지역에서 많은 수량이 출토된다. 북위 시대 도용은 주로 수도를 중심으로 출토되는데, 북위 전반기(386~494)는 평성 지역을 중심으로, 북위 후반기(494~534)는 낙양 지역을 중심으로 무덤에서 출토되고 있다. 〈표 1〉은 북위무덤에서 출토된 도용의 구성을 통해 그 변천을 살펴보고자 하였다. 이로써 도용의 조형적·양식적 특징과 도용에 반영된 시대성·지역성을 이해할 수 있을 것이다.

〈표 1〉 북위무덤 출토 도용의 구성

시대	지역	무덤		진묘수용		출행의장용				가거생활용			
			매장연도	진묘수	진묘무사	보병	기사	의장	고취	악(무)	남시	여시	노작
북위 전반	네이멍구內蒙古 후허하오터呼和浩特		386		2			3		8		2	
북위 전반	평성	송소조무덤宋紹祖墓	477	1	2	18	58	19		4	8	6	
북위 전반	평성	사마금룡무덤司馬金龍墓	484	1		122	88	89		12		15	
북위 전반	평성	옌베이사범학교	484	2	2					19	12	18	
북위 후반	낙양	여달무덤呂達墓	524	1	1			12			8	1	2
북위 후반	낙양	원소무덤元昭墓	528	2	3	16	10	11	7	7	46	2	4
북위 후반	낙양	왕온무덤王溫墓	532	2	2	7	4	4	1	4	33	1	2
북위 후반	낙양	양기무덤	533	2	2	22	4	14		10	10	19	6

북위무덤에서 출토된 도용의 구성을 보면, 크게는 진묘수용鎭墓獸俑, 출행의장용出行儀仗俑, 가거생활용家居生活俑으로 나눌 수 있고 각각 세부 유형으로 나눌 수가 있다. 큰 차이점은 북위 전반기에는 고취용鼓吹俑과 노작용勞作俑이 보이지 않는다는 점이다. 그리고 점차 낙양시기로 오면서 구성과 제작 양상이 정형화되어 가는 것을 알 수 있다. 제작 양상과 특징에 대해서는 〈표 2〉로 정리하였다.

〈표 2〉 북위무덤 출토 도용의 특징

<table>
<tr><th colspan="2" rowspan="2">구분</th><th colspan="2">특징</th><th colspan="2">사진</th></tr>
<tr><th>북위 전반기</th><th>북위 후반기</th><th>전반기</th><th>후반기</th></tr>
<tr><td rowspan="2">진묘수용</td><td>진묘수용</td><td>• 얼굴: 수면獸面·인면人面 공존
• 형식: 3형식으로 구분됨
- 호랑이 형상
- 사지 곧게 세운 자세
- 뒷다리를 꿇은 자세(준거형蹲踞形)
• 크기: 31~34㎝로 다른 도용보다 큰 편
* 특별하게 정해진 규범은 없음</td><td>• 얼굴: 수면·인면 공존
• 등 부위에 돌기가 솟아 있음
• 자세는 준거형으로 정형화됨
• 크기: 18~28㎝로 앞 시기보다 작은 크기로 제작
* 얼굴, 형상, 자세 등 정형화됨</td><td></td><td>
그림 1
뤄양 양기무덤 출토
진묘수용(인면)</td></tr>
<tr><td>진묘
무사용</td><td>• 하나의 통일된 모습으로 제작
- 옷: 물고기 비늘, 거북이의 등껍질 모양인 갑편甲片으로 꿰매진 개갑鎧甲인 통수개筒袖鎧를 입음
- 투구: 머리 윗부분이 둥글거나 솟아 있는 형상
- 머리와 손: 양팔을 양옆으로 펼치거나 무기를 들고 있는 자세
• 크기: 39~68㎝로 다른 유형 도용보다 2배 가량 크게 제작</td><td>• 2형식
- 1형식: 정부頂部가 뾰족한 모양의 투구를 쓰고 하의는 갑상甲裳을 두른 채 박고縛袴 혹은 바지를 입은 형식
- 2형식: 원형 모양인 투구 혹은 풍모風帽를 쓰고 바깥에는 장포長袍를 입고 하의는 바지를 입음. 양손을 앞으로 모아 검을 지탱하는 형태가 많음
• 크기: 29~40㎝로 제작</td><td></td><td>
그림 2
뤄양 양기무덤 출토
진묘무사용</td></tr>
</table>

<table>
<tr><th colspan="2" rowspan="2">구분</th><th colspan="2">특징</th><th colspan="2">사진</th></tr>
<tr><th>북위 전반기</th><th>북위 후반기</th><th>전반기</th><th>후반기</th></tr>
<tr><td rowspan="4">출행의장용</td><td>보병용</td><td rowspan="3">• 4형식
- 1형식: 원추圓錐 모양의 투구, 원령圓領에 좁은 소매로 제작된 개갑 착용
- 2형식: 말을 타고 있는 기사용 유형으로 머리에는 계관형鷄冠形 풍모 착용, 교령과 통수개 착용
- 3형식: 머리에는 풍모를 쓰고 원령으로 제작된 방한복 착용
- 4형식: 심목고비深目高鼻의 호인용으로 좌임인 포袍, 소매가 좁고 밀착된 상의, 좁은 폭의 바지 착용, 풍모나 원형모 뒤에 덮개가 달린 모군帽裙 형식의 모자를 쓰는 전형적인 선비 고유 복식 착용</td><td rowspan="4">• 5형식
- 1형식: 명광개明光鎧 입음
- 2형식: 양당개裲襠鎧 입음
- 3형식: 머리에 건巾을 묶거나 혹은 관, 모를 쓰고 있고 바깥에는 번령翻領인 겉옷 안에 원령에 좁은 소매로 제작된 옷을 입고 하의는 박고를 입고 있음
- 4형식: 머리에 농관籠冠을 쓰고 넓은 소매의 겉옷과 바지를 입고 있음
- 5형식: 머리에 건을 묶거나 혹은 관, 모를 쓰고 있고 전방에 매듭이 지어진 방한복을 입고 있으며 양손은 공수拱手 자세
* 복식은 선비의 복식인 방한복이 보이고 다소 넓어진 소매와 폭 등에서 선비 복식과 한족 복식이 공존되어 가는 양상 보임</td><td>
그림 3
다퉁 사마금룡무덤 출토 보병용</td><td>
그림 4
뤄양 양기무덤 출토 보병용</td></tr>
<tr><td>기사용</td><td>
그림 5
다퉁 사마금룡무덤 출토 보병용</td><td>
그림 6
뤄양 양기무덤 출토 기사용</td></tr>
<tr><td>의장용</td><td>
그림 7
다퉁 사마금룡무덤 출토 의장용</td><td>
그림 8
뤄양 양기무덤 출토 의장용</td></tr>
<tr><td>고취용</td><td></td><td></td><td>
그림 9
뤄양 원소무덤 출토 기마고취용 2</td></tr>
<tr><td rowspan="2">가거생활용</td><td>악(무)용</td><td rowspan="2">• 전체적으로 하나의 통일된 모습
- 십자형 고계高髻 혹은 풍모를 쓰고, 좌임에 좁은 소매로 제작된 전형적인 선비 복장 착용</td><td rowspan="2">• 뤄양 출토 무덤에서 모두 출토
• 머리의 양식, 노동하는 모습에 따라 세분화 제작, 크게 4형식
- 1형식: 머리에 쌍계雙髻로 빗어 올리거나 관을 쓰고 있고 박고 입음
- 2형식: 머리에 고계로 빗어 올리거나 혹은 관을 쓰고 있고 교령交領에 넓은 소매로 제작된 긴 삼衫과 원형 내의와 바지를 입고 있음
- 3형식: 머리에 모를 쓰고 있고 원령에 좁은 소매로 제작된 긴 옷을 입은 호인의 모습
- 4형식: 머리를 다양한 모양으로 빗어 올리고 상의는 좁은 소매로 제작된 삼과 긴 치마를 입음</td><td>
그림 10
다퉁 위창자위안 북위무덤 출토 악무용</td><td>
그림 11
뤄양 양기무덤 출토 악무용</td></tr>
<tr><td>남시용</td><td>
그림 12
다퉁 위창자위안 북위무덤 출토 남시용</td><td>
그림 13
뤄양 양기무덤 출토 남시용</td></tr>
</table>

가거생활용	여시용			* 복식은 선비 복식과 한족 복식이 공존되어 가는 양상 보임 * 처음으로 다양한 노동을 하는 모습의 노작용 출토됨	 그림 14 다퉁 위창자위안 북위무덤 출토 여시용	 그림 15 뤄양 양기무덤 출토 여시용
	노작용					 그림 16 뤄양 양기무덤 출토 노작용

* 〈표 1〉과 〈표 2〉는 이수연, 「中國 北朝時代 陶俑 硏究」(숙명여자대학교 석사학위논문, 2016)에 수록된 북조 고분 68기를 대상으로 서술한 내용을 재정리한 것임.

3. 북위 도용의 특징과 변화

1) 북위 전반기 도용의 특징

(1) 진묘수용은 자세와 얼굴의 모습이 다양하여 일정하게 정해진 규범이 없었던 것으로 보이고 인면 진묘수 유형과 뒷다리를 꿇은 자세인 준거형 양식이 새롭게 출현하였다.

(2) 인물용 대다수는 선비 고유의 복식을 착용하고 있고 호인으로 표현된 용들은 악무와 기예를 하는 모습으로 등장한다.

(3) 도용의 대부분은 회도灰陶로 낮은 온도에서 소성하였고 전체적인 신체 비례의 정확도는 떨어진다. 그 중에서 사마금룡무덤에서 출토된 도용은 황갈색 유약으로 시유된 점이 특징적이다.

2) 북위 후반기 도용의 특징

(1) 진묘수용은 모두 준거형 자세로 정형화되었고, 등 부위에는 돌기가 솟아 있다. 이전 시기보다 작은 크기로 제작되었다.

(2) 도용 구성의 규범화

① 진묘수와 진묘무사용은 각각 한 쌍으로 출토되는 경우가 많고, 특히 진묘수의 조합은 인면 · 수면으로 이루어진다.

② 소 수레牛車를 중심으로 기사용, 보행 및 기마고취용, 보병용 등 더욱 세분화된 출행의장용 유형이 완성되어 성대한 출행 행렬을 구성한다.

③ 가거 생활과 관련된 악무용, 시복용, 노작용 등이 함께 출현하고 고취용 도용의 등장한다.

(3) 도용의 제작 기술과 방법의 발전과 다양화

① 신체의 윤곽선, 의복의 주름 등이 유연한 선으로 묘사된다.

② 회도가 대다수이며, 다양한 색채 안료로 다채로운 장식을 시도하였다.

(4) 선비 복식과 한족 복식의 공존

① 넓어진 소매와 폭, 좌임左衽과 우임右衽이 혼용된다.

② 무장한 갑주, 한족의 포의박대식 의복, 호복의 바지 및 모자 달린 선비의 풍의風衣 착용이 공존한다.

1 이수연, 「中國 北朝時代 陶俑 硏究」, 숙명여자대학교 석사학위논문, 2016, p. 20.

2 洛陽博物館, 『河洛文明』, 中州古籍出版社, 2012, p. 271.

Ⅲ 胡风汉韵

帝都风华

平城作为拓跋鲜卑帝都的近百年间，社会生活的各个方面都发生了显著的变化。鲜卑人既保留了部分游牧传统，同时也在交流与融合过程中，渐习汉风。大同地区发掘的北魏墓葬数景千余座，从出土的壁画和器物可一窥北魏平城时期的社会生活。狩猎壁画是鲜卑保持游牧传统的体现，排列整齐的仪仗则是受中原汉地影响的结果。墓葬中出土的陶农具、陶牲畜表明鲜卑人生活方式发生巨变，逐渐由游牧转向定居。墓葬壁画和出土物中的人物造型具有浓郁的鲜卑特色，石雕艺术粗狂和精致并存。南方青瓷流入北方，丰富了北朝的社会生活。璀璨夺目的具有浓郁西域风格的金银器点缀着鲜卑人的生活。这些都见证着鲜卑社会生活从简单质朴走向精致奢华，从不同侧面反映出平城时代北魏的强大与繁荣。

中西交融

北魏洛阳时期，社会包容开放。汉化运动进一步深入，孝文帝改革革除鲜卑旧俗，接受中原先进文化，穿汉服、行汉制，礼仪富盛，人物殷阜，社会面貌焕然一新。丝路畅通使得胡商富贾尽人中原，北魏洛阳城成为国际大都市，北魏王朝在中西交融中迎来了繁盛。

北邙山上的北魏贵族墓葬将当时的繁盛以及中西交流这一动态过程保存了下来，墓葬中虽然有成群的出行俑阵，但已不似平城时期那般充满鲜卑特色，其服饰装扮已经汉化，皆褒衣博带。牵引骆驼的胡商活跃于丝路之上，将来自异域的奇珍异宝呈现给北魏贵族，被其视作宝器。随之而来的还有西域的乐舞、艺术。

武士俑应是受北方草原文明军事仪仗风俗的影响，不论平城还是洛阳时期，墓葬中均有武士俑出现，一方面是对传统的沿袭，另一方面，鲜卑虽接受了汉文化的洗礼，但仍然保持着尚武的民族传统，呈现出气韵生动与宁静含蓄的文化心理状态。

IV

불교의 융성

1 국가의 불교 정책

선비의 영역 확장과 정책들은 한인을 비롯한 여러 민족과 문화를 북위 사회 안으로 끌어들이는 결과를 가져왔다. 이에 따라 혼란과 반발이 생겨났고, 북위 황실은 여러 민족의 교화와 융합, 황권 강화를 위해 모든 사람들에게 불교를 믿도록 강제하였으며, 직접 불교를 관리하고 통제하였다. 불교계 역시 이를 교리를 널리 알리고 교세를 확대하는 기회로 보았다.

본래 선비인은 타국과의 교류로 불교를 인지하고 있었으나 주로 무속 신앙과 다신교를 믿었다. 그러나 도무제道武帝(재위 386~409)가 "수도에 불상을 세우고 장식하며 불교 승려들이 머물 수 있는 거처를 준비할 것을 관리에게 명한다."라는 조서를 내려 불교를 공인한 이후 이러한 상황은 크게 변하였다. 황제는 초대 도인통道人統으로 승려 법과法果를 임명하였다. 도인통은 나라의 승려와 비구니를 관리하는 최고 감독관으로, 교단 조직이 국가의 통제 속에 있었음을 보여준다. 『위서魏書』「석로지釋老志」는 "태조는 총명하고 불도를 좋아하는 군주로서, 곧 지금의 여래이니 사문은 마땅히 예를 다하여야 한다(太祖明叡好道 即是當今如來 沙門宜應盡禮)."라고 언급하였다. 도무제가 펼쳤던 불교 정책과 법과의 국가불교적 성향은 이후에도 지속되어 불교가 나날이 발전하게 되는 계기가 되었다.

황실의 보호 속에서 널리 퍼졌던 불교는 서남 지역에서 일어난 개오蓋吳의 난에 불교계가 가담하였다는 의심을 받으면서 위기를 맞이하였다. 446년에 태무제太武帝(재위 423~452)는 "호의 요괴, 호의 신을 모두 폐하고 거짓 가르침을 배제하라."라고 하여 모든 불교의 활동을 금지하는 폐불廢佛을 명하였다. 불교사원과 탑, 불상, 경전들이 불태워졌으며 많은 신도와 승려들이 죽임을 당하였다. 태무제는 불교를 강하게 억압하는 대신 도교의 부흥을 이끌었으며, 이를 이용해 화북 통일에 따른 새로운 정치적 이념과 문화 질서의 개편을 이루고자 하였다. 이러한 태무제의 정책에는 한인 중심의 도교국가를 염원하였던 도사 구겸지寇謙之, 한인 출신 귀족인 최호崔浩가 뜻을 같이 하였다.

6년간 이어진 폐불은 문성제文成帝(재위 452~465)의 즉위와 함께 완화되었다. 문성제는 불교를 원상 복귀하라는 조칙을 발표하고 사람들의 출가를 장려하는 동시에 교단의 무분별한 확장을 통제하는 정책을 펼쳤다. 황제는 사원 건립과 승려의 자격 및 수를 제한하였고, 승려와 비구니를 감독하는 기관인 감복조監福曹와 승조僧曹를 설치하였다. 전국의 승려를 관리·감독하는 사문통沙門統을 직접 임명하였는데, 잘 알려진 이가 승려 담요曇曜이다. 담요는 불교의 국가적 성격을 강조했던 초대 도인통 법과의 황즉불皇卽佛 사상을 적극적으로 실현한 인물이다. 460년부터 평성 인근 우저우산武周山에 석굴(담요오굴曇曜五窟) 조성을 시작하였으며, 다수의 불상을 조성하고, 『부법장인연전付法藏因緣傳』을 번역하였다.

문성제의 영향으로 후대의 황제들은 불교를 이용해 민심을 안정시키고 위엄을 드러냈다. 도성 주변에 불교사원이 다시 세워졌고, 황실의 적극적인 지원으로 많은 비용이 들어가는 대형 석굴사원도 조성되었다. 둔황석굴敦煌石窟, 빙링쓰석굴炳靈寺石窟, 마이지산석굴麥積山石窟, 윈강석굴雲岡石窟, 룽먼석굴龍門石窟, 궁셴석굴鞏縣石窟 등이 이때 조성을 시작한 석굴사원이다.

황제가 주관한 성대한 불교 의례도 진행되었는데, 497년에 효문제孝文帝(재위 471~499)가 공인한 행상行像이 대표적이다. 행상은 매년 4월 7~8일에 도성 안팎의 불상 1,000여 구를 수레에 태워 성안을 돌아다니는 최대 규모의 불교 의례였다. 행상의 마지막은 황제가 온 백성이 지켜보는 가운데 창합문閶闔門 누각에서 광장과 어도御道에 몰려든 불상과 대중을 향해 꽃을 뿌리는 것이었다. 황제는 행상을 통해 권력을 과시하고 정통성과 합법성을 세상에 알렸다.

황제들은 불교를 정치적 수단으로 활용하기 위해 이를 통제하는 다양한 정책을 펼쳤다. 여름이 오면 한 곳에 머물며 수행하는 하안거夏安居의 강제 시행, 사원 건립의 허가제, 승려의 범법 행위 금지, 노비의 출가 금지, 관의 허가를 받지 않고 출가하는 사도승私度僧 금지, 외국 승려들에 대한 규제, 사원의 재정과 관련한 승기속僧祇粟의 국영화 등이 그것이다.

이처럼 북위의 불교는 국가 정책에 많은 영향을 받으면서 발전해갔다. 불교 관련 정책의 본질은 불교 융성만을 위한 것이 아니라 국가가 교단을 통제하여 정치적으로 활용하고자 함에 있었던 것으로 보인다. 불교계는 국가불교적 성격을 지속적으로 강조하여 황실의 보호 속에서 교단을 지키고자 하였다.

룽먼석굴 빈양중동賓陽中洞 **<황제예불도**皇帝禮佛圖**>** | 미국 메트로폴리탄미술관The Metropolitan Museum of Art

2 불교사원으로 가득한 도성, 평성과 낙양성

북위 황실은 도성 곳곳에 불교사원과 탑을 짓고 화려하게 장식하여 황권의 위엄을 나타냈으며, 귀족들은 가족의 명복을 빌거나 종교적 위안을 얻기 위해 개인의 집이나 재산을 희사喜捨하는 등 불교에 심취하였다. 이러한 모습은 수도였던 평성과 낙양에서 두드러졌다.

도무제는 북위 최초로 불교 관련 시설을 평성에 세웠다. 석가모니의 『묘법연화경妙法蓮華經』 설법을 의미하는 기사굴산전耆闍崛山殿, 불교의 중심을 뜻하는 수미산전須彌山殿, 경론 공간인 강당講堂, 참선을 위한 선당禪堂 등으로 이루어졌던 것으로 보인다.

문성제는 나라의 모든 군현에 불교사원을 세우게 하였으며, 도무제를 포함한 다섯 황제를 기리기 위해 454년 오급대사五級大寺에 장육석가불입상丈六釋迦佛立像 다섯 구를 만들어 안치하였다. 460년부터는 승려 담요로 하여금 평성 인근의 우저우산에 석굴을 파서 다섯 황제를 뜻하는 불상을 안치하도록 지시하였는데, 이 석굴이 지금의 윈강석굴 담요오굴이다.

이 외에도 평성시기에는 팔각사八角寺, 무주산석굴사武州山石窟寺, 천궁사天宮寺, 영녕사永寧寺, 삼급석불도三級石佛圖, 녹야불도鹿野佛圖, 건명불사建明佛寺, 방산사원불사方山思遠佛寺, 보덕불사報德佛寺, 숭허사崇虛寺, 자궁사紫宮寺, 지원사祇洹舍, 황구사皇舅寺 등의 불교사원이 있었다. 이 가운데 영녕사는 문명태후가 효문제 탄생을 기념하여 지었으며, 안에는 천하제일이라 불린 칠층탑이 있었다. 천궁사에는 높이 43척의 석가불입상과 삼층석탑이 있었다.

문성제에서 효문제 대까지 "경성 내의 사찰은 신·구 100곳이요, 승려와 비구니는 2,000여 인이며, 전국의 불교사원은 6,478곳, 승려와 비구니는 77,258인이다."라고 할 만큼 많은 사원과 승려들이 있었다. 평성시기 폐불 사건을 생각하면 짧은 기간 동안 폭발적으로 교단이 팽창하였음을 알 수 있다. 평성 불교는 "불법이 풍성하여 신도와 묘탑이 여기저기 우뚝 솟아 서로 마주하니 불법이 동방에 전입된 이래 최고조에 이르렀다."라는 『수경주水經注』의 기록에서도 알 수 있다.

평성시기 불교는 낙양으로 전해졌다. 당시의 불교 문화를 낙양에 그대로 옮기고자 했던 효문제의 바람에서 비롯한 것이다. 효문제는 성안에 영녕사 하나만 짓도록 하였으므로 룽먼석굴과 같은 석굴사원과 소림사 등 많은 불교사원이 성 밖에 자리하였다. 그러나 『낙양가람기洛陽伽藍記』에 영녕사를 비롯한 총 12곳의 불교사원이 성안에 있었다고 전하므로, 교세가 커짐에 따라 효문제의 정책이 지켜지지 않았던 것으로 보인다.

성 안팎에는 1,367여 개의 불교사원이 있었다고 전한다. 영녕사, 경명사景明寺, 경흥니사景興尼寺와 같이 황실 및 귀족, 환관 등이 발원하여 대규모로 새롭게 건립하거나 건중사建中寺, 경녕사景寧寺처럼 관료나 환관이 기존의 집을 개조하여 만든 경우가 많았다. 사원 내부는 탑, 금당金堂, 승방僧房, 강당, 선방禪房 등이 있었으며, 탑 뒤에 금당을 배치하는 방식을 선호하였다.

외국 승려들이 불교국가佛國·불교도시佛都라고 부를 정도로 찬란하였던 낙양의 불교는 효무제의 업성 천도로 인해 무너졌다. 황실과 밀접한 관계를 형성하였던 승려들을 업성鄴城으로 이주시켰고 대형 불교사원은 건물을 해체하여 새로운 수도에 옮겨 짓도록 하였기 때문이다. 그 결과 1,367여 개의 불교사원은 420여 개만이 남게 되었다.

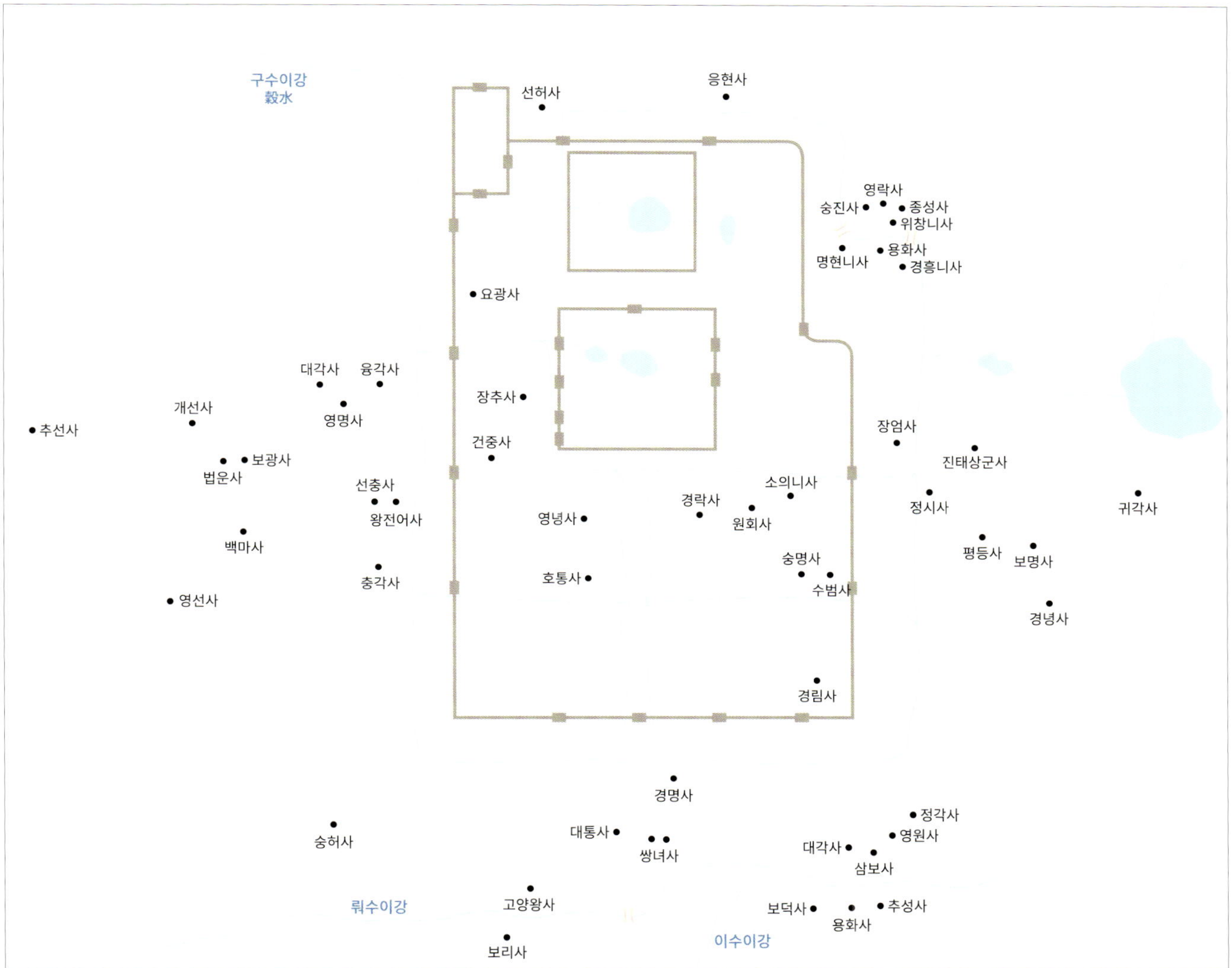

『낙양가람기』에 나타난 낙양의 불교사원 | 양현지 저, 서윤희 역, 『낙양가람기』 참조

낙양 불교의 상징, 영녕사

영녕사는 문명태후가 효문제의 탄생을 기념하여 평성에 세운 바 있었으며, 효문제가 낙양성 안에 있도록 허락한 유일한 불교사원이었다. 그러나 효문제 때에 조성되지는 못하였고, 효명제 때인 희평熙平 원년元年(516)에 영태후靈太后가 발원하였다. 외국에서 헌상한 경전과 불상들이 있었고, 당시 실권자가 발원하였던 만큼 사세가 컸다. 『낙양가람기』에도 가장 먼저 등장하여 당시의 위상과 그 중요성을 짐작할 수 있다.

성의 창합문 남쪽과 어도 서쪽에 위치하였던 영녕사는 발굴조사 결과 길이 301m, 너비 212m의 규모로, 사방에 담장을 쌓고 남·동·서쪽에 문을 두어 출입하였음이 밝혀졌다. 담장 안에는 목탑 터가, 그 북쪽에 금당 터가 있어 『낙양가람기』와 일치함을 알 수 있다.

영녕사의 상징은 9층목탑이었다. 『낙양가람기』에 따르면, 탑은 구 층이고 네 면으로 이루어졌으며 각 면은 세 개의 문과 여섯 개의 창문이 있었다. 문에는 모두 붉은 옻칠을 하였고, 문짝은 금못으로 박았고 금문고리가 달려 있었다. 탑의 상륜相輪에는 금탁金鐸과 금보병金寶甁을 달고, 각 층의 모서리에도 금탁을 달았다. 탑 터 주변에서 출토된 1,560여 점의 소조상 조각을 통해 각 층의 불감佛龕에는 불상, 보살상, 제자상 등이 있었고, 그 주변에 황제나 귀족들의 불교 활동을 담은 예불도, 경전 속 내용을 그린 경변도經變圖, 석가모니의 생애를 표현한 불전도佛傳圖 등이 있었을 것으로 추정한다.

이처럼 화려했던 영녕사 목탑은 십여 리 밖에서도 방울이 흔들리는 소리가 들렸고, 100여 리 떨어진 곳에서 보일 정도로 규모도 컸다. 사원의 공사가 끝나자 효명제와 영태후는 탑에 올랐는데, 궁성과 도성이 훤히 보여 탑에 오르는 것을 금지하였다고 한다.

낙양시기 불교를 상징했던 크고 화려한 영녕사는 영희永熙 3년(534)에 불타버렸지만, 발굴조사와 세밀하게 표현한 소조상들은 현재까지 전해져, 북위의 불교 조각 제작 기술의 수준과 당시 찬란했던 영녕사의 영광과 번영을 알려주고 있다.

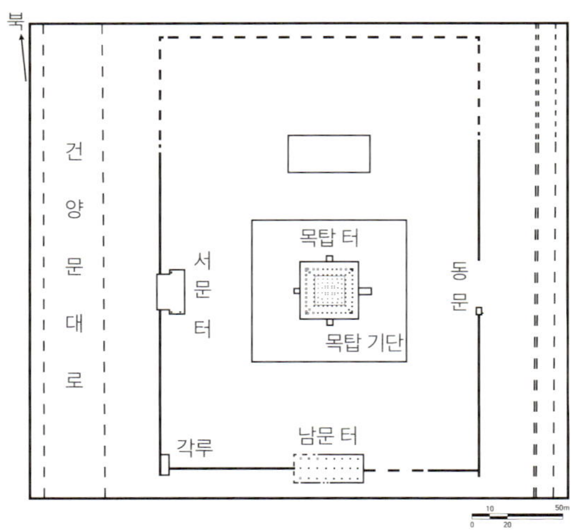

가람배치 | 한성백제박물관, 『중국고대도성문물전』, 2015 에서 전재

9층목탑 발굴조사 전경 | 한성백제박물관, 『중국고대도성문물전』, 2015 에서 전재

『낙양가람기』로 본 북위의 불교 의례, 행상行像

김지호
국립부여박물관

북위 불교는 태무제의 불교 탄압破佛(446년)으로 인해 많은 피해를 입었으나 이후 30년이 흐른 시점인 477년에는 수도 평성에 불교사원이 100개, 승려와 비구니가 2천여 명 살았으며 북위 전체로는 사원이 6,478개, 승려와 비구니가 77,258명에 이르렀다고 한다(『위서』권114, 「석로지」). 효문제는 493년에 수도를 평성에서 낙양으로 옮겼고 그 뒤를 이은 선무제宣武帝와 영태후 호胡씨는 불교를 보호하는 정책을 추진하여 낙양에는 사원이 무려 1,367개(『낙양가람기』), 북위 전체로는 3백만여 개, 승려와 비구니가 2백만 명(『위서』권114, 「석로지」)으로 폭발적으로 증가하였다. 하지만 523년의 북진北鎭의 난을 시작으로 전란이 이어졌으며 수도를 옮긴 지 반세기가 모자란 534년에는 낙양에서 업으로 천도를 하게 된다. 당대 세계 제일의 불교도시라고 불러도 손색이 없었던 낙양은 계속되는 전란과 천도로 인해 황폐해졌으며 낙양 불교의 상징이라고 할 수 있는 영녕사 구층탑도 534년에 불타서 사라지게 되었다. 북위 멸망 후 547년, 동위東魏(534~550)의 관리였던 양현지楊衒之는 낙양의 황폐함을 보고 마음을 아파하며 한때 번성하였던 낙양의 모습을 후세에 알리고자 『낙양가람기』를 기술하였다. 『낙양가람기』는 낙양을 동서남북으로 나누어 불교사원 등 당시 사회 모습과 관련 이야기를 자세하게 기록하고 있어 중국 기행 문학의 백미白眉로 평가받고 있다.

『낙양가람기』에는 낙양의 불교사원과 함께 낙양에서 벌어지고 있던 다양한 불교 의례도 소개하고 있다. 낙양에서의 연중행사 중에서도 매년 4월 초파일에 열린 행상은 가장 화려한 불교 의례로 알려져 있다. 행상은 가마에 불상을 태워 부처가 마치 걸어가고 있는 듯한 모습을 보여주는 의례로 화려한 가마 위에 올라탄 불상의 퍼레이드 행렬은 낙양을 한순간에 축제 분위기로 만들었음에 틀림없다. 본 칼럼에서는 북위 낙양의 불교 문화를 가장 잘 보여주는 행상 의례에 대해 간단히 살펴보고자 한다.

북위 시대 낙양에서는 부처가 태어난 4월 8일의 하루 전날인 7일이 되면 성 안팎의 불교사원에서 불상을 가마에 태워서 이동하는 행렬이 이어지고, 경명사라는 사원에 모두 모인다. 경명사에는 관리들이 나와 있어 불상을 하나하나 기록하였다고 한다. 낙양에 있는 불교사원마다 1점의 불상이 모인다고 가정하였을 때, 모인 불상의 숫자를 생각하면 무려 천 점 이상의 불상이 있었을 것이다. 다음 날인 8일에는 전부 모인 불상이 황제가 사는 궁중으로 향하고 이곳에서 황제의 공양供養을 받게 된다. 불교사원에는 기술사奇術師와 마술사魔術師와 같은 재주꾼들이 있어 행상이 광장에서 잠시 쉬어갈 때 이를 보기 위해 모인 군중들에게 각종 묘기를 뽐내며 장기를 자랑한다. 장추사長秋寺의 행상에서는 오늘날의 서커스와 같이 칼을 삼키거나, 불을 내뿜는 차력과 같은 묘기, 말타기나 높은 기둥 위에서 곡예를 하고 줄타는 묘기, 그리고 경락사景樂寺에서는 대추나 참외 씨를 심은 후 잠시 뒤에 그대로 열매가 열려 이를 구경하는 사람들에게 먹이는 마술 등이 있었다고 한다. 당시 낙양에서는 행상을 보기 위해 집을 비워 두고 나오는 사람도 있었으며 너무 많은 사람이 몰려 서로 밟고 뛰어오르고 하다가 깔려 죽는 경우도 있었다고 한다. 그렇다면 왜 당시 낙양 사람들은 행상에 열광하였을까? 이유는 『관불삼매해경觀佛三昧海經』에서 찾을 수 있다. 이 경전에 의하면 부처가 살아 있을 때 부처가 걸어가는 것을 보는 사람과 부처의 발자국을 본 사람은 과거에 쌓은 죄악이 소멸된다고 하며, 부처가 죽은 후에는 부처의 모습을 볼 수 없기 때문에 부처의 발자국佛足跡 혹은 불상이 걸어가는 모습을 본다면 부처가 살아 있을 때와 같은 공덕을 얻을 수 있다고 한다(若有衆生 佛在世時 見佛行者 步步之中見千輻輪相 除却千劫極重惡罪 佛去世後 三昧正受想佛行者 亦除千劫極重惡業 雖不想行 見佛跡者 見像行者 步步亦除千劫極重惡業). 이러한 경전의 내용을 바탕으로 살아 있는 부처를 만날 수 없었던 중생들은 불상을 움직이게 하는 행상 의례를 통해 이것을 본 사람은 누구라도 과거의 죄악을 씻을 수 있다고 믿었을 것이다. 그러나 행상 의례는 1년에 한 번, 4월 8일에 열리는 행사로, 낙양 사람들은 가마에 올라 움직이는 불상 행렬을 보기만 한다면 어떤 죄라도 용서를 받을 수 있다고 믿었을 것이기 때문에 많은 사람들이 행상에 모여 열광하였을 것이다. 과거에 지은 죄악을 씻게 해 준다는 행상 의례는 중국에만 있지 않았다. 행상의 기원은 인도이며, 4세기 말에 인도와 서역을 여행한 승려 법현法顯(337~422)은 자신이 경험한 행상에 대해 기록하고 있다. 당唐의 승려 현장玄奘(602~664)도 『대당서역기大唐西域記』에서 행상에 대해 보고 들은 이야기를 기술하고 있다.

낙양뿐만 아니라 중국의 각 도시에는 행상이 있었으며 행상만큼 당시 사람들을 열광시킨 불교 행사도 없었을 것이다. 중국에서 행상이 가장 성대하게 행해진 것은 북위 시대이며, 특히 『낙양가람기』에 소개된 낙양의 행상 의례는 장관壯觀이었을 것이다. 〈북위-선비 탁발부의 발자취〉 전시에서 소개되고 있는 북위 시대 무덤 출토 의장행렬 도용(그림 1)은 마치 축제를 즐기고 있는 듯한 자세를 취하고 있는 것이 있어 주목된다. 아쉽게도 무덤 출토품과 행상에 대한 자료가 없어 직접적인 관련성을 지적할 수 없을지 모르겠지만 행상을 보기 위해 모인 당시 북위 사람들의 모습과 크게 차이는 없었을 것이다. 또한 북위 시대에 만들어진 룽먼석굴에는 부처를 공양하는 예불도(그림 2)가 여러 곳에 조각되어 있어 부처를 공양하기 위한 행상 의례의 분위기를 느낄 수 있게 해 주고 있다.

낙양 불교를 대표한 행상 의례는 이후 중국에서도 점차 쇠퇴하게 되어 송宋나라에서는 거의 볼 수 없게 되었다. 북위의 행상 의례는 낙양의 불교 문화와 함께 화려함을 꽃 피웠으나 북위의 멸망과 함께 그 위상을 점차 잃어 가게 되었다. 그렇지만 다행스럽게도 『낙양가람기』에 기술된 내용을 통해 당시 화려했던 낙양의 행상 의례 흔적을 확인할 수 있으며, 이런 점에 있어 『낙양가람기』가 가지고 있는 불교사, 미술사, 건축사, 사회경제사, 문헌사적 가치는 매우 높다고 할 수 있다.

〈그림 1〉 〈북위-선비 탁발부의 발자취〉 도용 행렬 전시

〈그림 2〉 룽먼석굴의 고양동古陽洞 북벽 예불도

3 북위 불교미술의 절정, 불교 조각

북위 사람들은 평성과 낙양에 여러 석굴사원을 축조하였으며, 다양한 크기와 재질로 불·보살상을 만들어 모셨다. 이는 도무제가 평성으로 수도를 옮기면서 많은 물자와 인적 자원이 평성으로 집중되었고, 불상 조성을 위한 기반이 마련되었기 때문이었다. 또, 국가 정책으로 불교가 급격하게 발전하였고, 서역과의 교류 및 주변국의 복속을 통해 다른 지역의 불교가 북위 사회 안으로 들어온 것도 하나의 이유가 될 것이다. 이러한 배경 속에서 만들어진 불교 조각들은 여러 문화가 공존하는 모습을 보이다가 점차 북위만의 특색을 갖추어갔다.

북위 불교는 석가불釋迦佛을 중심으로 전개되었으며, 미륵신앙과의 조화를 중요하게 여겼다. 『위서』「석로지」에 석가모니가 여섯 부처六佛의 뒤를 이어 이 땅에 왔으며, 뒤를 이어 미륵불彌勒佛이 올 것이라고 한 데서도 살펴볼 수 있다. 현존하는 불교 조각 중에도 석가불과 미륵불이 많이 남아 있어, 북위 사람들에게 중요한 신앙의 대상이었음을 알 수 있다.

『묘법연화경』에서 비롯한 법화신앙도 북위 사람들에게 많은 영향을 끼쳤다. 『묘법연화경』 제11품 견보탑품見寶塔品은 "땅에서 칠보로 장엄한 탑이 솟아나 현재의 부처인 석가불이 행하는 법화경 설법이 진실이라고 말했다. 탑 안에 앉아 있던 과거의 부처인 다보불多寶佛이 이를 증명하고 석가불과 자리를 나눠 앉아 진리를 동시에 펼쳤다."라는 내용을 담고 있다. 이를 조각이나 그림으로 표현한 것이 이불병좌상二佛竝坐像이다. 이불병좌상은 설법하는 석가불과 이에 맞춰 등장하는 다보불, 탑이나 감실 안에 두 부처가 나란히 앉은 모습 등으로 표현하였다. 특히 석가불과 다보불이 나란히 앉은 모습은 〈'太和元年태화원년'이 새겨진 금동불좌상〉(477)의 광배 뒷면, 〈'神龜元年신구원년'이 새겨진 금동이불병좌상〉(518)을 비롯해 윈강석굴, 둔황석굴, 룽먼석굴 등에서 확인할 수 있다. 다퉁시에서는 이불병좌상을 그린 장례용 석관이 확인되어 북위 사람들에게 법화신앙이 퍼져 있었음을 알 수 있다.

세속에 머물러 있으면서도 불법을 깨달은 이상적인 인물인 유마거사의 이야기를 담은 『유마경維摩經』도 당시 사람들이 선호하였던 경전이었다. 가장 유명한 내용은 문수보살文殊菩薩이 부처 앞에 모인 모든 대중을 이끌고 유마거사에게 병문안을 가는 '문수사리문질품文殊師利問疾品'이다. 이를 소재로 삼은 불교 조각이 다수 조성되었는데, 초기에는 침상만 있는 빈 방 안에 두 인물이 서로를 바라보고 있는 모습으로 표현되었다. 〈'太和元年'이 새겨진 금동불좌상〉 광배 뒷면의 유마·문수상이 이른 예로 알려져 있으며, 룽먼석굴 고양동古陽洞과 빈양중동에서도 찾을 수 있다.

평성시기: 윈강석굴雲岡石窟

윈강석굴은 북위에서 가장 먼저 조성한 석굴로, 많은 불교 조각의 제작에 영향을 주었다. 다퉁시에서 서쪽으로 16㎞ 떨어진 우저우산 남면에 위치하며, 동서 약 1㎞에 걸쳐 있다. 현존하는 주요 석굴은 53개 정도이며, 이 외에 1,100여 개의 작은 석굴과 감실, 조각 51,000여 구가 남아 있다. 『수경주』에는 "산당과 수전이 안개 낀 절과 마주 보고 있고 숲과 물이 비단처럼 아름다운 거울과 같은 풍경이 눈길을 끄니 새삼 눈을 들어 멀리 바라본다(山堂水殿 煙寺相望 林淵錦鏡 綴目新眺)."라고 전하고 있다.

제16호굴~제20호굴은 문성제 때 지어진 초기 석굴로, 일명 담요오굴이라고 한다. 담요오굴은 높이 약 13~17m의 불상을 봉안한 존상굴尊像窟이다. 거대한 불상을 통해 황제는 황권을 강조하였고, 불교계는 황제가 불법을 신봉하고 있음을 사람들에게 보여줄 수 있었다. 석굴 형태는 말발굽 모양이고 천장은 둥근 반원 모양穹窿形이다. 아치 모양의 문 위에 창이 있는데, 인도의 초려草廬를 모방한 것으로 알려져 있다. 굴 안의 조각들은 위계에 따라 크기가 다르다. 다양한 방식의 가사를 착용하였으며, 오른쪽 어깨를 가사로 살짝 가리는 변형 편견우단偏肩右端의 옷차림이 눈에 띈다. 담요오굴의 조각들은 화평和平 연간(460~465)부터 연흥延興 연간(471~476)까지의 불상에 많은 영향을 끼쳤다.

제5호굴~제13호굴은 효문제 때인 477년에 개착이 이루어졌으며, 이 무렵에 조성한 석굴들을 윈강석굴 2기라고 한다. 2기 석굴은 제5·6호굴, 제7·8호굴, 제9·10호굴, 제11·12·13호굴 등 하나의 조를 이루는 대칭굴이며, 효문제와 문명태후의 공동 집권을 상징하는 것으로 보기도 한다. 석굴 평면은 방형이며 천장은 전과 달리 평평하다.

굴 안에는 앞방과 뒷방이 있으며, 중심 탑 기둥塔柱을 굴 안에 두고 기둥과 벽면 가득히 다양한 주제를 조각하였다. 이불병좌상, 두 다리를 교차하여 앉은 교각좌交脚坐의 미륵상, 유마·문수상을 많이 조성하였으며, 불전도, 예불도, 인도의 신, 새 깃을 꽂은 모자인 조익관鳥翼冠을 쓴 문신, 당초무늬唐草文와 구슬무늬連珠文 등도 확인할 수 있다. 전체적으로 신체가 가늘고 표정이 맑은 수골청상秀骨淸像이며, 헐렁한 옷과 넓은 띠를 맨 포의박대식褒衣博帶式 옷차림이다. 이러한 모습의 불상은 태화 연간(477~499)에 절정을 맞이한다. 이때의 금동불을 보면, 얼굴과 몸이 길고 가녀린 모습이며, 두께가 있는 옷을 입은 것처럼 표현하여 신체의 윤곽이 잘 드러나지 않고, 옷주름이 복잡한 편이다. 담요오굴의 표현과는 크게 달라, 효문제의 복제 개혁에 따른 결과로 보기도 한다. 이러한 변화는 옷고름紳을 표현한 중국식 통견이 등장하는 계기가 되었다.

윈강석굴 담요오굴 | 배재호, 『세계의 석굴』, 사회평론, 2015 참고

윈강석굴 2기 석굴 | 배재호, 『세계의 석굴』, 사회평론, 2015 참고

윈강석굴 전경 | 한국목간학회

윈강석굴 제20호굴 | 뤄양박물관

윈강석굴 제19호굴 | Michael D. Gunther

낙양시기: 룽먼석굴龍門石窟

493년 수도 이전과 함께 평성의 불교 문화가 낙양으로 유입되면서 새로운 석굴 조영이 시작되었다. 낙양 불교를 대표하는 석굴은 남쪽의 룽먼석굴과 동쪽의 궁셴석굴이 있다.

룽먼석굴은 룽먼산龍門山과 샹산산香山에 조성되었으며, 두 산 사이에는 황허강의 지류인 이수이강伊水이 흐른다. 현재 1,300여 개의 석굴과 불상 십만여 구가 남아 있으며, 이 가운데 북위 때에 개착한 것은 약 25개로 알려져 있다. 가장 이른 석굴은 고양동 북벽의 소형 감실이며, 511년 이후에 연화동蓮花洞, 빈양중동 등의 대형 불감을 완공하였다. 대형 불감에는 석가불, 미륵불, 다보불, 연등불燃燈佛, 무량수불無量壽佛, 관세음보살觀世音菩薩 등 많은 불·보살상을 조성하였다.

이른 시기에 지어진 룽먼석굴 고양동은 평성시기 윈강석굴의 영향이 엿보인다. 석굴 형태는 윈강석굴 담요오굴처럼 말발굽 모양이고 천장은 둥근 반원 모양이다. 정벽에는 삼존불이 있는데, 중앙의 불상은 가부좌를 틀고 있으며 양쪽에 협시보살이 있다. 양 벽에는 3단의 큰 감실이 있으며, 석가·다보불병좌상, 미륵상과 불전도, 유마·문수상, 예불도 등이 있다. 이러한 고양동의 조각들은 수골청상의 느낌이 강한 편이다.

황실에서 발원한 빈양중동은 빈양삼동賓陽三洞 중 하나로, 선무제가 아버지 효문제를 위해 개착하였다. 섬세한 표현이 돋보이는 조각, 천장과 벽면에 빼곡하게 채운 장식들, 연꽃으로 장엄한 바닥 등 북위의 수준 높은 불교 문화와 우수한 조각 기술이 잘 드러나는 불감이다. 석굴 형태는 고양동과 동일하며, 천장은 연꽃과 비천飛天으로 장엄하였다. 석굴의 정면과 양 옆에 삼존불과 보살, 제자들을 배치하였으며, 정면의 석가불 앞에는 사자 두 마리를 두었다. 빈양중동의 입구는 4단으로 구성하여 유마·문수상, 수다나 태자와 살타나 태자의 이야기를 담은 본생도本生圖, 황제와 황후의 예불도, 여러 신을 묘사한 십신도十神圖가 있다. 유마·문수상의 유마거사는 수골청상에 헐렁하고 소매가 큰 옷을 입고 있으며, 황제와 황후가 예불을 드리러 가는 모습은 당시의 정치·사회적 요소가 불교 조각에 반영된 것으로 보인다.

빈양중동의 불교 조각은 금동불 제작에 영향을 주었다. 이때의 불상들은 대체로 약간 처진 어깨에 볼륨감 있는 체구, 사실적인 옷주름과 맑고 온화한 느낌의 얼굴 표현 등이 두드러진다. 이러한 불교 조각들은 연창延昌 연간(512~515)부터 정광正光 연간(520~525)에 많이 조성되었다. 특히 정광 연간에 만든 금동불은 전체적인 느낌이 평평하고 몸이 가늘고 길며, 눈과 코가 오뚝한 편이다. 이는 북위 불교 조각의 양식적 완성을 이루었다고 평가받고 있다.

빈양중동 전경 | 권소현

빈양중동 내부 | 뤄양박물관

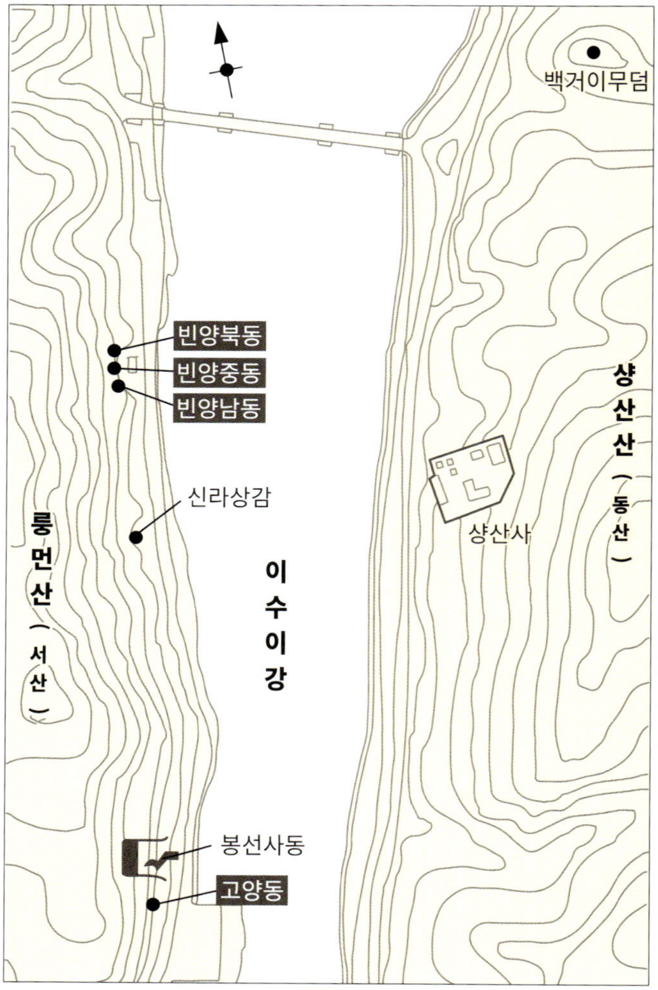

룽먼석굴 배치도 | 배재호, 『세계의 석굴』, 사회평론, 2015 참고

고양동 내부 | 뤄양박물관

Column 7

북위 불교사원의 탑과 소조상

이유라
국립부여박물관

북위의 불교사원은 현재 남아 있지 않지만, 문헌과 발굴 기록으로 그 모습을 유추할 수 있다. 도무제 탁발규拓跋珪가 398년 수도를 평성으로 천도한 해에 평성에 기사굴산전, 수미산전을 비롯하여 오층탑, 강당, 선당 등의 건물을 세웠다고 전해진다.[1] 평성과 낙양의 불교사원을 묘사한 문헌에는 금당보다 탑에 관한 기록이 많다. 평성의 탑은 주로 3·5층이었고 7층도 있었으며, 목탑뿐만 아니라 금·은·보석 등으로 화려하게 장식한 석탑도 있었다고 한다. 『낙양가람기』에 의하면 낙양의 탑의 층수는 경명사가 7층, 영녕사가 9층인 경우를 제외하면 대부분 3·5층으로 목탑이 많고 일부 벽돌탑塼塔도 확인된다. 귀족의 저택을 사찰로 헌납하여 탑이 없는 예도 보인다. 영녕사, 건중사, 경락사景樂寺의 금당은 한 채라는 기록이 있어[2] 1탑1금당식 가람배치로 구성되었음을 추정할 수 있다.[3]

문헌 기록과는 달리 북위 불교사원 발굴조사는 아직 부족한 상황이다. 사원의 전면적인 발굴이 진행된 곳은 산시성山西省 다퉁시大同市 방산方山 사원불사思遠佛寺와 허난성河南省 뤄양시洛陽市 영녕사뿐이며,[4] 나머지는 탑터를 중심으로 한 부분적인 발굴만이 이루어졌다.[5]

다퉁시 사원불사와 뤄양시 영녕사는 발굴조사 결과 목탑과 금당이 일렬로 배치된 1탑1금당식 가람배치로 확인되었다(**그림 1·2**). 다퉁시 사원불사, 차오양시朝陽市 사연불도思燕佛圖, 윈강석굴 제33굴 상부 사원 터, 뤄양시 영녕사의 탑은 모두 평면이 정방형인 목탑으로 추정된다. 일부 탑터에서는 목탑의 중심 기둥을 지탱하는 흙을 다져 세운 높이 1.25~3.7*m*의 심실체心實體도 발견되었다(**표 1**).

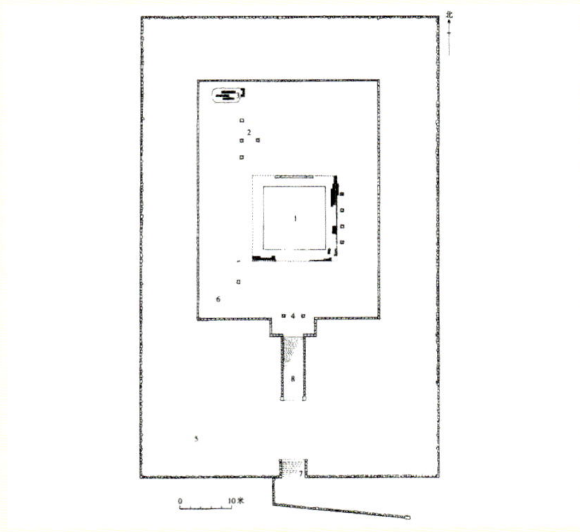

<그림 1> 사원불사 평면도 | 大同市博物館, 「大同北魏方山思遠佛寺遺址發掘報告」, 『文物』4, 2007

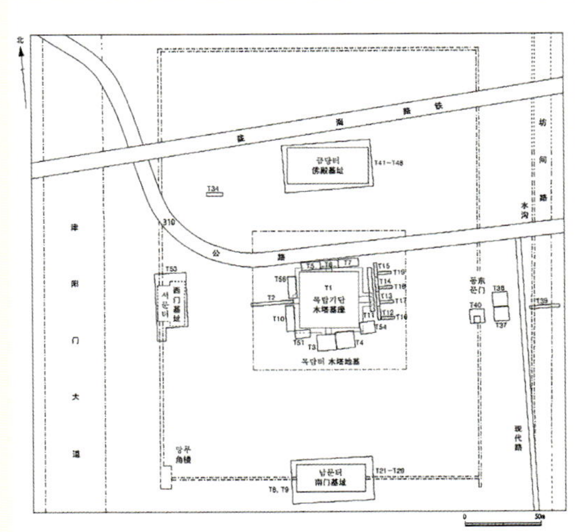

<그림 2> 영녕사 평면도 | 국립부여박물관, 『백제 정림사와 북위 영녕사』, 2015 재인용

<표 1> 북위 불교 사찰 터 소조상 발굴 현황

사찰명	발굴 현황	소조상 발굴 위치	소조상 크기	소조상 수량	비고
다퉁시 방산 사원불사	• 전면 발굴(산문-목탑-금당-승방 확인) • 목탑 터 심실체 발굴 • 기와, 초석, 생활용기, 소조상 등 출토	목탑의 동·서·남 회랑 부분 일부 승방 수습 (1점)	등신대 대형, 대부분 높이 30㎝ 전후 소형	36점	
차오양시 사연불도	• 목탑만 발굴 • 기와, 소조상 등 출토	쌍타제 북탑雙塔街 北塔(벽돌탑) 판축기단 아래층 주위	대형	1,670여 점	방산 사원 불사와 동일한 공인工人 제작 가능성
			중형		
			소형		
			기타		
바오터우시包頭市 사원 터	• 목탑 추정 항토 축조물에서 판축의 건물터, 토제 불상대좌, 소조상 등 확인	회삭진 고성懷朔鎮 故城 내부 (추정) 목탑 터 주변		36점	머리, 상체, 하체가 분리된 채 발견
뤄양시 영녕사	• 남쪽부터 남문, 목탑, 금당, 승방으로 구성되며 주위 회랑, 배수로 확인 • 탑터 기단 위쪽 정방형 심실체 현존 • 기와, 소조상, 구슬 등 출토	목탑 터 주변	대형	1,560여 점	극소형 소조상이 가장 많음
			중형		
			소형		
			극소형		

북위 불교사원에서는 등신대 크기의 대형부터 약 10㎝ 전후의 극소형까지 다양한 크기의 소조상이 목탑 터 주변에서 발견되었다(**표 1**). 소조상은 주로 손빚기와 제작틀을 이용하여 성형하고, 소성하지 않은 채 자연 건조하였다. 또한 머리와 몸체를 심목芯木을 이용하여 연결한 흔적과 흑색, 백색, 붉은색 등의 채색을 한 흔적이 일부 남아 있다(**그림 3·4**).

뤄양시 영녕사는 다양하고 많은 수의 소조상이 출토된 대표적인 북위 불교사원이다. 1979년부터 본격적으로 발굴을 진행하여 목탑 터 주변에서 약 1,560여 점의 소조상을 발굴하였다. 길이 38.2*m*, 높이 2.2*m*의 기단 위에 탑 심실체가 남아 있고 가장 바깥쪽의 동·서·남쪽에는 불감 다섯 개가 확인되어 벽돌로 마감한 심실체 벽에 각각 불감을 조성한 후 소조상으로 장식한 것으로 추정한다(**그림 5·6**).

<그림 3> 사원불사 출토 소조상 | 大同市博物館,『平城文物精粹: 大同市博物館館藏精品錄』, 2016

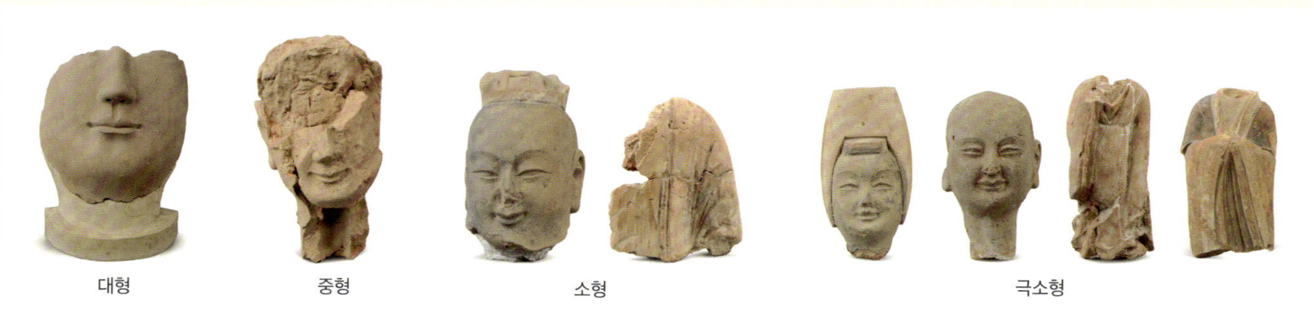

<그림 4> 영녕사 출토 소조상 | 洛陽博物館 제공

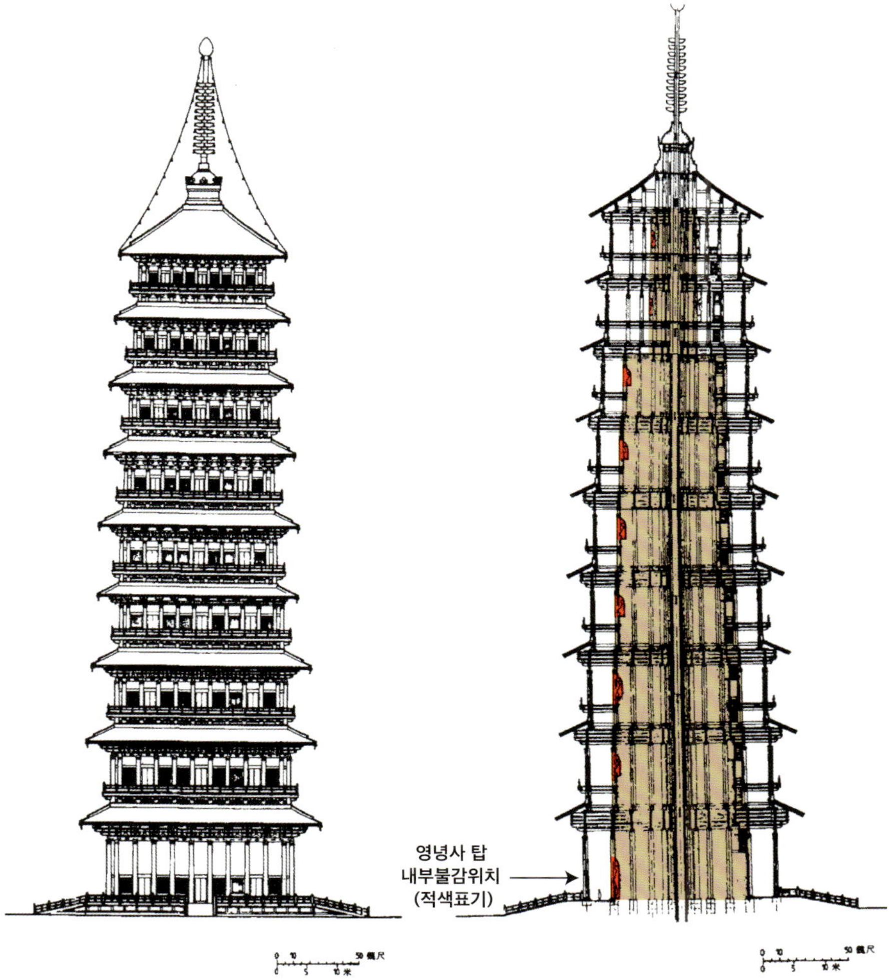

<그림 5> 영녕사 목탑 추정 복원도 및 내부 불감 위치 | 국립부여박물관,『백제 정림사와 북위 영녕사』, 2015 재인용

<그림 6> 영녕사 목탑 내부 소조상 복원안 | 국립부여박물관,『백제 정림사와 북위 영녕사』, 2015 재인용

영녕사에서는 부처·보살·제자·공양자·시중·광배·대좌·영락 등 다양한 종류와 크기의 소조상이 발견되었고 그중 극소형의 소조상이 가장 많다. 아주 작은 크기의 소조상들은 주로 세속인의 복식을 하고 있어 불상의 주변 벽면을 장식하거나 어느 한 장면을 묘사하기 위해 만들어진 것으로 생각된다. 이 영소상의 장면은 룽먼석굴 빈양중동의 〈황제예불 행렬 장면〉(**그림 7**) 등과 유사하여 당시의 황제나 귀족의 예불 행렬 장면을 묘사했을 것으로 보인다.[6] 백제 부여 정림사 터에서 농관籠冠을 쓴 인물 소조상 등이 출토되었는데 소조상의 구성과 형태가 유사하여 백제와 중국 남북조 시대와의 관계에 대해 많은 논의가 이루어지고 있다.[7]

이상으로 북위의 불교사원을 살펴봤을 때 평성(다퉁)과 낙양(뤄양)에 대한 기록에 목탑의 서술 비중이 높고 다퉁시 사원불사와 뤄양시 영녕사의 1탑1금당식 가람배치, 목탑 내부에 심실체가 설치된 것, 목탑 주변에서 소조상이 출토된 점이 공통적으로 나오는 것을 알 수 있다. 북위 불교사원은 목탑을 중심으로 예불 활동이 이루어졌으며, 목탑 내부에 봉안된 불상을 참배했을 것으로 추정할 수 있다.

<그림 7> 룽먼석굴 빈양중동 황제예불도 | 미국 메트로폴리탄미술관

1 "(天興元年)是歲 始作五級佛圖 耆闍崛山及須彌山殿 加以繢飾 別構講堂 禪堂及沙門座 莫不嚴具焉", 『魏書』권114 「釋老志」.

2 "浮圖北有佛殿一所 形如太極殿 … 景樂寺條 有佛殿一所 像輦在焉", 『낙양가람기』권1 城內 永寧寺條.

3 양은경, 「中國 北魏 平城, 洛陽지역 佛敎寺刹의 분석과 鮮卑族 습속이 佛事활동에 끼친 영향」, 『고문화』80, 한국대학박물관협회, 2012, pp. 16-20. 다만 발굴조사를 한 예가 적어, 향후 자료의 보완이 필요하다.

4 사원불사는 大同市博物館, 「大同北魏方山思遠佛寺遺址發掘報告」, 『文物』4, 文物出版社, 2007; 영녕사는 中國社會科學院考古研究所, 『北魏洛陽永寧寺－1979~1994年考古發掘報告』, 中國大百科全書出版社, 1996; 段鵬琦, 「漢魏洛陽城」, 『中國社會科學院考古研究所·考古博物館洛陽分館』, 文化藝術出版社, 1998 참고.

5 현재까지 정식 발굴이 이루어진 북위 불교사원은 산시성 다퉁시 방산 사원불사, 차오양시 北塔 사연불도, 內蒙古 바오터우시 사원 터, 윈강석굴 제33굴 상부 사원 터, 허난성 뤄양시 영녕사 등이 있다.

6 국립부여박물관, 『백제 정림사와 북위 영녕사』, 2015.

7 영녕사와 정림사는 소조상에서 유사함이 보이지만, 탑 심실체와 같은 유구는 정림사에서 확인되고 있지 않다. 또한 최근 남조 지역에서 발견된 소조상의 종류와 제작 방식이 정림사와 유사하고 남조 소조상과 정림사 소조상에서 소성 흔적이 발견되어 앞으로 향후 자료 보완이 필요하다(양은경, 「中國 佛敎寺刹의 검토를 통해 본 百濟 泗沘期 佛敎寺刹의 諸問題」, 『백제연구』50, 충남대학교 백제연구소, 2008, pp. 162-163; 이병호, 「중국 남북조시대의 소조상과 부여 정림사지」, 『역사문화연구』66, 한국외국어대학교 역사문화연구소, 2018).

067 ‘景明三年경명3년’이
새겨진 청동 불상

景明三年铜佛
Bronze Buddha with
Inscription of "景明三年"

엔스시 커우뎬진 시주촌
偃师市寇店镇西朱村
북위 北魏
청동
높이 13.0
뤄양박물관

두 손을 배 앞에서 모은 부처가 대좌 위에 앉아 있다. 큰 육계를 하고 있으며, 얼굴은 길고 갸름하다. 몸에 비해 목이 두껍고 어깨는 아래로 처져 있다. 광배는 불꽃무늬를 선으로 표현하였다. 대좌는 중대가 잘록하고, 명문이 있는 사각 받침대 위에 있다. 명문을 통해 선무제 때인 경명 3년(502)에 만든 것임을 알 수 있다.

景明三年佛弟子劉金翁造像一區
경명 3년 불제자 유금옹이 상 1구를 만들다

068 ‘正光五年정광5년’이 새겨진 청동 불상

正光五年铜佛

Bronze Buddha with Inscription of "正光五年"

옌스시 커우뎬진 시주촌
偃师市寇店镇西朱村
북위 北魏
청동
높이 14.1
뤄양박물관

상 가운데의 부처는 두 손을 모아 선정인禪定印을 취하고 있으며 대좌 위에 앉아 있다. 부처의 양 옆에 협시보살이 두 손을 모으고 서 있으며, 부처의 위에 화신불이 있다. 높은 육계와 길고 갸름한 얼굴, 가느다란 몸에 처진 어깨의 모습이다. 가운데 부처의 신체는 상체에 비해 하체의 표현이 소략하다. 위가 뾰족한 주형舟形 광배는 가장자리에 불꽃무늬를 선으로 표현하였다. 대좌는 네 개의 다리가 있는 받침대 위에 있으며, 사다리꼴이다. 대좌의 받침대에는 명문이 있어 효명제 때인 정광 5년(524)에 조성되었음을 알 수 있다. 주로 음각기법을 사용하여 만든 이 불상은 북위 말기의 수골청상의 풍격을 반영하였다.

正光五年清信士佛弟子田早爲□□造像一區
정광 5년 청신사 불제자 전조가
□□를 위해 상 1구를 만들다

069 **삼존보살입상**

三尊菩薩造像

Stone Standing Bodhisattva Triad

뤄양시 멍진현
洛阳市孟津县
북위 北魏
돌
높이 80.5
뤄양박물관

세 보살이 하나의 조를 이루고 있는 조각상이다. 전체적으로 둥근 느낌이 강하며, 시선은 아래를 향하고 있다. 몸에 걸친 옷은 자연스럽게 흘러내리며 그 위에 영락을 걸쳤다. 중앙에 있는 보살의 광배와 대좌는 연꽃을 형상화하여 협시보살에 비해 장식적이다. 상의 하단에는 향로와 이를 바라보고 있는 사자 두 마리가 세밀하게 조각되어 있다.

070 영녕사 9층목탑 모형

永宁寺塔(模型)
Wooden Miniature Pagoda in Yongmingsi Temple (Replica)

현대 现代
나무
높이 150.0, 바닥너비 44.0
다퉁시박물관

Ⅳ 北域佛国

梵音佛韵

佛教东汉时传入中原，到魏晋南北朝时期，佛教的繁荣和发展达到了空前的程度。北魏王朝崇尚佛法，入主中原后，利用佛教作为其统治手段，把佛教定为国教，广为提倡，形成了朝野贵贱皆崇佛的历史局面。洛阳在佛教传播中的中心地位更加显著，都城内外寺院林立，盛极一时，尤以永宁寺和龙门石窟最为雄伟壮观。

北魏平城时期对外交流的另一大成就是佛教的兴盛。北魏和平年间，文成帝复法下令开凿云冈石窟，从河西迁来大批工匠，佛事由此兴盛。此后北魏诸帝均推崇佛教，都城内寺院林立，僧侣众多，世俗生活中也随处可见佛教文化的痕迹。北魏平城时期的佛教造像带有鲜明的中亚犍陀罗风格，这是东西交流的结果。

北魏迁都洛阳后，佛教在平城建筑的基础上，迎来了一个新高潮。其社会风貌的变化在宗教上也有所体现，龙门石窟在雕刻手法和艺术风格上，都一改平城时代云冈石窟的特征，由平直刀法向圆刀法过渡，由云冈的浑厚粗犷向龙门的优雅端庄转变。造像日益汉化、世俗化，是迁洛后受黄河流域汉文化影响的结果。它具有鲜明的民族特点和风格，在中国佛教艺术的发展进程中起了承上启下的作用。

Epilogue

에필로그

선비 탁발부는 선비족의 한 갈래로 중국 동북부 변방 가셴동에서 출발, 네이멍구고원이 있는 후룬베이얼 지방을 거쳐 3세기 중반 성락盛樂으로 남하하여 4세기 후반 북위北魏(386~534)를 건국하였다. 선비 탁발부가 화북을 통일하며 남북조 시대의 북위 왕조로서 세력을 떨쳤던 4~6세기는 동아시아 역사에서 격동의 시기였다. 3세기 말부터 4세기 초 중원의 서진西晉 왕조는 팔왕의 난, 영가의 난을 거치며 붕괴하고, 서진 멸망 후 낭야왕琅琊王 사마예司馬睿(원제)가 317년 건업建業에서 동진東晉을 세웠다. 대신 중원에는 북방의 유목민들이 대거 진출함으로써 오호십육국이 출현하였다. 오호십육국이 난립한 4세기 화베이평원 일대는 대혼돈의 시대였다. 전진前秦이 비수淝水대전에서 동진에 크게 패배한 뒤 선비 탁발부의 탁발규拓跋珪는 386년 성락에서 북위를 세우고, 이후 398년 수도를 평성平城(현 산시성山西省 다퉁시大同市)으로 옮겨 세력을 확장하였다. 436년 북연北燕을 멸망시키고, 439년에는 북량北涼을 멸망시켜 마침내 화북을 통일함으로써 오호십육국 시대의 혼란은 막을 내린다.

화북을 통일한 북조의 북위가 남조의 송과 대치하는 남북조 시대가 개막된 후 남북조를 중심으로 북방의 유연柔然과 동방의 고구려가 세력 균형 상태를 이루면서 국제 정세가 전개되었다. 이 중 북위가 가장 강대하고 팽창지향적이었기 때문에 고구려의 대외관계에서도 북위가 가장 큰 비중을 차지했다. 고구려는 439년 이후 20여 년만인 462년에 북위에 사신을 파견하여 관계를 개선함으로써 북위의 위협을 줄이고 남진 정책을 적극 추진해갔다. 460년대 이후 523년까지 고구려의 북위에 대한 사신 파견이 57회나 달한 것은 이를 증명한다. 고구려의 공세에 위협을 느낀 백제 개로왕은 472년 북위에 표문을 올려 고구려를 칠 것을 요청하였다. 그러나 북위는 남조의 송이나 유연도 분쟁에 개입할 염려가 있어 백제의 요청을 거절하였다. 청병 요청이 받아들여지지 않자 백제는 북위와의 교섭을 중단하였다.

490년 친정親政을 시작한 효문제는 강력한 한화漢化 정책을 추진하여, 494년 수도를 낙양洛陽(현 허난성河南省 뤄양시洛陽市)으로 옮겼다. 강력한 제도 개혁을 추진하던 북위의 효문제가 499년 남제 원정 중 사망함으로써 정책이 제대로 계승되지 못하고, 524년 북방 6진鎭의 난이 발생한 후 여러 황제가 폐위되거나 살해당하면서 혼란에 빠졌다. 북위는 동위東魏(534~550)와 서위西魏(535~556)로 분열되고 동위는 북제北齊(550~577)로, 서위는 북주北周(557~581)로 교체되어 6세기 중·후반에 이르기까지 남쪽의 동진을 계승한 송宋-제齊-양梁-진陳과 함께 남북조 시대를 이루었다. 북방에서는 유연 대신 돌궐이 초원의 새로운 강자로 부상하여 551년에는 고구려를 침입하기도 하였다. 남북조와 고구려, 유연의 4강 체제 중심으로 이루어지던 국제질서의 안정이 깨지고 한반도 내의 세력판도에도 변화가 있었다. 한반도에서는 고구려가 지배층의 내분으로 혼란한 상황을 틈타 신라가 세력을 키워 한강 유역을 차지하였다.

6세기 말 수隋에 의해 중국 대륙이 통일되면서 분열의 시대는 마무리되었다. 581년 건국해서 584년 돌궐을 정복하고, 586년 토욕혼吐谷渾을 정복한 후 589년 중국을 통일한 수는 중국 중심의 일원적인 세계질서를 수립하고자 했다. 동아시아사상 민족 이동의 시대라 할 수 있는 위진남북조 시대를 거쳐 세계 제국인 수·당 시대가 출현한 것이다. 변화무쌍하고 역동적인 위진남북조 시대부터 수·당 시대까지 농경과 유목 부족의 대통합 시대라는 평가도 받고 있다.

이처럼 북위는 오호십육국 시대 혼란을 거듭하던 중국 북방 지역을 통일하여 중원을 차지한 최초의 이민족 국가로 통일 왕조인 수·당 제국의 기초를 구축했다. 또한 북조를 대표하는 국가로 위세를 떨치던 4~6세기의 북위는 고구려·백제와 관계를 가지면서 삼국시대 한반도의 정세에 중요한 영향을 미쳤다. 2022년 한·중 교류 30주년을 앞둔 시점에서 선비 탁발부의 남하 과정과 그들의 역사 발자취에 대한 이해를 통해 고대의 국제관계를 바라보는 우리의 시야를 넓히게 된 것은 커다란 행운이다. 향후 백제와 중국 왕조와의 교류를 좀 더 심도 있게 조명할 수 있는 기회가 빨리 오기를 기대한다.

5~6세기 동아시아

논고
Essays

탁발선비에서 북위로 - 유목에서 정주로 -

박한제 서울대학교 명예교수

백제와 북위

박순발 충남대학교

북위 불교미술의 특징과 교류사적 의의

강희정 서강대학교

알선동(가셴동)嘎仙洞, 성락盛樂, 평성平城에서 낙양洛陽까지
- 선비 탁발부의 이주와 발전 과정

한성춘 韓生存 다통시박물관

탁발선비拓跋鮮卑에서 북위北魏로
- 유목遊牧에서 정주定住로 -

박한제
서울대학교 명예교수

서언

중국 동북방 지역에 활동하던 민족 중에 유목을 본업으로 하던 선비족鮮卑族 탁발부拓跋部가 있었다. 선비족 탁발부는 수렵과 유목생활을 하다가 그 땅을 떠나 중원中原으로 들어와 정주민定住民이 되고 중원 국가인 북위北魏를 건설하게 된다. 북위는 중국 역사상 장기에 걸쳐 중원을 통치한 비한족非漢族 정권으로서 그 출현은 중국 역사 진행 과정을 크게 개변改變시켰을 뿐만 아니라 세계 역사에서도 오랫동안 영향을 끼쳤다. 북위 이후 '탁발'이라는 단어는 북아시아와 중앙아시아 지구의 돌궐, 페르시아, 아랍 및 유라시아에 걸쳐 대제국을 형성한 비잔틴 사람들까지 사용한 '중국中國'의 통칭이었으며, 금金~원元 시기의 중앙아시아인들도 여전히 한인漢人을 '타오화스桃花石(타브가츠Tabugač)'라고 불렀다.[1] 심지어 중국인의 자존심인 당唐나라도 그렇게 지칭했다는 것이다.[2]

선비 탁발부와 북위를 연구할 때 어느 책보다 가장 무겁게 의존하는 책이 북제北齊 시대 위수魏收가 찬술한『위서魏書』이다.『위서』의 기록은 일찍이 '예서穢書'라 칭해지듯 그 평가가 좋지를 못하지만 그러나 이것을 제외하고 이 시대에 대한 별다른 기록이 없기 때문에 주로 그것에 의존할 수밖에 없다. 이 가운데『위서』권1 서기序紀 부분은 탁발선비의 유목시절에 대한 거의 유일한 기록이기 때문에 매우 중요하다.

본고는 탁발선비가 유목민으로 활동하던 시기에서 왜 정주지대에 들어와 정주생활을 하게 되었으며, 정주생활 중 다시 북위를 건설하고 통치해 가면서 어떻게 변화해 갔는가를 살피기 위하여 준비된 것이다.

1 P. Pelliot 저, 馮承均 역,「支那名稱之起源」,『西域南海史地考證譯叢(1編)』, 北京, 商務印書館, 1995, p. 41.

2 Marc S. Abramson, *Ethnic Identity in Tang China*, University of Pennsylvania Press, Philadelphia, 2008.

그런데 필자의 '호한체제胡漢體制'론은 유목민과 한인이 만난 이후 서로 융합되어 갔는가를 살피는 연구가설이다. 선비족 탁발부가 남천 초기부터 한족과 깊숙이 접촉했던 것은 아니었고, 선비족이 정주지역으로 이동한 후 정착하면서 그들 자체가 그 정착생활의 방향을 심각하게 검토하였다. 그 과정에서 탁발황제 세력과 그를 둘러싼 부락대인部落大人들이 그 방향을 두고 서로 첨예하게 갈등하였다. 그런 과정에서 북위라는 중원 국가를 창건하고 운영해 갔던 것이다. 그 과정에서 한인들이 나름으로 기능하였지만 본고는 주로 탁발황제를 중심으로 하는 세력과 부락대인의 세력이 어떻게 북위 국가를 통치해 갔는가를 아래에서 살펴보기로 하겠다.

Ⅰ. 탁발선비拓跋鮮卑의 남천南遷과 그 목적

탁발선비가 남천하는 과정은 『위서』 서기에 주로 기록되어 있다. 다싱안링산맥大興安嶺山脈 동록東麓 가셴동嘎仙洞을 중심으로 순록을 수렵하고 유목하며 살고 있던 선비 탁발부는 서남쪽에 펼쳐진 광대한 초원에 위치한 방 천여 리方千餘里의 후룬호呼倫湖 근방으로 남천을 감행하게 된다. 즉 서기에 "남천대택南遷大澤"이라 기록되어 있다. 그러나 대택 근방의 땅이 "황하荒遐(황량요원荒凉遙遠)"하여 다시 남천을 도모하였다는 것이다.[3] 그리고 남천을 도모하게 된 것은 "도읍을 세울만한 곳이 되지 못했기(未足以建都邑)" 때문에 다시 사거徙居하는 것이 마땅하다고 여겼다는 것이다.[4] 즉 그들의 남천의 목적이 명백히 '도읍'을 건설하는 것에 있었다는 것임을 알 수 있다. '도읍'의 건설 목적은 유목을 벗어나 정주생활로 전환하겠다는 것이었다. 그 후 난양자南楊家 잉쯔營子 지역을 거쳐 서남진西南進하여 소위 '흉노고지匈奴故地'인 옌츠鹽池(시린궈러맹錫林郭勒盟 얼롄하오터시二連浩特市)를 거쳐 둥다징東大井(상두현商都縣) 그리고 산다오만三道灣(산야오허우치察右後旗)와 바이링먀오百靈廟를 거쳐 성락盛樂(허린거얼和林格爾 시거우쯔징西溝子井)에 이르렀던 것이다.[5] 그 후 탁발선비가 현재의 네이멍구內蒙古 하투河套 동부에 정착한 것은 시조始祖 신원황제神元皇帝라 추시追謚되는 탁발역미拓跋力微(힐분詰汾의 아들)시대였다. 그는 특히 여러 대인들에게 "전세前世의 흉노·답돈蹋頓(오환烏桓) 무리徒가 변민邊民의 초략抄掠을 일삼던 (유목민족의) 생활방식이 '장계長計'가 아님"을 널리 공포하고 이제 도읍을 건설하여 정착할 것을 결심하였음을 선언한 것이다. 아울러 중원 농경국가인 조위曹魏와의 우호관계를 맺었다.[6] 이제 유목생활을 청산하고 정착생활을 영위하겠다는 대변화를 선언한 것이다. 정착을 위해서는 무엇보다 중원 국가처럼 '도읍'을 확정하고 도성都城을 짓는 것이 중요하다고 여겼던 것이다. 역미力微 39년에 "정양의 성락(定襄之盛樂)"으로 옮겨간 것도[7] 이런 도읍을 건설하기 위한 목적이었음은 물론이다. "정양의 성락"으로 근거지를 옮겼다고 하였지만 역미는 중원 지역의 '도읍'에 맞는 제대로 된 구조물을 건축하였던 것인가? 그렇지는 않은 것 같다. 성락에 근거지를 정하기는 했으나 이전 유목시절의 성지城址를 그대로 이용하고 거기서 '제천祭天' 행사를 주재하고 여러 부락대인部落大人들의 중심 역할을 수행하고 있는 것에 만족하고 있었던 것으로 보이기 때문이다. 성락성은 현재 네이멍구 허린거얼 북방 10㎞에 위치하고 있다. 한漢 정양군定襄郡 성락현成樂縣의 옛터舊址이다. 역미 사후 여러 차례 도읍을 정하려 노력하였으나 자기들이 바라던 도성은 축조되지 못했다.

'도읍'의 축조는 북위가 들어선 이후에 이루어졌다. 결국 서기序紀 시대에는 제대로 갖춘 도읍을 정하여 도성을 건축하지 못하였고, 그 과업은 북위 왕조의 창건 후를 기다려야 했다. 태조太祖 도무제道武帝 천사天賜 3년(406) "6월에 팔부인八部人을 발동하여 오백 리 내의 도성을 수선하니 위나라는 마침내 '읍거제도邑居之制度'가 있게 되었다."라고 기록되고 있다.[8] 같은 기사는 태조기太祖紀에서는 조금 더 자

3 "宣皇帝諱推寅立 南遷大澤 方千餘里 厥土昏冥沮洳 謀更南徙 未行而崩", 『魏書』卷1 序紀 宣帝 拓跋推寅, p. 2.

4 "獻皇帝諱隣立 時有神人言於國曰 此土荒遐 未足以建都邑 宜復徙居 帝時年衰老 乃以位授子", 『魏書』卷1 序紀, p. 2.

5 현재 탁발선비의 묘장墓葬은 40여餘 처處에 400여 좌座가 발굴되었다. 孫危, 『鮮卑考古學文化研究』, 北京, 科學出版社, 2007, p. 2.

6 "始祖乃告諸大人曰 我歷觀前世匈奴蹋頓之徒 苟貪財利 抄掠邊民 雖有所得 而其死傷不足相補 更招寇讎 百姓塗炭 非長計也 於是與魏和親", 『魏書』卷1 序紀 神元皇帝 拓跋力微, pp. 3-4.

7 "三十九年 遷於定襄之盛樂", 『魏書』卷1 序紀1 神元皇帝 拓跋力微, p. 3.

8 "明年(천사天賜 3년: 406)六月 發八部人 自五百里內繕修都城 魏於是始有邑居之制度", 『魏書』卷105-3, 天象志1-3 星變上, p. 2392.

세하게 표현되고 있다. 즉 "천사 3년 6월에 팔부 오백 리 내의 남정男丁을 징발해서 유남궁灅南宮을 건축했다. 문궐門闕의 높이는 50장丈이나 되었다. 수구水溝를 끌어들이고 못을 만들고 원유苑囿를 넓혔다. 외성外城을 규획하여 세우니, 사방 20리였다. 시市와 리里를 나누어 설치하니 경도經塗가 통달하게 되었다. 30일 만에 (공사가) 끝났다."라고 되어 있다.[9] 즉 도성, 궁전, 원유, 외성, 읍거(시리)제도 등이 제대로 갖추어진 것이다. 즉 서기 시대 이후 제대로 된 도성이 갖추어진 것은 북위 건국 후 8년 만의 일이었다. 즉 도읍이란 도성, 궁전, 원유, 외성, 읍거(시리)제도 등이 갖추어진 성시城市를 말하는 것이다. 즉 도읍을 정하고 도성을 짓는 것을 주도한 중심은 역미 이래 서기 시대의 황제들이었다. 그에 비해 부락대인들은 적극적이지 않았다. 특히 부락대인들은 시조 역미의 정주생활로의 전환 결정에 대해 반대하였다. 정주생활의 방식을 배우러 중원왕조 조위와 서진西晉에 가 있던 시조 역미의 아들 문제文帝(사막한沙漢汗)를 살해하는 것으로 그 반대를 분명히 표시하였던 것이다. 이에 탁발선비의 황제들에게는 부락대인(군장君長)에 대한 강력한 조처가 필요하다는 것을 느끼게 하였던 것이다.

II. 부락해산部落解散의 조처와 그 의미

부락대인部落大人에 대해서 탁발황제 측이 취했던 가장 강력한 조처는 바로 '부락해산部落解散'이었다. 그것은 북위 건국 직후에 행해졌다. 소성황제昭成皇帝 십익건什翼犍의 손자인 탁발규拓跋珪가 등극하여 도무제道武帝가 되었다. 그는 등국登國 원년(386) 춘정월 '대왕代王'에 등극한 후 역경 속에서 국가를 재흥하였으니 '대왕국代王國'에서 다시 '(북)위제국(北)魏帝國'을 건설한 것이 그것이다.[10] 도무제의 업적 가운데 가장 두드러진 것이 바로 부락 해산의 조처였다. 부락 해산은 아직도 권력을 여전히 장악하고 있는 부락대인의 권한을 축소하고 황권皇權을 강화하려는 시도에서 나온 것이었다. 부락 해산을 단행한 등국 원년(386)은 탁발규가 대왕위代王位에 즉위한 해이었다. 따라서 정권의 기초가 아직 고착되지 않은 상태였다는 점에서 '부락 해산'이라는 과감한 정책을 실행할 수가 있었는지 의문이 가는 것이다. 따라서 후연後燕을 멸망시킨 황시皇始 원년(396)에서 천흥天興 원년(398) 사이에 전쟁의 승리를 이용하여 해산 조치가 단행되었다고 보는 것이 보다 무방할 듯하다.

부락 해산의 내용은 ① "산제부락散諸部落", "시동위편민始同爲編民" ② "분토정거分土定居", "불청천사不聽遷徙" ③ "군장대인君長大人", "개동편호皆同編戶", "무통령無統領"이란 몇 단어로 요약되지만, 그 의미는 이제 부족민 모두가 황제에게 직속되고, 부락대인의 부락 통솔권을 박탈한 것이란 의미를 띠고 있다.[11] 그렇다면 이 조처로 호족胡族이 농경민화農耕民化(한족화漢族化)되었다는 의미인가? 그리고 '지역'이 '부족'[12]과 '씨족'을 대신하는 조직임을 표방한 것으로, 글자 그대로 '산부락散部落'의 조처로 분토정거(편민編民 · 편호編戶)하고 사역使役[13] 시키는 구조로 편성하려 한 것이냐의 문제이다. 즉 부락의 편민 · 편호화는 한족의 '편호제민화編戶齊民化'와 같은 것이냐의 문제가 제기된다. 문제는 문자 그대로 철두철미하게 부락이 해산된 것은 아닐 가능성이 크다. 그렇다면 이 당시 시행한 부락 해산이라는 것은 어떤 것이었던가?

'부락 해산'이라 했으니 부락의 해산이라는 조처가 어느 정도 행해진 것은 사실로 보아야 한다. 부락 해산 선언 후의 후속조치를 보면 도무제 탁발규가 천흥 원년(398) 평성平城에 도읍을 정하였고,[14] 그와 동시에 '기내畿內' 제도를 설정하고 팔부八部(팔국八國)를 두고,

9 "六月 發八部五百里內男丁築灅南宮 門闕高五十丈 引溝穿池 廣苑囿 規立外城 方二十里 分置市里 經塗洞達 三十日罷",『魏書』卷2 太祖紀 天賜 三年條 pp. 42-43.

10 "登國元年正月戊申 帝卽代王位···夏四月 改稱魏王",『魏書』卷2 太祖紀, p. 20.

11 ① "登國初 太祖散諸部落 始同爲編民",『魏書』卷113 官氏志; ② "離散諸部 分土定居 不聽遷徙",『魏書』卷83 賀訥傳; ③ "其君長大人 皆同編戶 (賀)訥以元舅甚見尊重 然無統領 以壽終於家",『魏書』卷83 賀訥傳.

12 유목민족에게는 부部가 군사단위인 동시에 산업(유목)·생활단위이다.

13 부락 해산이 해산민의 '사역'을 위한 것임은 분명하다. "太祖時 分散諸部 唯高車以類粗獷 不任使役 故得別為部落",『魏書』卷103 高車傳, p. 2309.

14 "遷都平城 始營宮室 建宗廟 立社稷",『魏書』卷2 天興元年 秋七月, p. 33.

팔부대부八部大夫 1원을 임명하였으며, 404년에는 팔국에 한인 정권에서 행해진 구품관인법九品官人法에서의 중정관中正官에 해당하는 대사大師·소사小師를 두어 팔국에 속한 관리후보자의 인사관리를 행하였다. 이는 왕권을 강화함과 동시에 부락 해산으로 부락의 통솔권을 상실한 구舊 대인大人 2,000여 인에게 작爵을 수여함으로써 불만을 완화하려 하였다는 의미가 있다. 그런 면에서 부락 해산은 어느 정도 실행에 옮겨졌다고 보아야 한다.

그러나 부락 해산의 조처 후에도 호족(부락대인)의 부락에 대한 통치체제가 여전히 존속하고 있다. 특히 새로 두어진 '팔부(팔국)'의 기능 문제이다. 경기京畿의 사방사유四方四維에 '치팔부수이감지置八部帥以監之'[15]라는 상황에서 보면 이것은 다음과 같이 해석된다. 경기는 기내와 기외畿外로 되어 있는데[16] 경기에는 한족과 호족이 모두 거주하고 있고, 여기다 도성 주위의 8개의 방향(기내와 기외를 포괄하는 사방 동·서·남·북과 사유 동남·서남·동북·서북)으로 된 지역 단위에 해산된 호족들이 8부로 나눠져 분치分置되고 있는데 이 팔부는 부락 해산 이후 호족의 특별행정구였고, 한족은 주군州郡체제 하에 따로 두어졌다. 여기서 호족의 특별행정구가 8개라는 것은 특별한 것이다. 즉 8과 유목민족과의 연관성은 북위 시대뿐만 아니라 청대淸代의 팔기八旗나 팔기주방八旗駐防과 팔부(팔국)[17] 등이 있듯이 긴밀하기 때문이다. 즉 부락 해산 후에도 부락인(호족)에 대한 통치가 한족과 달리 따로 행해지고 있다고 할 수 있다는 이야기다.

그렇지만 팔국제八國制는 점차 축소되었으니 제 2대 명원제明元帝 시기에는 육부제六部制로, 제 3대 태무제太武帝 시대에는 사부제四部制로 팔국제가 축소되어갔으니 이것은 호족이 한족사회로 흡수되거나 유연柔然의 강성화로 인해 팔국의 구 부락민이 병사화兵士化하여 북진北鎭(육진六鎭)으로 이주한 것이 주된 원인이었다고 할 수 있다. 그리고 북위 말 이주영尒朱榮[18]과 이주천광尒朱天光[19] 등의 예에서 보듯이 '영민추장領民酋長'이 존재한 것은 부락이 북위 말까지 여전히 실존하고 있다는 증거이다. 그러니 부락 해산은 유목민의 해산에 어느 정도 영향을 끼쳤지만 완전한 해산이 이루진 것이 아니었고, 일부 부락민이 해산되어 한족과 유사한 생활을 영위하고 있었다고 할 수 있다. 여하튼 부락 해산은 호족과 한족의 합일화를 도모하면서도 호한공존胡漢共存을 도모한 것으로 볼 수 있다.

부락 해산은 북위의 황권 강화를 위한 하나의 조처였다. 부락 해산 외 북위가 추진한 황권 강화의 또 다른 조처가 눈에 띤다. 유목민족이 갖는 일반적 특징은 ① "수축수초隨逐水草", "무성곽無城郭", "불항궐처不恒厥處"[20] ② "귀소이천노貴少而賤老"[21] ③ "상동尙東"[22] ④ "피발좌임被髮左衽"[23]과 ⑤ 여성 지위가 보편적으로 높다는 것 등으로 열거할 수 있다. 여성의 지위는 특히 오환烏桓(烏丸)[24]과 북조北朝[25]의 경우가 그러하였다. 황권 강화는 북위에서 독특하게 시행된 '자귀모사제子貴母死制'와 보모保姆 황태후의 칭제稱制 등이 관련이 있다. 북위 정권의 황권 강화의 과정을 보면 ① 도무제가 만년 독재화(황권 강화)하여 공신功臣들을 살해하자 결국 아들인 탁발소拓跋紹에 의해 살해

15 ① "天興初 制定京邑 東至代郡 西及善無 南極陰館 北盡參合 為畿內之田", "其外四方四維置八部帥以監之 勸課農耕 量校收入 以為殿最",『魏書』卷110 食貨志, p. 2849. ② "(天興元年: 398) 十二月 置八部大夫散騎常侍待詔等官 其八部大夫於皇城四方四維面置一人 以擬八座 謂之八國常侍 待詔侍直左右 出入王命",『魏書』卷113 官氏志, p. 2972; ③ "胡注曰 八部大夫 恐當作八部大人 魏王珪天興元年 置八部大夫於皇城 四方四維一面置一人 以擬八座 謂之八國 各有屬官 常侍待詔直左右 出入王命",『資治通鑑』卷111 晉紀33 安帝 隆安3年(399) 3月條, p. 3488.

16 '기내지전畿內之田'과 '기외其外'를 합쳐 '기외畿外' 혹은 '교전郊甸'이라 한다.

17 朴漢濟,「遊牧國家와 城郭- 坊牆制의 出現과 그 背景-」,『歷史學報』200, 2008, pp. 458-459.

18 "轉散騎常侍 平北將軍 秀容第一領民酋長",『魏書』卷74 尒朱榮傳, p. 1644.

19 "加侍中 金紫光祿大夫 北秀容第一酋長",『魏書』卷75 尒朱天光傳, p. 1673.

20 "其俗畜牧爲事 隨逐水草 不恒厥處 穹廬氈帳 被髮左衽 食肉飮酪 身衣裘褐",『隋書』卷8 突厥傳, p. 1864.

21 "壯者食肥美 老者食其餘 貴壯健 賤老弱",『史記』卷110 匈奴列傳, p. 2879; "烏桓者 … 貴少而賤老 … 有勇健能理決鬪訟者 推為大人",『後漢書』卷90 烏桓鮮卑列傳/烏桓, p. 2979; "賤老貴壯",『隋書』卷8 突厥傳, p. 1864.

22 "烏桓者 … 以穹廬為舍 東開向日",『後漢書』卷90 烏桓鮮卑列傳/烏桓, p. 2979.

23 "被髮左衽",『隋書』卷8 突厥傳, p. 1864.

24 "烏桓者 本東胡也 … 怒則殺父兄 而終不害其母 以母有族類 父兄無相仇報故也 有勇健能理決鬪訟者 推為大人 無世業相繼 … 氏姓無常 以大人健者名字為姓 … 計謀從用婦人 唯鬪戰之事乃自決之",『後漢書』卷90 烏桓鮮卑列傳/烏桓, p. 2979; "魏書曰 烏丸者 東胡也 … 貴少賤老 其性悍鶩 怒則殺父兄 而終不害其母 以母有族類 父兄以己為種 無復報者故也",『三國志』卷30「魏書」30 烏丸鮮卑東夷傳, p. 832, 夾注.

25 "江東婦女略無交遊 其婚姻家 或十數年間 未相識者 惟以信命贈遺 致殷勤焉 鄴下風俗 專以婦持門戶 爭訟曲直 造請逢迎 東乘塡街衢 綺羅盈府寺 代子求官 爲夫訴屈 此乃恒代之遺風乎",『顔氏家訓』治家編.

되기도 하였다. 그 후 ② 태무제(탁발도拓跋燾) 시기가 되어 황권 강화의 약진 시기를 맞았다. 즉 하夏(섬서) · 북연北燕(요서) · 북량北涼(감숙)을 차례로 평정하여 오호십육국五胡十六國 시대에 종지부를 찍고 화북을 통일하였던 성과의 반영이라 할 수 있다.

북위 세계표世系表에서 나타나는 특징은 ① '서기序紀' 시대가 무질서하게 계위가 이루어졌다면 ② 북위 시대는 1대 태조 도무제에서 7대 세종世宗 선무제宣武帝 시대까지 아주 질서정연한 부자상속의 계위가 이루어지고 있다는 점이다. 즉 도무제 이후 황위 계승의 두 특징은 첫째, 적서嫡庶 불문하고 태자太子를 조기에 확정하고 장자長子가 입사立嗣되는 형태를 보인다(장자입사제長子立嗣制). 예컨대 2대 태종太宗(명원제)도 황후가 아닌 유부인劉夫人의 장자였고, 3대 태무제(탁발도)도 장자였고, 태무제는 5세의 장자 황晃(공종恭宗)을 세자로 세웠다가 황의 사후 다시 황의 장자 준濬(4대 고종高宗 문성제文成帝)을 세적황손世嫡皇孫으로 세웠다. 고종은 2세의 장자 홍弘(5대 현조顯祖 헌문제獻文帝)을 세웠고, 현조는 3세의 장자 굉宏(6대 고조高祖)을 효문제孝文帝로 세웠다. 그런데 고조는 14세의 차자次子 각恪(7대 세종 선무제)을 세웠는데 이것으로 차자계위次子繼位 시대가 열렸다고 볼 수 있을까? 그렇지는 않고 장자(태자 순恂)가 낙양 천도를 반대하며 반란을 일으켰기 때문에 폐태자廢太子되었는데 세적황손도 없었기 때문에 차자를 세웠을 뿐이다. 이와 같이 장자입사제, 즉 장자 계승을 고집한 것은 황위 계승의 혼란 때문에 황권이 동요되는 것을 방지하기 위한 계책이었던 것이다. 이처럼 북위 시기에 황권 강화 내지 안정화를 위해 끊임없이 노력하고 있다. 이것은 서기 시대의 어지러운 황위 계승을 극복하려는 노력이었다.

또 다른 조처로 북위에서 독특하게 천자지모天子之母인 태후의 정치 개입과 외척外戚의 전횡專橫을 방지하기 위해 '입사후살기모제立嗣後殺其母制'를 채택하였다는 점이다. 이것도 황제권의 안정을 위한 제도적 장치였다. 이것은 1대 도무제부터 8대 효명제孝明帝까지 실시된 것인데 비적용의 행운의 여인으로 숙종肅宗(효명제)의 모母인 호충화胡充華(영호태후靈胡太后)가 유일하였던 것이다. '입사후살기모제'의 원칙이 변경된 것은 효문제의 한화와 연관으로 보기도 하지만[26] 단언하기 힘들다. 이 제도의 원류는 탁발족의 '구법舊法'인가[27] 호한체제인가[28] 여러 설이 있다. 전례로는 한나라 무제武帝가 불릉弗陵(후에 소제昭帝가 됨)을 태자로 봉하고, 그 모인 구익부인鉤弋夫人을 살해한 일이 있는데,[29] 이것이 한무제의 장구지계長久之計인지 확실하지 않다.[30] 그런데 북위에서 이런 제도가 출현한 배경은 유목민족에서의 여권女權(황후 · 외척) 문제와 관련되어 있다고 할 수 있다. 독립적인 부락을 통솔하고 있는 대인들이 황가皇家를 둘러싼 제실帝室 10성姓, 공훈功勳 8성姓 등 선비귀족들로서 황권에 도전하였기 때문이었다. 유목민 특유의 강력한 황후권皇后權이 문제의 발단이었다. 이것이 황권 강화에 지장을 주었기 때문이다. 황후권 행사의 실제는 '서기' 시대부터 보인다. 환제의 후后는 '태후임조太后臨朝'의 선례를 열었다.[31] 석륵石勒(후조後趙)에게 보낸 그녀의 사신을 '여국사女國使'라 지칭하였고,[32] 혜제惠帝 후 등장한 양제煬帝는 외척인 우문부宇文部를 그 배후세력으로 삼았고, 여기에 반기를 든 평문제平文帝의 장자 열제烈帝는 하란부賀蘭部를 배경으로 기병하였다.[33] 열제가 승리하자 양제는 우문부로 망분亡奔했다가[34] 재기하고 결국 열제를 축출하였다. 양제도 결국 국인國人 6천千에 의해 모용부慕容部로 축출되었다가 다

26 행운자인 동시에 예외자는 문성제의 후后인 문명태후文明太后 풍씨馮氏도 해당될 것이다. 이런 출현은 나름의 원인이 있었다. 풍씨는 실제 효문제의 생모인데 조모로 변신했다는 설이 있다. 영호태후는 효명제의 생모로서 당시 효문제의 개제改制로 인한 자귀모사子貴母死 제도의 폐기로, 그리고 선무제의 비호가 있었기 때문이라고 보기도 한다. 여하튼 영호태후는 효명제가 즉위한 후 황태후로서 실권을 장악하여 소위 '태후의 정치' 시대를 열었다. 환관宦官·측근을 총애하여 조정의 기강을 문란하게 하였고, 영녕사永寧寺의 건립, 용문석굴龍門石窟의 개착, 숭산嵩山 등에로의 유행遊幸 등으로 국고를 낭비했고, 528년에는 효명제를 독살하기에 이르렀다.

27 "道武宣穆皇后劉氏 劉眷女也 登國初 納為夫人 生華陰公主 後生明元 … 以鑄金人不成 故不登后位 魏故事 後宮產子 將為儲貳 其母皆賜死 道武末年 后以舊法薨 明元即位 追尊諡位 配饗太廟 自此後 宮人為帝母 皆正位配饗焉", 『北史』卷13 后妃上 道武宣穆皇后劉氏傳, p. 493.

28 텐위칭田餘慶은 『위서』를 보면 호한 양족을 모두 만족시키기 위해서 구법과 한제漢制의 양설을 병존竝存시키고 있다고 본다(『拓跋史探』, 北京, 三聯書店, 2003, p. 15). 그러나 박한제는 호족의 구법도 아니고 한제도 아닌 '호한체제'로 파악하였다(『中國中世胡漢體制研究』, p. 148.).

29 『漢書』卷97上 外戚傳 上, p. 3957.

30 "初 帝母劉貴人賜死 太祖告帝曰 昔漢武帝將立其子而殺其母 不令婦人後與國政 使外家為亂 汝當繼統 故吾遠同漢武 為長久之計", 『魏書』卷3 太宗紀, p. 49.

31 목제穆帝를 살해한 육수六脩를 다시 살해한 환제의 아들인 보근普根, 또 한 달 남짓 후에 죽은 보근의 후사 문제 등으로 혼란한 시기에 가장 큰 결정권을 가졌던 자가 환제의 후였다. 또 '중심衆心'을 얻어 천하를 넘볼 정도의 웅략雄略한 인물인 평제平帝를 살해, 그녀의 중자中子인 혜제하녹惠帝賀傉을 세우는 등 두 왕을 옹립하고 한 왕을 살해한 후 '태후임조'의 선례를 열었다.(『魏書』卷1 「序紀」, 惠帝賀傉條, p. 10. 및 『魏書』卷13, 皇后列傳, 桓帝后祁氏傳, p. 322.)

32 "惠皇帝諱賀傉立 恒帝之中子也 以五年為元年 未親政事 太后臨朝 遣使與石勒通和 時人謂之女國使", 『魏書』卷1 「序紀」, 惠帝賀傉條, p. 10.

33 『魏書』卷83上 賀訥傳, p. 1812. 평문제 울율鬱律은 하란알두賀蘭謁頭의 딸을 취하였고 평문제후 하란씨賀蘭氏가 열제를 낳았다. 평문제는 또 하란흘賀蘭紇에게 딸을 주었고 흘紇의 아들인 야간野干은 소성昭成의 딸 요서공주遼西公主를 처妻로 하였다.

34 "賀蘭部及諸人共立拓跋翳槐爲代王 代王紇那奔宇文部", 『資治通鑑』卷94 成帝咸和4년(329) 是歲條, p. 2973.

시 열제가 복위되는 혼란상을 보였다. 모두 외가外家 부락의 힘을 빌렸다. 선비와 오환족의 경우 "화가 나면 부형父兄은 죽여도, 어머니는 끝내 죽이지 못하였는데 그 이유는 어머니의 족류族類가 있기 때문이다."라 하였다.[35] 외척이 강고하게 권력을 유지하고 있었기 때문에 일어난 사건이다.

특히 탁발 사회의 여인은 어떤 세력이 타 세력과의 정치적 · 군사적 동맹을 맺는 도구였다.[36] 도무제가 토돌린부吐突隣部 · 하란부賀蘭部 · 흘돌부紇突部 · 흘해부紇奚部 등등의 제부諸部를 정벌하였던 것은[37] 정치적 · 군사적 동맹을 맺는 것을 응징하려는 이유에서였다. 이 점이 도무제가 '부락 해산'을 감행한 이유였던 것이다.

북위 조정에서 특이하게 보이는 현상으로 보모保母 · 황태후의 칭제 문제가 있다. (어린) 태자의 친모를 살해 한 후에는 당연히 보모(유모)가 필요하였다. 그 역할은 보모의 역할에 그치지 않고 보모 자신이 간정干政을 하게 되었던 것이다. 즉 ① 태무제의 모가 살해되자 보모인 두씨竇氏가 황태후가 되어 간정하였고,[38] ② 문성제의 모인 욱구려郁久閭가 살해되자 유모인 상씨常氏가 10여 년간 간정하였다.[39] ③ 헌문제의 모인 이씨李氏가 살해되자 보모인 풍씨馮氏가 문명태후가 되어 임조청정臨朝聽政하였다.[40]

이상 북위 조정에서 벌어진 행위는 북위 성립 이후에도 여전히 서기 시대의 상황이 재현되고 있었으며 북위 황제의 황권 강화(한화)와 그에 대비된 서기 시대적 상황(호화胡化)이 길항하는 정치적 · 군사적 동맹이 혼합되고 있는 것이다. 황권 강화를 위한 황제의 몸부림과 황권을 제어하려는 부락세력의 책동이 교차하는 황권을 둘러싼 투쟁이 전개되었던 것이다.

Ⅲ. 계구수전제計口受田制와 균전제均田制

1. 계구수전제와 할당생산割當生産

토지의 균등 분배는 한족의 역대 왕조가 인민에게 실시한 제도의 이념이었다. 그것은 '균분均分'이라거나 '한전限田'이라는 형식으로 제도화되었다. 잘 알다시피 균전제는 북위 시대에 출현한 전제田制로 잘 알려져 있다. 기왕의 학계에서는 균전제가 출현한 계보를 오랜 옛날, 서주西周의 정전제井田制로 소급시키고 있다. 이 정전제의 사상은 맹자의 균분이상均分理想으로 계승 · 강조되었고, 다시 전국戰國 그리고 진秦과 한대漢代에는 한전제限田制로 구체화되어 실시되었으며, 다시 조위曹魏의 둔전제屯田制를 거쳐 서진西晉의 점占 · 과전제課田制로 이어져 균전제가 출현했다고 보고 있는 것이다.[41] 그런데 이 균전제가 한족 국가인 남조南朝의 여러 왕조에서는 계승되지 않고 하필 이민족 왕조, 즉 호족이 세운 왕조인 북위에서 광범위하게 시행되었는가에 대해서는 그렇게 명확하게 설명되고 있지 않았다. 그렇다면 균전제의 최대 이념인 '균분'의 성립 여건이 호족 왕조인 북위 왕조에 와서야 비로소 조성되었다는 뜻이다. 따라서 한족의 균분 전통이 호족 왕조의 특수한 환경에서 조합되어 균전제가 성립된 것이라고 할 수 있다.

여기에 새로운 균전 이념의 출현의 동기를 북위의 상황에서 찾을 필요가 있는 것이다. 여기서 관심을 끄는 것은 북위 초기에 실시된 '계구수전제'에서 그 근거를 찾을 수가 있다는 점이다. 그러면 '계구수전제'란 무엇이며 균전제와 어떤 연관관계를 가지고 있는 것일까? '계구수전제'는 ① 구수口數에 따라 토지를 단순히 지급하는 제도라는 것이라기보다 ② 친정親征→약탈 · 사민徙民→계구수전計口受田

35 "怒則殺父兄 而終不害其母 以母有族類 父兄無相仇報故也",『後漢書』卷90 烏桓鮮卑列傳/烏桓條, p. 2979.

36 Janifer holmgren, "Women and Political Power in the Traditional t'o-pa Elite; A Preliminary Study of the Biographies of Empress in the Wei-Shu", *Monumenta Serica* 35, 1981-1983, p. 63.

37 『魏書』卷2 太祖紀, 해당 부분.

38 "太宗命爲世祖保母 … 及卽位 尊爲保太后",『魏書』卷13 皇后列傳第1 世祖保母竇氏傳, p. 326.

39 "高宗乳母常氏 本遼西人 太延中 以事入宮 世祖選乳高",『魏書』卷13 皇后列傳第1, 景穆恭皇后郁久閭氏, 文成昭太后常氏傳, p. 327.

40 "顯祖卽位 尊爲皇太后 … 誅(乙)渾 遂承臨朝聽政 … 承明元年 尊曰太皇太后 復臨朝聽政",『魏書』卷13 皇后列傳第1, 文成文明皇后馮氏, p. 328.

41 宮崎市定,「晉武帝の戶調式に就て」,『アジア史研究(第一)』, 京都, 同朋舍, 1975.

→권과농경勸課農耕(할당지액割當地額 및 할당생산량의 부과)→생산독려→양교수입量校收入→전최殿最→(엄기嚴加)상사賞賜라는 일련의 엄격한 통제행위구조 속에서 '계구수전'이 가지는 진의를 파악해야 한다고 본다.[42] 즉 북위 초기에 실시된 '계구수전'의 특징은 '균분'에 있었다기보다 '탄파攤派(할당=배당=allotment/ assignment)생산', 즉 최대량의 자원을 생산하는 정책에 있었던 것이다. 즉 계구수전은 한대[43] 혹은 서진 시대[44]에 실시된 '계구이전計口而田' 정책과는 다른 것이었다. '계구이전'은 빈민 구제를 위한 토지지급 정책이었다. 중국 전통 사상에서의 균분이란『논어論語』의 "불환과不患寡 이환불균而患不均"에서도 보듯이 '균분', 즉 균등분배에 중점을 둔 것이었다. 그러나 북위는 '균분'보다 많은 생산을 통해 '국부國富'를 이루는 것을 목표로 삼았다. 그래야만 통치자로서 지위를 이어갈 수 있다고 본 것이다. 그런 면에서 계구수전제의 특징은 '균분'에 있었다기보다 다량의 '할당생산'에 중점을 두었다는 점이다. 그러기 위해 ① 생산지 · 생산물 · 생산량을 배당한 후 ② 생산과정에서 철저한 감독체제를 확립하고, ③ (생산)결과에 대해 철저하게 상벌賞罰을 행사하는 것이다. 그러나 이 '계구수전제'는 실시 지역과 실시 기간의 국한성 문제로『위서』에 사료로서 단지 5차례만 나올 뿐이었다.

'계구수전'은 주로 사민徙民에 의해서 행해졌기 때문에 실시대상 지역도 주로 도성 지역에 한정되었다. 즉 사료에서는 "이충경사以充京師"라거나 "사徙 … 우대도于代都"라는 형식으로 표현되고 있다. 그 사민 지역은 태조太祖 시기에는 경사京師인 '대도代都(평성平城)'였다가 태종太宗 이후에는 '대령大寧', '대령천大寧川' 등 경기京畿지방[45] 밖의 외곽지대로 확대된다. 그렇지만 계구수전제는 일정 지역에 한정되었기 때문에 보편적으로 실시된 '제도'가 아니라 하나의 '사건'으로 볼 수가 있다. 한대의 '계구이전'이 빈민(편호編戶)에 해당되었다면 북위의 계구수전민은 사민의 일부인 '신민新民'으로 특수민이었다. 사민의 일부인 백공기교百工伎巧가 특수민으로 취급되듯이 계구수전의 특징은 ① 북위 초기의 한정된 시기에 실시되어 그 실시 기간의 '잠시성暫時性(한시성)'이 드러나며 ② 실시 지역도 최대로 경기지역이어서 '(국부)지역성'이며, ③ 특수민에 한정되어 있어 왕조의 보편적인 제도로서 전환할 필요가 있었다. 즉 시간적으로 장기간, 지역적으로 전 국토, 그리고 전 인민 대상으로 전환할 필요가 있었다. 다만 '계구수전제'는 국가가 필요로 하는 산물을 생산자(사민)들에게 할당하여 국부를 달성하려 한 독과제督課制였다. 이런 생산체제를 확립할 수 있었던 것은 정복왕조에서만 가능한 일이었다.

2. 계구수전제에서 균전제로

437년 북위 3대 태무제의 화북華北 통일로 정복전쟁은 종식되었다. 그럼으로써 ① 사민의 공급이 중단되었다. 따라서 황제의 통치 자원을 사민에만 의존하는 것은 불가능하게 되었다. ② 또한 통치 지역이 확대되고 대상민이 수적으로 증가되었다. 계구수전제라는 전제로만 실시하기는 불가능하게 되었다. 즉 계구수전제는 고식적姑息的이고 임시방편적인 제도였다. 여기에 보편적인 제민지배齊民支配의 틀을 마련할 필요가 생겼다. 이 과정은 중원 국가로 확대하기 위해서는 불가결한 정책이었다. 즉 계구수전에서 균전제로의 전환은 '근거지로서의 경기경영체제京畿經營體制'[46]에서 전국적 · 보편적 · 일원적 지배체제로 확대 · 전환한다는 것을 말한다. 그러나 그것은 경기지역의 중점적 경영으로 산출된 역량을 바탕으로 하여 지배영역을 확대·통제하는 형태였다.[47]

그렇기 때문에 계구수전제의 방식이 그 기초가 될 수밖에 없었다. 그 전환과정에서 먼저 ① 공종恭宗의 '과전제課田制'가 실시되었다. 그러면 과전제는 어떤 전제인가? 공종의 말을 빌리면 농農 · 포圃 · 공工 · 상商 · 목牧 · 빈嬪 · 형衡 · 우虞 등이 그 생산과정에서 각각 구별되어 부려지는데 그 논리적 근거는『주서周書』(즉『주례周禮』)에 있다고 하였다.[48] 그렇다면 이것은 중국 전통적인 분업체계인가? 아니면

42 朴漢濟,「北魏 均田制成立의 前提-征服君主의 資源確保策과 督課制-」,『東亞文化』37, 1999, pp. 43-46.

43 "計口而給其田宅"("郡國大旱 蝗 青州尤甚 民流亡 安漢公四輔三公卿大夫吏民為百(姓)困乏獻其田宅者二百三十人 以口賦貧民 師古曰 計口而給其田宅",『漢書』卷12 平帝紀, 元始二年, p. 353) 혹은 "計口而爲井田"("(王)莽曰 … 漢氏減輕田租 三十而稅一 常有更賦 罷癃咸出 而豪民侵陵 分田劫假 厥名三十稅一 實什稅五也 父子夫婦終年耕芸 所得不足以自存 故富者犬馬餘菽粟 驕而為邪 … 貧者不厭糟糠 窮而為姦 俱陷于辜 刑用不錯 予前在大麓 始令天下公田口井 師古曰 計口而為井田",『漢書』卷19中 王莽傳, pp. 4110-4111) 등의 용례가 있다.

44 "(王裒)家貧 躬耕 計口而田 度身而蠶 或有助之者 不聽 諸生密為刈麥 裒遂棄之 知舊有致遺者 皆不受 門人為本縣所役 告裒求屬令",『晉書』卷88 孝友, 王裒傳, p. 2278.

45 "東至代郡 西及善無 南極陰館 北盡參合 爲畿內之田",『魏書』卷110 食貨志, p. 2850.

46 閔斗基,「前漢의 陵邑徙民策」,『歷史學報』9, 1957.

47 朴漢濟,「中國歷代首都의 類型과 社會變化-唐宋變革期를 中心으로-」,『歷史와 都市』, 서울大學校出版部, 2000, pp. 49-68.

호족정복국가胡族征服國家의 할당제인가이다.[49] 과전제는 계구수전제에서 균전제로 이행의 중간단계인데 그 운영방식은 "유사有司가 가별구수家別口數를 열거하고 권종勸種하는 경무頃畝에 부목簿目을 명립明立하고 소종자所種者는 지수地首에다 성명姓名을 표제標題하여 파식지공播殖之功을 이변以辨한다."라는 것이다. 이것은 바로 할당생산제의 특색 그것이었다. 즉 계구수전의 경영방식을 그대로 따른 것이다.

그 후 효문제孝文帝 시기에 일련의 개혁이 행해졌으니 경기지역과 다시 편입된 광대한 강역疆域에 대한 이원적二元的 지배체제를 극복하고 일원적一元的 지배체제를 구축해 가는 과정이었다. 이는 제도의 이완弛緩 현상을 제지하려는 것이었다. 그리하여 ① 효문제 태화太和 원년의 "일부치전사십무一夫治田四十畝" 조치가 나오게 되었다.[50] "중남이십무中男二十畝"라는 규정에서 연령과 급전량給田量의 규정이 나타났으니 이는 서진의 점·과전제 영향이었다. ② 태화 11년(487)에 한기린韓麒麟은 상주上奏를 통해서 평성 경기지역에 다시 '계구수전'의 실시를 주장했다.[51] 이는 이완을 거듭해 온 계구수전제를 재정비하여 다시 실시할 것을 주장한 것으로 ③ 효문제 태화 9년(485)에 반포된 "균전조均田詔"와 ④ 태화 20년에 반포된 조칙에서 나타난다. 즉 "타업자신이초달惰業者申以楚撻"하고 "역전자구이명문力田者具以名聞"이라 하여[52] 계구수전제의 정신, 즉 배당 – 감독 – 전최殿最의 형식이 그대로 유지된 것이었다.

계구수전제는 특수 사민을 대상으로 특수지역인 '수도·경기지역'에 실시된 제도였지만 균전제는 전 백성, 전 지역으로 확대된 것이다. 그러나 시행방법과 지향정신은 계구수전제와 동일하였다. 균전제의 실시의 명분은 균분과 이재민 발생의 방지("권과농상勸課農桑 흥부민지본興富民之本"[53])라지만 실제의 목적은 땅에 백성을 긴박緊迫시켜 생산 이득을 최대화를 노린 것이다. 즉 "무령인유여력無令人有餘力 지유유리地有遺利"[54]가 바로 그것이다.

계구수전에서 과전으로 다시 균전제로 전개되면서 '독과제' 운영의 실상은 어떠하였는가? '독과'하는 제도적 장치(감독관)는 '팔부수八部帥(팔부대부八部大夫)'에서[55] '유사有司'로[56] 다시 '린隣'·'리里'·'당黨'의 삼장三長을 통하여 행해졌다. 독과는 '팔부수'(팔부대부)가 담당하였으니 팔부대부의 직책은 "권과농경勸課農耕, 양교수입量校收入, 이위전최以爲殿最"하는 것이었다. 「식화지食貨志」에는 '팔부수'라 하고 「태조기太祖紀」에는 '둔위屯衛'[57]라는 군사조직이었다가 공종의 과전제로 제도화되었다. '유사'는 목수령장牧守令長(수재守宰)으로 감독 소홀 시에는 면관되었다. 즉 "수재부독찰守宰不督察, 면소거관免所居官"[58]이라는 감독관의 제재·처벌이 그것이다.

48 "初 恭宗監國 曾令曰 周書言 任農以耕事 貢九穀 任圃以樹事 貢草木 任工以餘事 貢器物 任商以市事 貢貨賄 任牧以畜事 貢鳥獸 任嬪以女事 貢布帛 任衡以山事 貢其材 任虞以澤事 貢其物 其制有司課畿內之民 使無牛家以人牛力相貿 懇殖鋤耨 其有牛家與無牛家一人種田二十二畝 償以私鋤功七畝 如是爲差 至與小老無牛家種田七畝 小老者償以鋤功二畝 皆以五口下貧家爲率 各列家別口數 所勸種頃畝 明立簿目 所種者於地首標題姓名 以辨播殖之功 又禁飮酒雜戱棄本沽販者 墾田大爲增闢",『魏書』卷4下 世祖紀下, pp. 108-109.

49 전통시대 중국인에 의해 균분이나 경세輕稅의 표본으로 칭송되어 온 정전제井田制도 서주西周의 은殷 정복 후, 정복민으로부터 가혹한 수취를 위한 토지정책이었다고 보는 학자도 있다.(Wolfram Eberhard, *Conquerors and Rulers : Socal Forces in Medieval China*, E. J. Brill Leiden, 1970, p. 35)

50 "詔曰 … 一夫制治田四十畝 中男二十畝 無令人有餘力 地有遺利",『魏書』卷7上 高祖紀 上 太和元年(477) 三月條, p. 144.

51 "太和十一年 京都大饑 麒麟表陳時務曰 … 今京師民庶 不田者多 遊食之口 三分居二 蓋一夫不耕 或受其飢 況於今者 動以萬計 … 制天下男女 計口受田 宰司四時巡行 臺使歲一按檢 勤相勸課 嚴加賞賜 數年之中 必有盈贍 雖遇災凶 免於流亡矣",『魏書』卷60 韓麒麟傳, pp. 1332-1333.

52 "詔曰 … 其令畿內嚴加課督 惰業者申以楚撻 力田者具以名聞…",『魏書』卷7下 高祖紀下 太和二十年 五月 丙子條, p. 179.

53 『魏書』卷7上, 高祖紀 上, 太和 九年 冬十月 丁未 詔曰, p. 156.

54 『魏書』卷7上, 高祖紀 上, 太和 元年 三月 丙午 詔曰, p. 144.

55 유목민족과 사四와 팔八의 문제: 후조後趙의 석륵石勒의 단우대單于臺에 소속된 금위군禁衛軍은 경읍京邑의 사문四門 혹은 네 방향을 수비=사군四軍과 사수四帥. 석륵은 선문宣文·선교宣敎 등 10여 소학小學을 양국襄國 사문에 증설, 선발된 자제子弟가 사문의 소학에서 수업; 사와 팔이 군대 조직=부견苻堅은 "사수四帥의 자제 3천호戶를 나누어, 부비苻丕의 업鄴에 진속鎭屬시켰다"("分四帥子弟三千戶 以配苻丕鎭鄴",『晉書』卷113 載記13 苻堅上, p. 2903)고 했고, 요흥姚興은 "대영호大營戶를 사분四分하고, 사군四軍을 설치하여 그것을 관할하게 하였다."("分大營戶爲四 置四軍以領之",『晉書』卷117 姚興載記上, p. 2976). 북위에서는 "황성皇城의 사방四方·사유四維에 팔부대부를 설치하고 각 방향에 1인을 배치하였으며, 이를 팔좌八座에 비견하여 팔국八國이라 하였다."("(天興元年 十二月)置八部大夫…(其八部大夫)於皇城四方四維 面置一人 以擬八座 謂之八國",『魏書』卷113 官氏志, p. 2972)고 하였다. 사·팔은 모두 4개 혹은 8개 방향을 수위하는 군대를 가리킨다. 후주後周의 팔주국八柱國과 청조淸朝의 팔기八旗의 원리는 이와 같다.

56 "其制有司課畿內之民 使無牛家以人牛力相貿 懇殖鋤耨 … 各列家別口數 所勸種頃畝 明立簿目 所種者於地首標題姓名 以辨播殖之功",『魏書』卷4下 世祖紀下, pp. 108-109.

57 "車駕自中山幸繁時宮 更選屯衛 詔給內徙新民耕牛 計口受田",『魏書』卷2 太祖紀 天興 元年(398) 二月條, p. 32.

58 "(延興三年 二月) 癸丑 詔牧守令長 勤率百姓 無令失時 同部之內 貧富相通 家有兼牛 通借無者 若不從詔 一門之內終身不仕 守宰不督察 免所居官",『魏書』卷7上 高祖紀上 p. 138.

다음은 삼장제三長制의 출현과 관련된 문제이다. 삼장제는 균전제와 표리관계에 있는 촌락제도로 삼장제의 실시는 종주독호제宗主督護制의 폐지를 전제로 하여 시작되었다. 즉 "오십삼십가방위일호五十三十家方爲一戶"와 같은 "민다음모民多蔭冒"와 "음부蔭附" 현상을 불용한다는 측면에서 삼장제가 출현하였다.

북위 초에서 균전제 실시 전까지의 기간은 북위정부와 한인 위주의 종주호강宗主豪强 사이의 모순 · 갈등의 시대였다. 즉 이 양자 간의 부세賦稅와 인구의 쟁탈과정이었다. 기존의 세제는 '종주독호제宗主督護制'가 시행되어 50 · 30가家가 1호戶로 계산되는 현실이었다. 즉 종주宗主의 빈민에 대한 수탈을 용인하는 제도였다. 그러나 삼장제가 실시되어 "균요성부지익均徭省賦之益"[59]하고 "정승井乘"[60] · "정부定賦"[61]하게 되었던 것이다. 그러는 배경에는 화북이 통일되어 정복전쟁이 종식됨으로써 외부로 부터의 약탈이 단절되었다. 이로써 북위왕조는 중원지구의 부세賦稅 수입에 의존하게 되었다. 이런 과정에서 삼장제가 출현하게 되었다.

그러면 삼장제는 중앙정부의 이익만을 대변한 것이었느냐? 삼장三長은 "장취향인강근자長取鄕人强謹者"[62]로 선발되었기 때문에, 즉 "강强(세력가)"하고 "근謹(북위왕조에 복종자)"이었기 때문에[63] 삼장제는 종주호강宗主豪强(한)과 북위 정부(호)의 타협의 합작품이라 할 수 있다. 즉 한족적인 제도를 유목민족 등 외래인까지 포함하여, 전국적으로 확대 재편성한 것으로 균전제라는 할당생산제의 보조장치였다. 여하튼 균전제의 출현은 계구수전적인 배당생산제配當生産制(호족적 · 정복적)를 계승 · 정비한 것으로 피정복자(중원 한족)의 오랫동안의 희망인 '균분'의 혼합한 결과물이었다. 호한혼합의 전제였다. 즉 호한체제라고 할 수 있다.

다시 말하면 균전제는 ① "권과농상勸課農桑, 흥부민지본興富民之本"[64]의 권농과 ② 노동력과 땅을 헛되이 놀릴 수 없다는("무령인유여력無令人有餘力 지유유리地有遺利" 혹은 "토불광공土不曠功 민망유력民罔游力"[65]) 시행정신으로 한족 왕조의 근농정책勤農政策과 다른 것이었다.[66]

균전제의 내용을 보면 균전 법규상에 상전桑田 20무畝에 뽕나무桑 50수樹, 대추나무棗 3주株, 느릅나무楡 3근根의 경작을 강제로 할당하고[67] 위반 시 상응하는 벌칙을 두었다.[68] 이런 작물별 생산을 위해 '상전' 등 전토를 하나하나 구별한 것은 중국 역사상 북위 시대가 처음이었다. 그리고 민民의 구사 원칙은 '분分과 예藝', '역力과 업業'의 상칭相稱에 두었다.[69] '역'과 '업'을 합치시키는 것은 중국 고래의 전통이었다. 그러나 '분'과 '예'의 합치는 이 시대에 강조된 독특한 정책이었다.[70] 1개個 보통농호(1정호丁戶)에게 뽕나무(혹은 마麻) 등 경작을 배당하여 생산하게 하는 강제 규정은 북위~당대唐代까지의 균전령均田令에 규정되어 있다.[71]

59 『魏書』卷53 李沖傳, p. 1180.

60 '정승井乘으로 부賦를 정한다': [井乘] 古代按甸(六十四井)爲單位來攤派軍賦。左傳成公元年'作丘甲'孔穎達疏引'司馬法'曰: 甸六十四井 出長轂一乘 馬四匹 牛十二頭 甲士三人 步卒七十二人 戈楯具 謂之乘馬。

61 『魏書』卷110 食貨志, p. 2855.

62 "魏初不立三長 故民多蔭附 蔭附者皆無官役 豪强徵斂 倍於公賦 十年 給事中李沖上言 宜準古 五家立一隣長 五隣立一里長 五里立一黨長 長取鄕人强謹者 隣長復一夫 里長二 黨長三 所復復征戍 餘若民 … 書奏 諸官通議 稱善者衆 高祖從之 於是遣使者行其事 乃詔曰 夫任土錯貢 以通有無 井乘定賦 所以均勞逸 有無通則民財不匱 勞逸均則人樂其業", 『魏書』卷110 食貨志 p. 2855.

63 李凭, 「論宗主督護」, p. 407.

64 "今遣使者 循行州郡 與牧守均給天下之田 還受以生死爲斷 勸課農桑 興富民之本", 『魏書』卷7上 高祖紀 上 太和九年 十月 丁未條, p. 156.

65 "丙午 詔曰 … 無令人有餘力 地有遺利", 『魏書』卷7上 高祖紀 上 太和元年(477) 三月條, p. 144; "安世乃上疏曰 … 蓋欲使土不曠功 民罔游力", 『魏書』卷53 李孝伯傳 附 安世傳, p. 1176.

66 "균전제가 농민을 토지에 속박하였던 것과 같이 이방제里坊制도 도시주민에 대한 유효한 제어였다."라고 하여 균전제와 도성의 방장제坊牆制를 동일한 성격의 제도로 보고 있다. 齊東方, 「中國古代都城の形態と機能」, 舘野和己編, 『古代都城のかたち』, 東京, 同成社, 2009, p. 163.

67 "諸初受田者 男夫一人給田二十畝 課蒔餘 種桑五十樹 棗五株 楡三根 非桑之土 夫給一畝 依法課蒔楡棗 奴各依良 限三年種畢 不畢 奪其不畢之地 於桑楡地分雜蒔餘果及多種桑楡者不禁". 『魏書』卷110 食貨志, p. 2853.

68 "諸應還受之田 不得種桑楡棗果 種者以違令論 地入還分", 『魏書』卷110 食貨志 p. 2853.

69 "令分藝有準 力業相稱", 『魏書』卷53 李孝伯傳 附 李安世傳, p. 1176.

70 '역'이란 노동력, '업'이란 토지를 가리킨다. '분'은 개인에게 배당한 토지(분지分地 혹은 분전分田), '예'란 배당된 농작물을 말한다. 陳連慶, 『魏書食貨志校注』, 長春, 東北師範大學出版社, 1999, p. 276.

71 그 형태는 북위와 비슷하다. "永業之田 樹以楡桑棗及所宜之木", 『文獻通考』卷2 歷代田賦之制, 所引 武德七年 均田令.

균전제 하의 주된 생산물은 비단, 마포麻布, 유엽楡葉과 유피楡皮, 조실棗實이었다. 이들은 할당 생산되었다. 왜 이런 생산물이 필요하였던가? 비단은 최고 수익의 농업생산으로 균전제는 비단생산을 위한 토지제도라 해도 과언이 아니었다. 뽕나무의 재배 강제 이유는 먼저 ① 유목민의 견 수요가 많았다는 점이다. 북방 유목민족과의 무역이 '견마무역絹馬貿易'이었듯이 북방 유목 지역에서 비단 소비가 많았다. 유목민족의 의복은 주로 가죽옷이지만 그것은, 지위의 상하 구별이 곤란했다. 그러나 가한可汗은 그 지위를 나타내기 위해 비단에 금金으로 상감을 한 옷을 입었다. 그리고 가한의 친정親征 시의 약탈품 중에 항상 비단이 주된 종목이었고 하사품도 비단이 주였다. 유목민들의 재부財富의 상징(비단과 도자기 · 보석[진주珍珠])의 하나였다. 가한이 주최하는 유목민들의 대연회大宴會("지손只孫")에 많은 비단이 필요했다. 가한은 쿠릴타이의 참석자에게 동일한 옷을 입도록 비단을 하사하였다.[72] 텐트(Ger;포包)의 재료가 비단이었다. ② 비단이 동서무역의 중요 교역품이었다는 점이다. 동로마제국의 비단 수요는 동서무역로를 '사주지로絲綢之路', 즉 'Silk Road'라 불리게 하였다.

마포는 서민의복(갈褐)을 위한 것이었고, 느릅나무는 목재가 견실해서 기물器物 · 건축용으로 쓰였다. 유엽 · 유피는 식용과 약용으로 쓰였다. "하북인호식유엽河北人好食楡葉"[73]이라 하듯이 한대 흉년 시에는 구황식품으로 쓰였다.[74] 현재 산시山西 지방에서는 유엽 · 유피가루와 밀가루를 보태서 국수를 만든다. 조실은 북방지역의 유일한 과일로서 크기가 엄청 컸다. 남방식품(감자甘蔗)[75]과의 차이가 있다.

결론

유목을 일삼던 선비 탁발부가 남천을 감행한 것은 도읍을 정하여 유목생활을 포기하고 정주생활을 하기 위한 결정이었다. 이런 의지는 남천 과정에서 확인되었다. 특히 정주는 시조始祖 역미力微가 부락(군장)대인에게 선언한 원칙이었다. 그리하여 서기序紀 시대는 탁발황제의 정주파定住派와 부락(군장)대인의 유목파의 투쟁시기가 전개되었다.

이런 두 세력의 투쟁은 정주파인 황제세력이 북위 왕조를 세움으로써 우위를 점하게 되었다. 그리하여 부락(군장)대인의 권력 기반인 부락을 해산시키는 조처로 표현되었다. 그러나 황제파의 승리는 부락 해산으로써 완전히 획득된 것은 아니었다. 여전히 대인의 권력 기반인 부락은 여전히 북위 말까지 존속하고 있었기 때문이다. 즉 부락대인들은 서로 연합하여 황권에 도전하였다. 그와 동시에 황권 강화를 위해 여러 가지 조처를 취하였다. 북위 시기에 실시된 장자계위제長子繼位制와 입사후살기모제立嗣後殺其母制(자귀모사子貴母死) 등의 채용은 부락대인이 가지는 종실 개입자로서의 권한을 제약하기 위한 방책이었다.

북위가 중원 왕조로서 확립된 것은 북위 왕조가 시행한 균전제均田制 결과였다고 할 수 있다. 균전제는 북위 왕조가 창안한 독특한 전제田制였다. 이 제도는 흔히 이해하듯 한 왕조가 추구한 균분을 목표로 한 전제가 아니었고, 북위 왕조가 건축과정에서 실시한 피정복민(유목 · 한족 포함)에 대한 독과제인 계구수전제計口受田制를 계승 · 확대한 제도였다. 만약 균전제가 한족 전통만을 이은 것이라면 남조 여러 국가에서 계승되었을 것이 당연하다. 그러나 균전제는 북위 이후 당대唐代까지 실시된 전제였다. 균전제는 균전민에게 경작할 작물의 종류를 배당하고 경작과정을 철저하게 감시하며 그 수확량의 조사를 통해 그 수확의 대가에 따른 상을 매기는 제도였던 것이다.

72 "只孫宴服者 貴臣見饗於天子 則服之 今所賜絳衣 是也",『輟耕錄』卷30「只孫宴服」, 臺北, 世界書局, 1978, p. 463; "質孫 漢言一色服也 內庭大宴則服之 冬夏之服不同 然無定制 凡勳戚大臣近侍 賜則服之 下至於樂工衛士 皆有其服 精粗之制 上下之別 雖不同 總謂之質孫云",『元史』卷78 輿服志1「冕服 質孫」, p. 1938.

73 "先是 河南人常笑河北人好食楡葉",『魏書』卷14 神元平文諸帝子孫 天穆傳, p. 355.

74 "至河平元年三月 旱 傷麥 民食楡皮",『漢書』卷26 天文志, p. 1310.

75 "甘蔗只生於南方 北人嗜之 而不可得 魏太武至彭城 遣人於武陵王處求酒及甘蔗",『容齋隨筆』卷2「北人重甘蔗」.

백제와 북위

박순발
충남대학교

Ⅰ. 탁발선비의 국가 형성

1. 선비의 기원

고대사에서 종족의 차이는 문헌사료 등에 명확한 관련 기록이 남아 있는 경우에는 파악될 수 있지만, 그렇지 않은 경우 고고자료만으로 접근하는 데는 한계가 있다. 종족성Ethnicity의 인식 토대에는 일정한 객관적 조건과 같은 원생적原生的 성격의 요소도 있지만 다양한 배경에서 비롯된 자기 규정적 요소가 작용할 수 있기 때문이다(Sian Jones, 1997: 65~79).

문화는 일정한 범위의 사람들에 의해 공유되는 규범과 같은 것이어서 특정 단일 문화를 소지하는 사람들의 행위에는 유사성이 많고 그에 따라 그러한 문화행위에 수반되는 물질자료 상에도 일정한 동질적인 정형성이 있다. 이것이 바로 종족성 문제에 접근하는 고고학적 방법의 전제적 타당성의 근거이기도 하다. 물질자료 상에 관찰되는 양식樣式 상에서 관찰되는 정형성을 통해 고고자료의 시간적 · 공간적 위치를 결정하는 일은 고고학의 기초를 이루고 있지만, 종족성이라는 것이 본질적으로 특정 상황에 처한 사람들의 인식認識이나 생각Idea이므로 이에 대한 고고학적 접근 자체가 방법론적 제약을 벗어나기 힘든 것이 사실이기도 하다.

비록, 고고자료에서 관찰되는 양식상의 특정 정형성을 근거로 연문화적連文化的 종족성 구별이 가능하지는 않을지라도 구체적인 사회적 · 역사적 맥락 속에서는 그러한 방법은 유의미하다는 것도 인정된다(朴淳發, 2006). 이런 관점에서 선비鮮卑라는 특정 종족의 기원 문제를 문헌사학과 고고학의 관련 연구 성과를 통해 접근해보는 방법론적 타당성을 가질 수 있을 것이다.

선비의 족원族源을 밝히는 일은 문헌사료와 고고자료를 종합해 보아야 하는 것이므로 용이하지 않을 뿐 아니라 지금까지 축적된 관련 연구 내용도 많아 비교적 최근의 연구 내용(孫危, 2007; 倪潤安, 2011; 王禹浪 · 許盈, 2015)을 중심으로 살펴보고자 한다.

우선, 관련 문헌사료를 먼저 보면 다음과 같다.

① 선비 또한 동호東胡의 나머지다. 따로 선비산에 의지하여 보전한 데서 그 이름이 나왔다. 선비는 흉노 묵특선우에게 공파되어 멀리 요동새외로 달아난 이후 다른 나라와 각축하지 않아, 그 이름이 한나라에 알려지지 않았지만, 오환과는 서로 접하고 있었다. 후한 광무제 때 이르러 남·북흉노가 다시 서로 공벌하여 국력이 손상됨에, 마침내 선비가 흥성하였다(『삼국지三國志』권30 위서 · 선비전 배송지 주에 인용된 왕심王沈, 『위서魏書』).[1]

② 선비는 역시 동호의 한 가지다. 별도로 선비산에 의지하여 살았기에 선비라 한다. …서한 초에 흉노 묵특선우에 의해 격파되어 멀리 요동새외로 달아나, 오환과는 서로 접하였지만 중국과는 통하지 않았다. 후한 광무제 초에 흉노가 강성하여, 선비와 오환을 거느리고 북변을 침범하여 관리를 살해하고 약탈함에 편안한 해가 없었다(『후한서後漢書』권90 오환선비전).[2]

③ 그 선조는 웅씨의 후예로서, 대대로 북이北夷로 살면서, 그 도읍은 자몽지야紫蒙之野에 두니, 동호라 부른다. 그 후 흉노와 같이 번성하여 활을 쏘는 군사가 20여 만이나 되었다. 풍속이나 관호는 흉노와 비슷하다. 진한秦漢 교체기에 흉노에 패하여 나뉘어 선비산에서 보전하니 이름을 선비라 하였다(『진서晉書』권108 모용 재기).[3]

왕심의 『위서』는 조위曹魏의 국사國史로 편찬된 것이지만 유송劉宋 배송지의 주에 인용된 부분만 남아 전한다. 『후한서』도 유송의 범엽范曄(398~445)에 의해 편찬된 것으로, 이들은 비교적 선비 활동 시기와 가까운 시기의 인식을 전하고 있어 선비 기원을 논함에 있어 중요시되어야 한다. 내용은 공히 선비를 동호의 후예로 기술하고 있다. 『한원翰苑』 번이부蕃夷部 선비조 주에 인용된 서진西晉 사마표司馬彪의 『속한서續漢書』도 "선비는 또한 동호의 가지로서 따로 선비산에 의지하였으므로 선비라 부른다(鮮卑者 亦東胡之支也 別依鮮卑山 故因號焉)."라고 하여 내용이 다르지 않다.

한편, 당唐 초에 편찬된 『진서』에서는 선비의 원류인 동호에 대해 북이로 이해하고 그 도읍을 구체적으로 "자몽지야"라 하여 동호의 기원과 추이를 파악하는 데에 중요한 자료가 된다.

'동호'라는 이름이 처음 보이는 것은 전국 문헌인 『일주서逸周書』 왕회편王會篇에서다. 선진先秦 시기의 문헌인 『산해경山海經』권11 해내서경海內西經에는 "동호는 대택의 동쪽에 있고, 이인은 동호의 동쪽에 있다(東胡在大澤東 夷人在東胡東)."라고 하여 동호의 위치를 대략적으로 언급하고 있다. 그 후 당 사마정司馬貞(679~732)의 『사기史記 · 색은索隱』에는 "흉노의 동쪽에 있어 동호라고 한다(在匈奴東 故曰東胡)."라고 하였다.

이러한 기록의 내용으로 보아 동호는 흉노 동쪽에서 활동한 여러 종족들을 의미하는 범칭이므로 '동호계東胡系'라는 용어를 쓰기도 한다. 동호계 족단은 기원전 206년 무렵 흉노 묵특 선우의 공격을 멀리 요동으로 달아나게 되는데, 이때 남쪽의 오환산烏桓山에 입거한 세력과 북쪽의 선비산鮮卑山으로 들어간 세력으로 크게 나뉘었다. 전자를 '동호남지東胡南支' 후자를 '동호북지東胡北支'라 한다. 남지 동호는 오환과 남선비로서 후대의 거란契丹으로 이어지고, 북지 동호는 북선비로서 후대의 실위室韋 · 몽골蒙古로 그 맥이 이어지는 것으로 이해되고 있다. 동호남지의 후예는 대부분 남천南遷하여 최종적으로 한인漢人과 동화되었으나, 동호북지는 다시 북선비처럼 "흉노고지匈奴故地"에서 중원으로 내려와 한족과 동화한 집단과 실위처럼 몽골고원으로 서천西遷하여 몽골족이 된 집단으로 나뉜다(張久和, 1990).

이상의 문헌사료를 통해 선비의 원류로서 동호 족단의 대략적인 근거지 및 변천상을 짐작할 수 있다. 동호의 대략적인 활동무대는 남으로는 다링허강大陵河 유역에서부터 시라오허강西遼河 상류인 시라무룬허강西拉木倫河 및 라오하허강老哈河 유역, 그리고 그 북쪽 다싱안링大興安嶺 서북쪽의 대택大澤, 즉 후룬베이얼호呼倫貝爾湖 일대까지 광활한 범위로 나타난다. 이제 이를 구체화적으로 살펴보기 위해서는 고고자료를 통한 접근이 필요하다.

1 "鮮卑亦東胡之余也 別保鮮卑山 因號焉 … 鮮卑自爲冒頓所破 遠竄遼東塞外 不與余國爭衡 未有名通于漢 而自與烏桓相接 至光武時 南北單于更相攻伐 匈奴損耗 而鮮卑遂盛", 『三國志』卷30 魏書 · 鮮卑傳 裴松之注所引, 王沈, 『魏書』.

2 "鮮卑者 亦東胡之支也 別依鮮卑山 故因號焉 … 漢初 亦爲冒頓所破 遠竄遼東塞外 與烏桓相接 未常通中國焉 光武初 匈奴强盛 率鮮卑與烏桓寇抄北邊 殺略吏人 無有寧歲", 『後漢書』卷90 烏桓鮮卑傳.

3 "其先有熊氏之苗裔 世居北夷 邑于紫蒙之野 號曰東胡 其後與匈奴幷盛 控弦之士二十餘萬 風俗官號與匈奴略同 秦漢之際爲匈奴所敗 分保鮮卑山 引以爲號", 『晉書』卷108 慕容 載記.

동호와 관련된 고고학 문화로 그간 논의되어 온 것은 하가점상층문화夏家店上層文化였다. 요서 지역의 네이멍구 닝청현寧城縣 난산건南山根 등 청동기시대 유적으로 대표되는 이 문화는 축목과 농업을 생계경제로 하는 것으로서 기원전 10세기 전후~기원전 8세기 무렵에 전성기를 이루고 있다. 이 문화의 동검은 자루와 검신이 통째로 주조된 것이 주를 이루는데, 검신 가운데는 요동 지역의 비파형동검과 같은 것도 섞여 있다. 그간 연대 비정의 차이에 따라 하가점상층문화의 비파형동검형 검신이 요동 지역의 비파형동검보다 먼저 출현하였다는 견해가 1980년 중반부터 제기되었으나, 그 이후 요동의 이른바 곡인단검문화曲刃短劍文化가 요서 지역의 그것보다 이르다는 사실이 밝혀졌다. 이로써 하가점상층문화의 곡인단검은 그 동쪽의 요동 지역에서 다링허강 유역으로 들어간 뒤 다시 그 영향으로 등장한 것으로 보게 되었다.

요동의 비파형동검문화는 요동반도 지역에서 형성되어 주변으로 확산된 쌍방문화雙房文化에서 시작된 것으로서, 한 갈래가 선양沈陽 정가와자鄭家窪子유형으로 대표되는 요하 중류에서 융성하다가 다시 요서지역의 다링허강 · 샤오링허강小凌河 유역의 십이대영자十二臺營子유형으로 파급된 것이다(翟德芳, 1994).

요서 지방의 하가점상층문화는 대체로 춘추시대 중엽 전후 소멸되는데, 이 무렵은 문헌사료 상으로는 제齊 환공桓公의 산융山戎 정벌과 일치된다. 당시 산융의 중심지는 지금의 네이멍구 닝청현 일대로 추정되고 있는데, 이곳이 앞서 본『진서』에 나오는 "자몽지야"로도 비정되는 동호의 중심지가 되기도 한다. 결국 고고문화로서 하가점상층문화의 결속은 제의 산융 정벌이라는 역사적 사건과 연계 설명될 수 있다는 것이다. 그와 동시에 다링허 · 샤오링허강 유역을 중심으로 하는 비파형동검문화는 더욱 번성하기 시작하는데, 이는 요동 지역을 거점으로 하는 예맥계 문화로 보고 있다(翟德芳, 1994). 이로써 하가점상층문화 동호설은 이제 산융설로 대체되었다. 그렇다면 동호는 어디서 찾아야 할까.

이와 관련해 바로 다링허 · 샤오링허강 유역을 중심으로 하는 십이대영자유형의 후속 문화가 주목되었다. 춘추시대 조기 이전 요서 지역 일대에 분포하고 있던 곡인단검문화, 즉 비파형동검문화는 아마도 제 환공의 산융 공벌 시에 일정한 타격을 받았지만, 그 후 연燕나라는 이들에 대해 효과적인 지배를 할 여력이 없었다. 제의 공격 목표가 되었던 하가점상층문화의 산융이 소멸되는 공간으로 곡인단검문화가 확산되어 갔다. 제 환공의 공벌 과정에서 이산되었던 산융과 고죽孤竹 등의 잔여 세력들도 규합하여 마침내 지금의 베이징에서 전체 요서 지역에 이르는 지역에 걸친 세력을 형성하였다. 그 서쪽의 백적白狄으로 불리는 호인胡人 세력과 병존하는 동호집단이 된 것이다. 이러한 동호계의 주체는 요동 지역에서 건너온 비파형동검 및 구연부에 점토띠가 부가된 점토대토기粘土帶土器 등으로 구성된 십이대영자유형(韓嘉谷, 1994) 혹은 능하凌河유형이다(付林 · 王立新, 2012).

선비의 원류가 된 동호의 고고문화를 이처럼 특정할 수 있다면, 이제 선비의 고고문화와 이를 비교해 볼 필요가 있을 것이다. 동호가 가장 먼저 타격을 받은 것은 기원전 300년 무렵으로 알려진 연나라 장수 진개秦開의 토벌이었다. 이로 인해 동호는 물론이고 그 동쪽의 예맥 · 고조선 세력도 동쪽으로 밀려나는 형국을 맞았다. 동호는 이때 더욱 북쪽으로 퇴각하였을 것인데, 그 구체적인 양상은 장차의 고고자료를 기다려야 할 것이다. 그러나 아마도 이 무렵과 관련시킬 수 있는 중요한 자료가 후룬베이얼박물원에 전시되어 있다. 후룬베이얼시 이민伊敏에서 출토된 비파형동검이다. 비파형동검이 이 지역까지 들어 올 수 있는 계기는 바로 동호의 북으로의 확산임에 틀림없는데, 동검의 형식으로 보면 중·후기의 늦은 단계이다. 공반유물을 알 수 없어 확실치는 않으나 대체로 전국시대 만기 무렵의 기원전 300년 전후로 볼 수 있는 〈그림 2〉의 다링허 · 샤오링허강 유역의 3기에 해당될 것이다.

<그림 1> 후룬베이얼박물원 소장 비파형동검 및 가셴동嘎仙洞 2문화층 토기

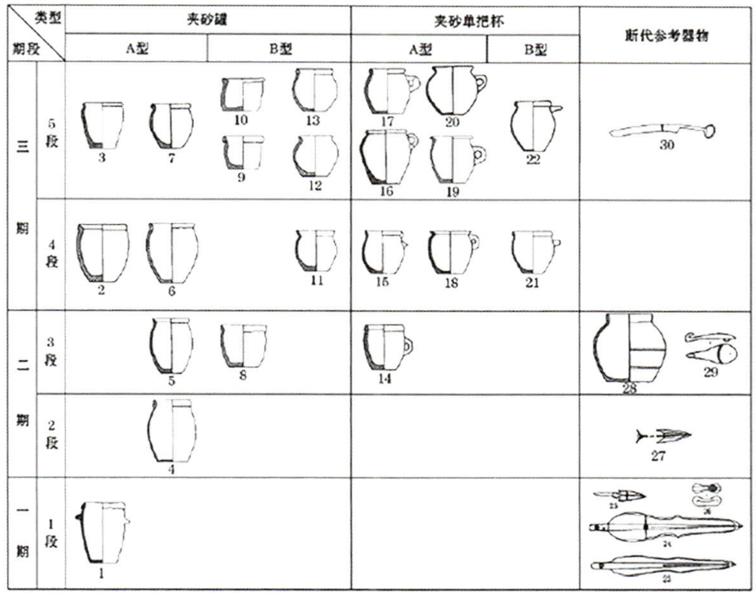

<그림 2> 다링허·샤오링허강 유역의 곡인단검문화 토기의 변천(付林·王立新, 2012)

2. 탁발선비의 남하

선비가 흉노와 더불어 중원의 북변을 구초寇抄하게 된 동한 초 그 이름이 사서에 등장하였다. 이는 또한 그 무렵 중원 한인의 인식에서 흉노와 구분되는 실체로서 선비라는 종족이 자리 잡게 되었음을 의미한다. 이때 종족, 혹은 중국학계의 용어로는 '민족民族'이 모두 문화적으로나 형질인류학적으로 자기 완결적으로 석출析出될 수 있는 그러한 성격의 것은 아니다. 비록 문화적 형질적으로 동일한 집단이었다 하더라도 다양한 시대적 상황이나 정치·사회적 이합집산에 따라 족속族屬을 달리하는 경우가 많기 때문에 그러하다.

동한 초 적어도 중원 정권의 시각에서는 하나의 범주로 인식되던 선비는 이후 각기 정치·사회적 통합을 진전시키면서 몇 개의 족속으로 구분되기에 이른다. 당대는 물론이고 후대의 사서에 그 존재가 남게 되는 것은 대개 그 정치체의 통합 수준이 추방사회酋邦社會(chiefdom) 이상인 경우로 생각된다. 의식주와 같은 문화 영역에서의 제일성齊一性이나 종교신앙적 영역에서의 동질성보다는 단일 정치·사회적 결사체에 소속되어 있다는 정체성이 족속 구분에 비중이 높기 때문이다. 그 결과 문헌사료에 의한 선비의 족속은 거의 대부분 국가 단계의 통합수준에 도달한 정치체 결성을 주도하였던 집단의 이름으로 대표되는 것들이다.

물론, 각 족속들이 정치체의 통합 수준을 제고해 가는 과정에서 동참하게 되는 집단들은 그들 간의 문화적 친연성이나 지역적 근접성이 상대적으로 높았을 것이다. 선비를 흔히 '동부선비東部鮮卑'와 '북부선비北部鮮卑'로 구분하는 것은 그런 사정과 관련이 있다.[4] 동부선비는 모용부慕容部·우문부宇文部·단부段部 등이 주요 세력인데, 모용부는 전연前燕(352~370)·후연後燕(384~407)·서연西燕(384~394)·남연南燕(398~410)·토욕혼吐谷渾(313~663)을, 우문부는 나중에 북주北周(557~581)를 건국하였다. 탁발선비는 북위北魏(386~534)를 건국하여 중원으로 내려와 16국 시대를 종식하고 북조를 통일하였다. 그런 만큼 군소 선비 부락들은 북위를 통해 대부분 탁발선비의 정체성을 획득하게 되었을 것이지만, 그 초기에는 독발부禿髮部가 남량南涼(397~414)을, 그리고 걸복부乞伏部는 서진西秦(385~431)을 각각 건국하였다.

4 동호의 이산이 남·북 두 갈래로 일어났고 그 결과 북지 동호는 이후 북지 선비로, 남지 동호는 남지 선비로 이어진다는 張久和(1990)의 경우가 문화적·지역적 구분의 예이다. 한편, 2세기 중엽 단석괴檀石槐가 통합한 군사연맹적 성격의 정치체에 참가한 동·중·서 3개의 부락의 주체는 각각 우문宇文선비·모용慕容선비·탁발拓跋선비로 비정되지만, 탁발선비가 주체가 되어 북위를 건국한 이후에는 탁발부의 위치를 기준으로 그 동쪽의 우문과 모용을 동부선비로 부르게 된 것으로 이해되고 있다. 韋正, 2009 참조.

처음 문화적 동질성을 토대로 일정한 범위의 사람들이 정치체를 결성하여 점차 정치 · 사회적 통합을 통해 사회복합도가 증가되는 과정에서 특정 족속의 사람들의 문화적 동질성은 그 비중이 낮아질 수 있다. 탁발선비도 그러한 과정을 거쳤을 것임은 당연하다. 국가 수준의 정치체를 성공적으로 결성하고 발전시킨 특정 종족 혹은 주도 세력은 대개 국가 성장의 어느 단계에 이르러 스스로의 역사적 정체성을 정리 · 공식화한다. 국사 편찬이 그것이다. 탁발선비 역시 북위를 건국한 뒤 50여 년 경과한 무렵 국사를 편찬한 것이다. 지난 일을 아름답게 꾸며 전하고 싶은 태무제太武帝 탁발도拓跋燾로 대표되는 탁발선비의 요구와 편수를 맡은 한족 출신 최호崔浩(381~450) 사이의 갈등은 그를 멸문지화로 몰아넣은 '국사지옥國史之獄'으로 귀결되기도 하였다. 이 무렵의 북위 건국을 주도한 탁발씨의 출자관出自觀이 바로 가셴동嘎仙洞 석실의 축문祝文이다.

축문의 내용은 가셴동에 석각된 것과 『위서』 예지禮志에 게재된 사이에 약간의 차이가 있으나 거의 같다. 예지에 실린 축문 관련 내용은 다음과 같다.

> 위나라의 선조가 살던 유도幽都, 우락후국의 서북방에 돌을 쪼아 만든 조종의 사당이다. 남천한 후 격원해졌으나, 태평진군 연간(440~451)에 오락후국이 견사·조헌하면서, '석묘는 예전과 같고, 백성이 바라는 바를 빌면 신험이 있다'고 전했다. 그 해에 중서시랑 이창을 보내 석실을 알현하고 천지에 고제하면서 황조와 선비를 배하였다. 축에 이르길, "천자 도가 삼가 이창李敞 등을 보내 준족(명마)·일원대무(소)로 황천의 신령에게 고합니다. 천지가 열린 이후 우리 황조에게 이 땅을 주었으니. 억년을 지나, 마침내 남천하여 조부께서 중원에 건국하였습니다. 흉악을 물리치고 사방의 경계를 세움에, 충인이 대업을 물려받아 덕이 두드러지지 않음에, 어찌 멀다고 머리 조아려 배알하지 않으리오. 구묘는 불훼 불망임을 앎에, 유유히 옛일을 회상하면서 여광을 맞습니다. 황조를 일으킨 이래 왕업이 흥하여 자손이 번창하고 다복을 맞으니 그 공이 크므로 감히 천신에 배향하면서, 자자손손 복록이 길게 이어지길 빕니다." 하였다. 창 등이 제사를 마치고, 자작나무를 잘라 세워 거기에 희생을 두고 돌아왔다. 후에 그 자작나무가 자라 숲을 이루고 그곳의 백성이 더욱 신을 받드니, 모두 위나라가 신령에 감응한 것이라 하였다. 석실은 남쪽의 대경과 4천 리 떨어져 있다.[5]

이처럼 탁발선비의 기원지가 다싱안링 북단, 지금의 몽골고원의 동북쪽 일대일 것이라는 점은 일찍부터 알고 있었다. 그 후 석실을 찾는 노력이 이어지고 그 결과 마침내 1980년 7월 미원핑이 태평진군太平眞君 4년(443)에 각석한 축문을 가셴동 동굴에서 찾아냄에 이르러 탁발선비의 기원지 문제는 모두 해결된 것처럼 보였다(米文平, 1981). 그러나 이는 어디까지나 탁발씨 스스로 인정한 조상들의 원주지原住地가 가셴동 일대라는 것일 뿐, 이곳이 곧 탁발선비의 발원지發源地라는 객관적인 사실을 말해주는 것은 아니라는 문제 제기가 이어졌다. 사실 5세기 전반 오락후국의 사신이 그들 지역에 내려오는 전승을 탁발씨에게 전했고, 탁발씨 스스로도 몰각하고 있었던 과거지사를 '석실'이라는 구체적인 공간을 통해 재구성한 것이 태평진군 4년에 있었던 일의 본질이다. 미원핑 등이 발견한 것은 탁발선비의 기원지가 아니라 선비 탁발씨가 조상들의 거주지에 "착석鑿石한 구묘舊廟"를 찾은 것이다(劉國祥 · 倪潤安, 2014).

따라서 탁발선비의 기원지 혹은 원주지라는 사실은 고고학적 사실로써 뒷받침되지 않으면 안 된다. 사실, 가셴동 유적이 발견되기 전에도 탁발선비의 원주지가 대체로 다싱안링 북단일 것이라는 고고학적 추정은 있었다. 1960년대 후룬베이얼의 어얼구나額爾古納 및 자라이눠얼扎賚諾爾 등지에서 발견된 무덤자료는 처음 흉노로 이해된 적 있었다. 그 후 문헌사료와 고고자료의 종합을 통해 그들의 원주지가 다싱안링 북단 동쪽이었을 것이라는 사실과 함께, 탁발선비가 그들의 원주지에서 다싱안링을 넘어 후룬베이얼의 대택으로 옮겨왔고, 이어서 다싱안링을 따라 계속 남하하여 다싱안링 남단에 이르러 흉노가 떠난 서쪽 초원지대로 다시 나아가 인산陰山산맥을 넘어 그 남쪽 네이멍구 후허하오터呼和浩特 및 산시성 다퉁大同에 이르는 남하 경로를 제시한 바 있다(宿白, 1977).

5 "魏先之居幽都也 鑿石爲祖宗之廟于烏洛侯國西北 自後南遷 其地隔遠 眞君中 烏洛侯國遣使朝獻 云石廟如故 民常祈請 有神驗焉 其歲 遣中書侍郎李敞詣石室 告祭天地 以皇祖先妣配 祝曰 天子燾謹遣敞等用駿足 一元大武敢昭告于皇天之靈 自啓辟之初 祐我皇祖 于此土田 歷載億年 聿來南遷 惟祖惟父 光宅中原 克翦凶丑 拓定四邊 沖人纂業 德聲不彰 豈謂幽遐 稽首來王 具知舊廟 弗毁弗亡 悠悠之懷 希仰餘光 王業之興 起自皇朝 綿綿瓜瓞 時有多祜 敢以丕功 配飨于天 子子孫孫 福祿永延 敞等旣祭 斬樺木立之 以置牲體而還 後所立樺木生長成林 其民益神奉之 咸謂魏國感靈祇之應也 石室南距代京可四千餘里",『魏書』卷108 禮志1.

탁발선비의 남하 이전 원주지에 대해서는 이견이 없으나 구체적인 남하 경로 및 특정 유적을 남긴 족속 비정에서는 아직 이견이 상존한다. 최초로 남하 경로를 제시한 쑤바이는 탁발선비와 선비 모용부를 명시적으로 구분하지 않았으나(宿白, 1977) 그가 제시한 선비의 남천 경로는 탁발선비를 전제로 한 것이었다. 선비 모용부를 비롯한 동부선비의 원주지는 다싱안링의 남단으로 여기고 있기도 하다. 그러나 쑨웨이는 탁발과 모용 모두 그 원주지를 다싱안링 북단으로 상정하되 남하 경로 상으로는 탁발부를 다싱안링 서록西麓을 따라 남천한 것으로, 모용부는 다싱안링을 다시 넘어 그 동록東麓을 따라 남하한 것으로 설정하고 있다(孫危, 2007). 니룬안은 탁발선비 남천로에 대해 기본적으로 쑤바이와 동일하지만, 대택에서 다시 다싱안링을 넘어가는 루트를 복수로 상정하고 있는 점에서 차이가 있다(倪潤安, 2017).

이처럼 선비의 원주지 및 구체적인 남하 루트 상의 서로 다른 견해는 기본적으로 관련 유적에 대한 족속 판단 및 시기 비정에서의 차이에서 비롯된 것으로 보인다. 그러면, 선비무덤으로 비정하는 주요한 고고학적 특징은 무엇일까. 첫째, 목관의 평면 형태가 이른바 두관각착頭寬脚窄, 즉 머리 쪽 폭이 넓고 다리 쪽 폭이 좁은 제형梯形이고, 머리 쪽 측벽에 감龕을 만들어 부장품이나 가축 희생犧牲을 둔다. 다음, 희생으로 쓴 가축은 소 · 말 · 양 · 개 등인데, 보통 머리나 발굽 등 지체肢體로써 전체를 대신하는 방식을 채택한다는 것이다(許永杰, 1992). 이러한 무덤에서 관찰되는 공통적 특징을 기준으로 선비의 묘제를 상정할 수 있다면, 그 부장품의 시간적 · 공간적 분포 양상을 통해 선비의 세부 족속이나 남천 루트와 같은 문제에 접근할 수 있을 것이다.

필자는 나름의 견해를 제시할 만큼 고고자료 축적 및 장악에 이르지 못한다. 다만, 선비 원주지, 특히 탁발선비의 남하 출발지 등에 대해서는 큰 이견이 없으므로 그를 토대로 선비 토기문화의 기본적인 양상을 파악해 보기로 한다.

탁발선비의 기원지로 알려진 후룬베이얼의 자라이눠얼 등지의 선비무덤 출토 토기에 대해 기존 분류를 시도한 연구(陳雍, 1989)는 일찍부터 있었으나 분류의 목적과 체계가 분명하지는 않았다. 선비 토기에 대한 기존 연구(孫危, 2007; 韋正, 2009; 倪潤安, 2017)를 종합해보면, 선비 토기는 대체로 5가지 정도의 기종으로 구성된 것으로 보인다.[6]

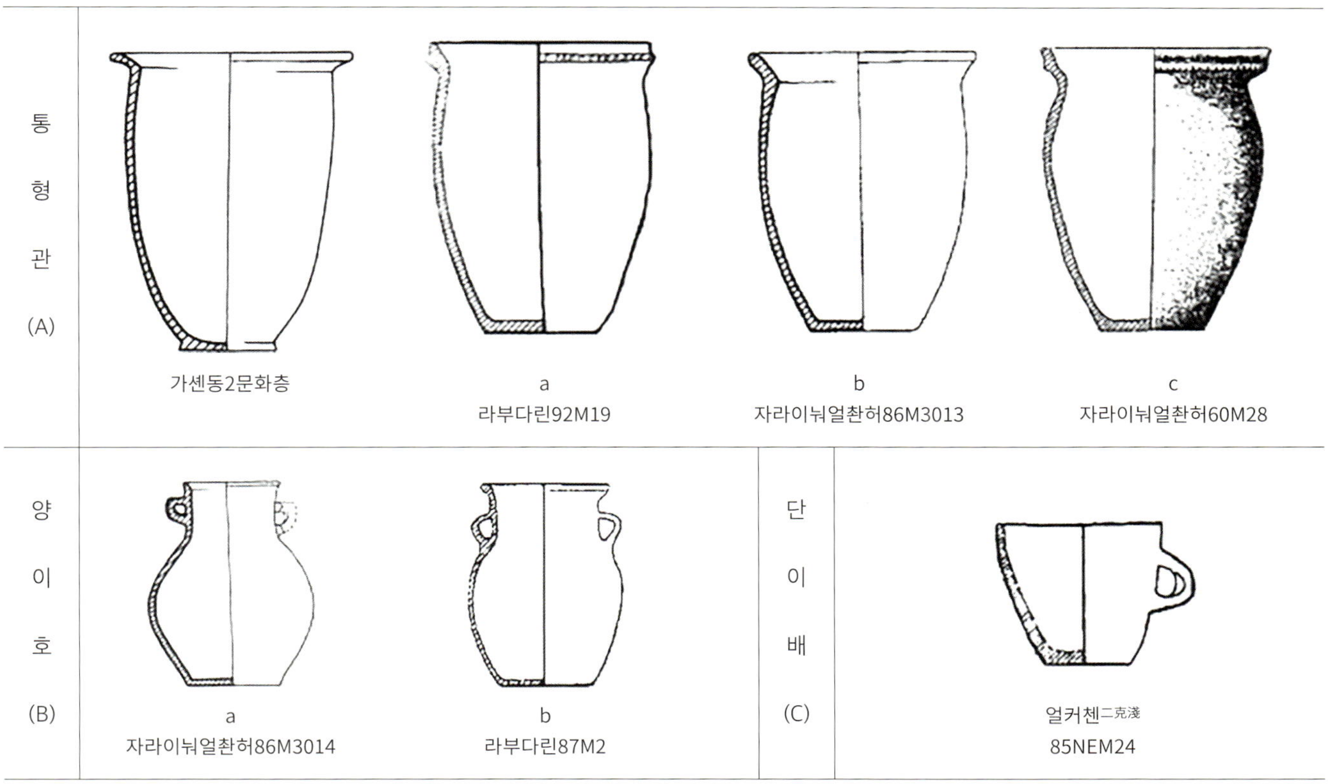

6 무덤에 부장된 토기를 곧 실생활 토기로 이해하기는 어렵지만, 생전의 필수기종을 중심으로 부장품이 구성되는 것은 보편적으로 확인되는 사실이다. 취사기 · 저장용기 · 개인 배식기 등으로 구성되는 것이 일반적인데, 여기의 선비 부장토기 기종 역시 대체로 그러한 범주로 이해할 수 있다.

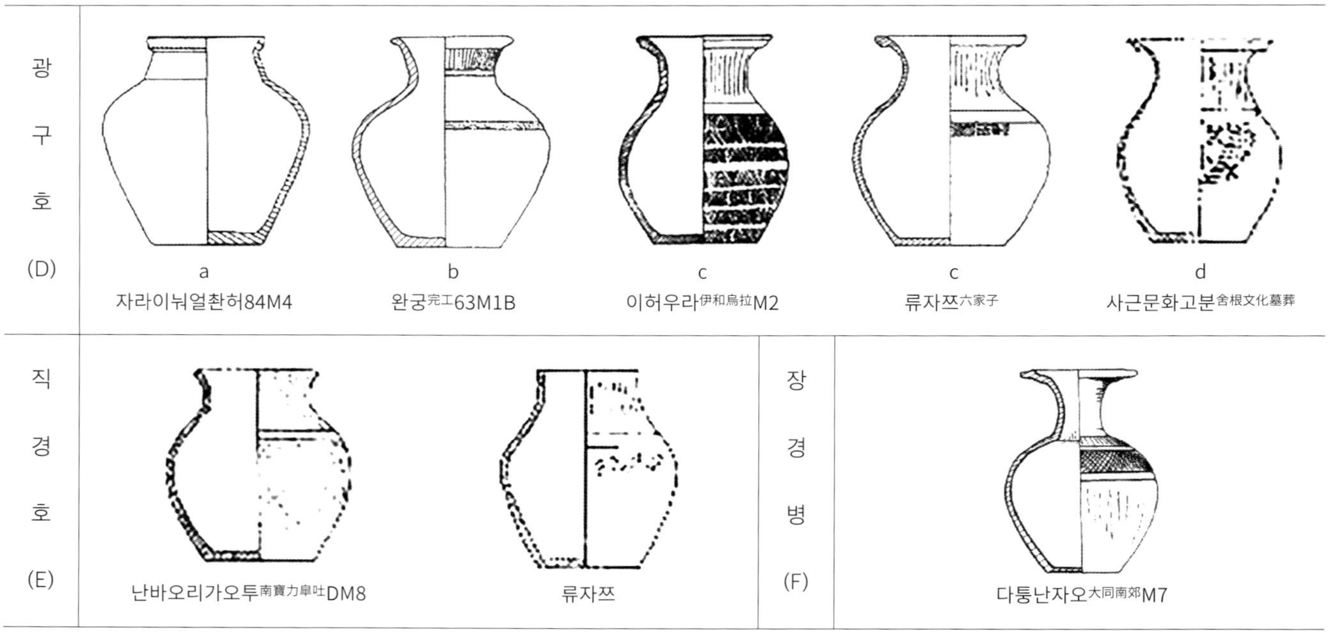

<그림 3> 선비 원주지 및 남하 관련 유적 출토 토기 기종 구성

첫째, 자비기煮沸器인 통형관筒形罐이다. 구경口徑에 비해 기고器高가 높아서 우리나라에서는 흔히 심발형深鉢形이라 부르기도 한다. 중국의 황토고원 지대를 중심으로 한 신석기문화에서는 전통적으로 '력鬲'이라는 삼족 취사기가 사용되지만, 한반도를 포함하여 백두산을 최고봉으로 극동아시아 농렵구農獵區에서는 시종 통형관 중심의 자비기가 사용된다(朴淳發, 2015).[7]

이런 점으로 보면 선비 토기문화는 기본적으로 극동아시아 농렵구와 가깝다. 전술한 바와 같이 선비의 전신이 동호이고, 동호는 옌산燕山 남록南麓에서 요서지역에 걸쳐 분포하던 것으로서 요동지역에서 넘어와 다·샤오링허강 유역에서 번성한 비파형동검을 표지로 하는 문화를 중심으로 통합된 여러 고고학문화군으로 파악되고 있는 점과 무관치 않다.

자비기는 그 쓰임새에 따라 크기가 서로 다른 것들로 구성되기 마련이다. 선행연구 및 보고서에 언급된 크기를 보면 높이가 각각 7~8㎝, 10~12㎝, 13~16㎝, 17~20㎝, 30~40㎝ 등의 5개 소군으로 세분 가능하다.

통형관의 시기적 변화는 저부底部와 구연부口緣部 속성에 반영된 것으로 관찰된다. 저부가 동체의 하단보다 좌우로 돌출되게 접합된 것으로서 한반도 청동기시대 무문토기의 저부와 흡사한 방식으로 된 것이, 저부가 얇고 동체 하단과 같게 마감된 것들보다 기법적으로 고식이다. 이러한 방식으로 된 것은 1980년도 가셴동 유적 시굴조사에서 조기 선비문화층으로 보고된 곳에서 출토된 통형관이 있다(呼倫貝爾盟文物管理站, 1997).

통형관의 구연부는 대략 3가지로 구분할 수 있다. 구연에 돌대突帶를 두르고 그 위를 일정한 간격으로 눌러 손톱자국과 같은 조문爪文이나 원점문圓點文을 시문한 것(a), 단순 외반된 것(b), 그리고 깔때기 모양의 반구盤口로 처리된 것(c) 등이다. 외반된 것(b)은 다시 몸통 상부에 장식한 문양에 의해 세분 가능하다. 돌대를 돌린 것(b1), 점렬문點列文을 시문한 것(b2) 등이 있다.

둘째, 광구호廣口壺이다. 중국학계에서는 보통 전연호展沿壺 혹은 치구설상순호侈口舌狀唇壺로 부르는 것으로서, 동체에 비해 넓은 목이 달린 호이다. 구연부의 형태에 따라 외반도가 약해서 거의 곧게 끝나거나 약간 외반한 것(a), 수평에 가깝게 외반한 것(b), 수평으로 외

7 력이 부장된 예는 지금까지 1예(完工 63M1묘 출토)가 있으나, 그러한 형태의 력은 허베이河北 평원지대를 분포 북한계로 하고 있는 것으로 한족의 내왕을 통해 선비지역에 유입된 것으로 본 바 있다(宿白, 1977). 하지만 다싱안링 동쪽 넌장강嫩江 중상류 지역의 철기문화인 한서2기문화漢書二期文化에서 유입된 것으로 보인다.

반되고 구연단에 회전 조정의 흔적인 홈이 남아 있는 것(c), 수평 외반되고 구연단이 반전反轉으로 처리된 것(d), 그리고 구연부가 반구로 된 것(e) 등으로 나눌 수 있다. 구연 처리 방식은 기본적으로 성형 시의 회전력의 활용 정도와 밀접한 관련이 있으므로 대체로 제작 시점의 선후관계 혹은 제작 집단의 전문성의 정도를 반영한다.

광구호는 어깨 부분에 2조의 현문弦文을 기본으로 하는 문양대가 있고, 그 내부는 파상선문이나 곤륜압인문滾輪壓印文 즉 굴림대를 눌러 찍은 문양 등이 시문되고, 목 부분과 동체 중·하부는 종방향 혹은 격자모양의 선문을 누른 암문暗文이 장식되었다. 암문은 특히 선비 모용부 광구호에 일찍부터 성행한 장식기법으로 이해되고 있는데, 흉노의 토기 가운데 종방향 암문으로 장식된 것이 많은 점을 보면 그 기원은 흉노와 연결될 가능성이 높다. 1986년 조사된 자라이눠얼 M3호묘에서 출토된 매정제煤精製 녹송석상감식패綠松石象嵌飾牌(內蒙古文物考古硏究所, 1994)는 흉노의 과대銙帶와 동일한 것이고, 암문이나 굴려 찍은 무늬는 또한 흉노 토기에서 확인되기 때문이다(G. 에렉젠 · 양시은, 2017: 145, 168~169). 흉노 서천 후 바이칼 호 동남지역 흉노 잔여 세력 혹은 흉노에 편입되었던 일부 종족이 후룬베이얼 지역으로 내려왔을 가능성은 이미 지적된 바 있다(喬梁 · 楊晶, 2003).

흉노 토기 호 (몽골 나야마 톨고이 유적) 흉노 매정제 과대 (몽골 살히트 유적) 자라이눠얼 M3호묘 과대

<그림 4> 흉노와 조기 선비의 문물
G. 에렉젠 · 양시은, 2017; 陳永志等, 2014

셋째, 양이호兩耳壺이다. 양이의 부착 위치에 따라 곧은 목의 중간에 달린 것(a), 목과 어깨의 경계에 부착된 것(b)으로 나눌 수 있다. 동체에도 돌대나 현문 등 장식이 있다. 양이호는 조기 선비의 특징적 기종 가운데 하나로서, 그 영향을 받은 넌장강 중상류 지역의 한서2기문화 지역에서도 나타나고 있다. 그리고 그 시기는 함께 나온 선비 고유의 삼록문식패三鹿紋飾牌에 의해 동한 조기 이후로 비정되고 있다(喬梁, 2005). 양이호의 기원과 관련하여 주목되는 것이 요서 지역의 동호 본거지의 토기이다. 연 세력이 들어와 동이를 격퇴하기 이전 요서 지역에는 몇 개의 고고학문화가 혼합되어 있는 양상이었다. 그 가운데 문헌상의 동호의 고고학문화로 비정되는 수이촨베이추水泉北區유형에서 양이의 전통이 있음이 주목된다(喬梁, 2010).

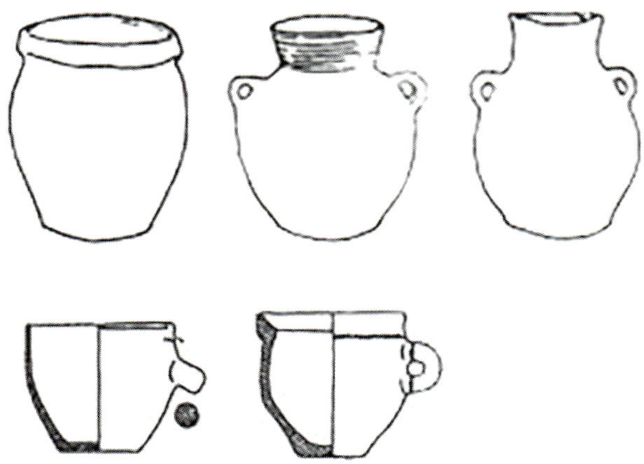

<그림 5> 요서 지역 동호계 토기
喬梁, 2010; 朱永剛, 1997 수정

넷째, 직경호直頸壺이다. 동체에 비해 목의 직경이 넓은 점은 전술한 광구호와 같으나 목이 광구호에 비해 짧으면서 곧은 것이 특징이다.

다섯째, 장경병長頸甁이다. 전술한 장경호와 유사하나 목의 굵기가 훨씬 가늘다. 대체로 선비 남천이 종료된 4세기 이후에 등장한다. 목과 동체에는 암문이 시문되고 어깨에는 2조의 현문과 함께 인문印文, 즉 찍은 무늬가 시문된다.

이상의 5개 기종 이외에도 특히 후룬베이얼 지구의 초기 선비무덤에 주로 보이는 기종으로서 단이배單耳杯가 있다. 이 기종은 동호가 연에 의해 북으로 패퇴하기 이전의 터전이었던 요서 지역에서도 그 예를 찾을 수 있다.

그러면, 이들 각 기종의 시기적인 변천 양상을 살펴보기로 하자. 이를 통해 시간과 지역에 따른 기종 구성 양상의 차이 및 기형 상의 차이 등을 파악해 볼 수 있고, 그를 토대로 각지 선비 유적의 시간적 위치 확인이 가능할 것이기 때문이다. 이는 곧 선비의 남하 과정을 보여주는 것이 된다.

분기	유적	통형관(A)					양이호(B)		단이배(C)	광구호(D)				직경호(E)	장경병(F)
		a	b	b1	b2	c	a	b		a	b	c	d		
1기 BC1세기 말 ~AD100	라부다린	●	●			●		●	●	●					
	자라이눠얼		●			●	●	●	▥	●					
	얼커첸		▥			▥	▥	●	●	▥					
	치카七卡		●			▥	▥	▥	▥	▥					
	이허우라		●			▥	▥	▥	▥	▥		●			
2기 ~200	퇀제團結		▥	●		▥	●	▥	▥	▥		▥			
	멍건추루孟根楚魯		▥	●		▥		▥	▥	▥		▥			
	베이마니투北瑪尼吐		▥		●	▥		▥	▥	●	●	▥			
3기 ~300	류자쯔		●		▥	▥		●	▥		▥	●			
	난양자잉쯔		▥		●	●			●		▥	●		●	
	사근		●		▥	▥					▥	●	●	●	
	난바오리가오투				▥	▥					▥	●	▥	●	
	피탸오거우皮條溝				●	▥					▥	▥	▥	●	
	신성툰新生屯				▥	▥					●	▥	▥	●	
	산다오만三道灣				▥	●						▥	▥	●	
	바이링먀오百靈廟				●	●						▥	▥		
4기 ~400	바거우叭溝				●							▥	●		
	이외묘李廆墓(324)											●	▥		
	시거우쯔촌西溝子村												●		●
	치랑산七郎山												▥		●
	다퉁난자오												●		●

<표 1> 선비무덤 부장 토기의 기종 구성 변천

토기 속성에 근거한 필자 나름의 편년관을 수립할 시간적 여유나 연구력이 없으므로 기존 편년체계를 토대로 토기 속성의 변화상의 정형성을 파악해 보기로 한다. 〈표 1〉은 쑨웨이의 편년안(孫危, 2007)[8]을 토대로 각 분기에 해당되는 유적의 토기상을 전술한 필자의 분류안에 따라 정리해 본 것이다. 공표된 보고문이나 논문에 인용된 도면[9] 관찰에 기반한 것인 만큼 계량적 분석은 의미를 가지기 어렵다. 그러나 표에서 보듯이 해당 기종의 존재 여부만을 표시한 것이지만, 각 기종들의 조합상이나 변천상에서 일정한 정형성이 관찰된다. 그 내용을 살펴보면 다음과 같다.

우선, 1기와 2기에 해당되는 유적의 기종 구성은 통형관(A) · 양이호(B) · 단이배(C) 중심이고, 광구호는 구연이 수평으로 외반하지 않은 단계의 Da가 주류이다. 통형관(A) · 양이호(B) · 단이배(C)의 기종 구성은 앞서 이미 본 바와 같이 기본적으로 요서지역의 다링허 · 샤오링허강 유역 중심의 비파형동검 공유 제 세력집단으로 구성된 동호의 기종 구성과 높은 상관성을 보이고 있다(〈그림 5〉 참조). 그러나 광구호는 역시 전술한 바처럼 그 기원은 흉노에서 구할 수 있는 기종이다.

다음, 통형관(A) · 양이호(B) · 단이배(C) 구성이 동호 패주 북천 과정과 상관이 있다면 요서의 다링허 · 샤오링허강 유역에서 시라무룬허강 및 랴오허강 유역을 거쳐 그 북쪽 다싱안링 남단 및 동쪽 산록을 거슬러 올라갔을 것이다. 그런 관점에서 청淸 장목張穆(1805~1849)이『몽고유목기蒙古遊牧記』(1859成書)에서 선비산으로 지목한 지금의 커얼친우익중기科爾沁右翼中旗 일대에 위치한 베이마니투 유적의 토기 조합상을 주목할 필요가 있다. 인근의 난양자잉쯔 · 류자쯔 등과 함께 보면 통형관(A) · 양이호(B) ·단이배(C)의 조합상과 유사한 측면이 있기 때문이다. 그 시기가 3기로 편년된다는 것이 문제가 될 수 있으나 선비산 입거入居 당시의 모습은 상대적으로 미미할 수밖에 없으므로 선비문화 정체성 확립 이후 그 현시성顯示性에 가려진 결과일 수도 있다. 2기 말~3기에 해당하는 다싱안링 남단 일대의 선비무덤의 족속은 일찍부터 선비 모용부를 주체로 하는 동부선비로 비정하는 견해가 제시된 후 학계의 통설이 되고 있다. 이후 선비 모용부의 주체가 되는 선비의 한 갈래, 즉 동부선비 혹은 남지南支선비는 바로 이 일대를 토대로 성장하였을 것으로 볼 수 있다.

통형관의 속성이 후룬베이얼 지구와 달리 어깨나 목 부분에 점열문이 시문된 것(Ab2)이 주류를 이루고 있는 점, 광구호도 Db 및 Dc 등 기형의 변화가 수반되고 있는 점, 그리고 직경호(E)가 출현하는 점 등에서 시기적 선후관계와 함께 계통적 차이가 내재되었을 가능성을 높여준다.

4기의 토기 상에서 가장 주목되는 것은 통형관(A)이 더 이상 부장되지 않는다는 점이다. 중원으로 통하는 길목에 자리 잡고 국가로 성장하던 시기에 해당되는 이 시기는 한족을 비롯한 제 종족의 문화를 활발히 수용하던 때이기도 하다. 그 과정에서 장경병(F)과 같은 신기종이 등장하여 이후 대표적인 부장 토기 기종으로 정착된다.

지금까지 선비무덤 부장 토기의 기종 구성 및 기형 · 문양 등 양식적 속성의 변화상에 근거하여 선비의 토기문화의 형성과 전개 과정을 파악하려 노력하였다. 토기문화 상에서 관찰되는 시간적 · 공간적 연속성이나 단절성은 탁발선비의 남천과 같은 역사적 사건이 반영되어 있을 수 있다. 이하 그에 대해 논의해 보기로 한다.

이 문제와 관련한 중국학계의 주류설은 동한 만기, 즉 2세기 후반경 다싱안링에서 남하하여 시랴오허강 상류지역에 이르고, 이어서 계속 서천하여 흉노고지에 이르렀다는 것이다.『위서』서기序紀에 따르면, 탁발선비의 원주지가 가셴동이 소재한 다싱안링 동록이라면, 먼저 "남천대택南遷大澤", 즉 후룬베이얼호 주변으로 옮겨온 뒤 다시 8~9세대가 경과한 후 마침내 흉노고지에 도착한 것으로 된다. 구체적으로 대택을 떠난 시점에 대해서는 고고자료를 통해 특정하여야 하지만, 문헌사료에 의하면 대택에서 다싱안링을 다시 넘는 데 걸린 시간은 1년 정도로 이해된다. 그를 포함하여 전체 남하에 소요된 시간은 연구자에 따라 편차가 큰데, 짧게는 1~2년 또는 2~3년(曹永年, 2019)부터 3~5년(倪潤安, 2017: 119~120) 등 단기간으로 설정하는 견해가 있고, 그와 달리 70~80년 정도로 잡는 견해(姚大力, 2005)도 있다. 앞서 본 것처럼 북위 국가 성립 후 5세기 전반경에는 이미 그들의 발상지에 대한 역사를 몰각하고 있었던 사정에 비

8 孫危(2007)는 선비무덤을 탁발선비와 선비 모용부로 구분하여 각각 5기와 6기로 구분하고, 이들 사이의 병행 관계도 밝혔다. 본고에서는 탁발선비의 5기 구분을 따르되, 선비 모용부 유적으로 분류된 것들도 해당 시기에 포함하여 토기상을 관찰하였다. 분기의 역연대는 다음과 같다.

9 孫危(2007)에 의하면 2004년 현재 발굴조사된 선비무덤은 65개소 550여 기이다. 그 후에 공간된 韋正(2009) · 倪潤安(2017) 등 논문과 저서에 소개된 토기의 도면을 통하여 유적별 기종구성 내용은 파악 가능하였다.

춰 보면 남천 과정이 몇 년 정도로 짧지 않았을 가능성이 높다.

위에서 본 토기의 변천 과정으로 보면, 필자는 다음과 같이 이해할 수 있을 것으로 생각한다. 맨 처음, 다싱안링 동록의 넌장강 상류 유역에 옛 동호계 일원이었던 집단이 정착하였을 것이다. 이들의 토기문화는 후룬베이얼 지구에서 드러난 조기 탁발선비의 그것과 유사한 통형관 · 양이호 · 단이배 등으로 구성되었을 가능성이 있다. 이들이 도착한 시점은 대략 전국시대 말~서한 무렵으로 추정된다. 이들이 다싱안링 산록을 따라 여기까지 이른 것은 넌장강 유역의 평원과 접하는 지점에는 한서2기 · 평양平洋문화가 선주하고 있었기 때문으로 추정된다. 그런 연유로 동시에 이들로부터 새로운 문화요소도 수용하는 한편, 아무르강 상류의 자바이칼 오논강 유역의 어렵漁獵문화인 뷔얼훠투이布爾霍圖伊문화나(A.I 奧克拉德尼科夫 · 王德厚, 2008) 흉노문화 요소도 더해진 것으로 보인다.

서한 말 · 동한 초 무렵 다싱안링을 넘어 그 서쪽의 후룬베이얼호 주변의 서록으로 진출하였다. 라부다린이나 자라이뉘얼 등으로 대표되는 통형관(A) · 양이호(B) · 단이배(C) · 광구호(D) 조합의 토기문화가 그것이다. 이러한 토기상은 2세기 전반까지 이어지다가, 후반~말부터 다싱안링 남단의 동록지역에서 광구호나 통형관에서 새로운 양식이 감지되어 3세기 대로 이어진다. 이로써 대략 2세기 후반 경 후룬베이얼 지역을 떠나 남천이 진행되었을 것으로 볼 수 있다. 다싱안링 남단 선비산 부근은 남부선비 혹은 동부선비로 불리던 선비 모용부를 주류로 하는 집단이 선주하고 있던 곳으로서, 『위서』 관씨지官氏志에는 이 무렵 선비 우문부 및 모용부가 가장 강성하였다고 하였다. 이곳에서 탁발선비는 서쪽으로 길을 돌려 인산산맥의 북쪽에 이르고 다시 인산을 넘어 마침내 흉노가 떠난 고지에 이른 것이다.

탁발역미拓跋力微가 258년에 정도定都한 "정양定襄의 성락盛樂"으로 비정되는 허린거얼和林格爾 주변의 시거우쯔촌에서는 반구상 구연의 광구호(Dd)와 함께 새로운 기종인 장경병이 부장되어 있다. 이상의 내용을 도시圖示해 보면 〈그림 6〉과 같다.

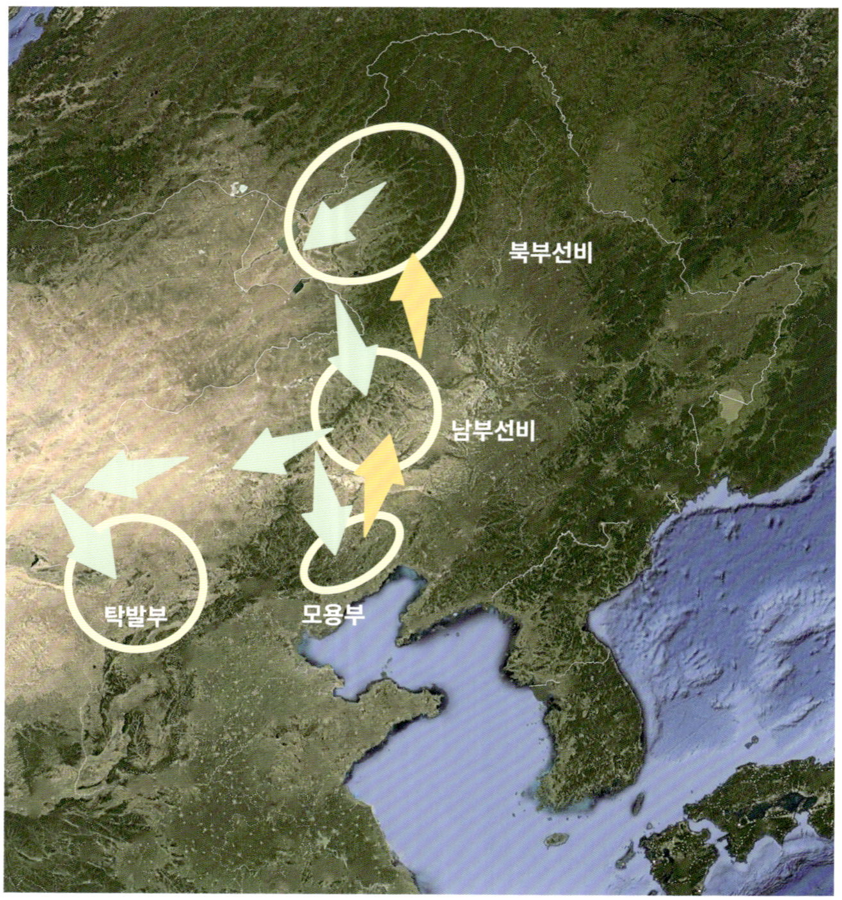

<그림 6> 선비문화의 형성과 남천 과정

3. 탁발선비의 국가 형성

국가國家(state)는 인류 보편적인 정치 · 사회 통합의 한 형태로서 그 출현은 기원전 3000년경으로 거슬러 올라가므로 약 5천년이 경과한 오래된 정치체이다.[10] 최초의 평등한 혈연집단이 여하한 과정을 거쳐 국가로 통합되었는가는 역사 연구의 주요 과제 가운데 하나이기도 하다. 탁발선비는 최초 다싱안링 수림 환경에 적응하여 수렵과 목축으로 영위하다가 후룬베이얼 대택 초원 환경에서 유목으로 전환하고, 중원으로 진입하는 길목인 막남漠南에 이르러 농경의 비중을 높이는 생계 전략을 선택하여 왔다. 생계 전략에 따라 사회 통합의 방식이나 내용이 다를 것이므로 수렵과 유목을 주로 하였던 탁발선비가 거쳐 온 정치 · 사회적 통합의 과정은 농경사회의 국가 형성 과정과 같지 않을 것임은 당연할 것이다.

국가는 최소 2단계 이상의 계층으로 구성된 사회로서, 필수자원의 배분이나 접근 등과 같은 정치체 운용 과정에 필수적인 권위나 권력이 혈연보다 상위의 가치기반에서 부여되는 결사체라 정의할 수 있다. 고고학적으로 보면, 취락유형 상에서 성벽을 구비한 도시적 취락의 출현, 죽은 자를 처리하는 방식으로서 묘제 상에 나타나는 계층성, 그리고 수공업의 분업화와 전문화에 따른 결과의 하나로서 토기 양식의 성립 등이 국가 사회의 등장과 밀접한 관련이 있는 것으로 본다.

그러나 농경사회에 비해 상대적 이동성이 크고 정주성이 낮은 유목사회의 특성상 고고자료의 양과 질의 측면에서 한계가 있다. 탁발선비의 경우 상대적으로 문헌사료를 통해 고고자료의 결핍을 완화할 수 있다.

국가 형성 과정이라는 관점에서 주목하고 있는 사안 가운데 하나는『위서』관씨지에 나오는 "칠분국인七分國人"이다. 후룬베이얼 지구에서 흉노고지로 남천을 결정한 헌제獻帝 인鄰이 취한 조치로서, 국인, 즉 부락 소속 사람들을 7개의 집단으로 나누어 형제들로 하여금 각각 하나씩 섭령攝領하게 한 것이다. 그와 함께 7개의 집단 각각에 성씨를 부여하되 이후 이들 7개 성씨 집단들이 각각 하나의 부部가 되어 타국을 아우르는 주체가 되고 새로 편입된 외래 집단은 별족으로서 해당 부의 내성內姓이 된다는 내용이다.[11]

국가 성립 이전 유목사회의 보편적 기본 사회단위는 단일 혈연집단으로 구성된 부락部落이다. 이를 '종種'이라 하는데, 시간의 경과와 더불어 정복 · 탈취 등의 과정을 거쳐 다른 종의 인간집단이 편입되면, 서로 혈연관계에 있는 본래의 '종인種人'과 구분하여 '부락附落'이라 부른다. "칠분국인"을 단행할 무렵의 상태가 바로 이와 같았을 것으로 보기도 한다(楊軍, 2018). 혈연적 관점으로 보면 해당 종의 주인 격인 종인과 외부에서 편입된 부락으로 구성되어 이미 순수한 혈연집단이 아니다. 동시에 해당 종 내에서의 권력관계로 보면 부락민은 종인과 동등하지 않을 것이므로 적어도 2개의 층단層段이 존재하는 사회임을 알 수 있다. 특히 부락민들의 입장에서 보면 지연적인 관계가 중요하게 된 것이다.

"칠분국인"은 당시 선비집단의 통령統領이었던 헌제 인의 형제들을 7개로 나눈 집단의 통령으로 보냄으로써 새로 생긴 7개의 집단이 모두 하나의 종으로 기능하되 혈연적 관점에서는 여전히 헌제 인의 종과 다르지 않음을 표방한 셈이다. 마치 하나의 세포가 7개의 새로운 개체와 본체로 나뉘어 8개의 세포로 증식한 것과 같다. 이렇게 증식한 헌제 인의 선비집단이 바로 탁발부라는 정치체의 원형이 되었다.[12] 탁발부 중심의 국가 성립 후 이들은 북위 황실의 이른바 제실帝室 10성姓이 된 것으로,『위서』관씨지에는 흘골紇骨(胡) · 보普(周) · 탁발拓拔(長孫) · 달해達奚(奚) · 이루伊婁(伊) · 구돈丘敦(丘) · 후侯(亥) · 을전乙旃(叔孫) · 차혼車焜(車)으로 나온다. 그 가운데 을전씨와 차혼씨는 각각 탁발린의 숙부와 방계 형제를 보내 통령하게 한 것으로 "칠분국인" 이후에 추가된 것으로 보인다. 이들은 효문제의 낙양 천도 이후 괄호 속의 단음절 성씨로 바뀌었다.

여기서 주목하여야 할 점은 하나의 부락部落이 8개의 부락으로 수적으로 증가함과 동시에 그들 사이에는 1 대 7의 종속적 관계도 추가되었다는 사실이다. 비록 헌제 인의 형제가 통섭統攝함으로써 외형적으로는 의제적擬制的 혈연관계를 유지하고 있으나 그 구성원은 종전의 종인과는 다른 부락附落 소속인들이기 때문이다. 결과적으로 혈연적 관계는 희석되고 그만큼 지연적 관계가 짙어진 셈이다.[13]

10 정치체polity란 특정 시점의 인간집단이 만든 최상위의 사회단위를 말한다.

11 "至獻帝時 七分國人 使諸兄弟各攝領之 乃分其氏 自後兼幷他國 各有本部 部中別族 爲內姓焉",『魏書』卷113 官氏志.

12 『新唐書』卷199 柳冲傳에는 효문제孝文帝 낙양 천도 시의 성씨 구성에 대해 다음과 같이 기록하였다. "'虜姓者 魏孝文帝遷洛 有八氏十姓 三十六族 九十二城 八氏十姓 出于帝宗屬 或諸國從魏者 三十六族九十二姓 也爲部落大人". 8씨10성은 북위 황실 종족이거나 위에 내종內從한 여러 나라 사람을 말하므로 제실 10성이라고도 한다.

13 부락의 지연성이 증가된 이러한 측면을 주목하여 남천 단계의 탁발선비 부락의 사회복잡도 증가 현상을 '지역화地域化'라는 용어로 표현하기도 한다. 이에 대해서는 趙永來, 2004 참조.

정치체의 사회복잡도 평가에서 계층화의 정도를 기준으로 할 수 있는데, 이로써 헌제 인의 시기 탁발선비는 2개의 층단에서 3개의 층단으로 재편되고 있음을 알 수 있다. 중국 북방 유목사회의 사회복잡도 증가 과정은 대체로 2가지로 나눌 수 있다고 한다. 여기 예와 같이 마치 세포 증식과 유사한 '연생형衍生型'이 있는가 하면, 흔히 연맹이라고 하는 방식도 있다고 한다. 2개 층단의 집단들이 모여서 연맹을 결성하고 상위 층단을 추대하는 방식을 '연합형聯合型'이라 한다. 연생형은 탁발 · 돌궐突厥 · 거란의 국가 성립 과정에서 관찰되고, 연합형은 단석괴檀石槐의 선비연맹 및 그 후속의 가비능軻比能 선비연맹 등이 해당된다고 한다(楊軍, 2018).

"칠분국인"으로 인해 대택에서 남천을 시작할 무렵 탁발선비는 이제 국가 단계의 초입에 들어간 것으로 보는 견해도 있다(曺永年, 1987).[14] 전술한 바와 같이 "칠분국인"과 같은 조치를 취한 점이나 헌제 인이 노쇠하여 그의 아들 힐분詰汾에게 통섭권을 이양하는 데서 관찰되는 권력의 세습 등은 그러한 주장의 근거가 될 수 있다. 그러나 일반적으로 탁발선비가 국가로 진입하는 단계는 남천이 일단락된 후 성락에 정도한 258년 무렵의 탁발역미拓跋力微의 시기로 본다. 유목부락의 정체성은 해당 정치체의 수령首領으로부터 기인된 경우가 많고, 부락명은 초기 국가 단계나 발달된 추방사회의 수령의 관호官號나 미칭美稱에서 비롯되어 정치체의 명칭으로 정착하는 것이 일반적이라는 점도 참고된다.[15] '탁발拓拔'이라는 부락 명칭 자체가 탁발역미에서 비롯되었을 것으로 보기도 한다.[16]

탁발역미는 258년 4월 제천祭天과 함께 제 부락 대인이 모인 대회에서 조위曹魏 정권과의 화친 정책을 천명함으로써 안정적인 국력 신장을 도모하였다. 성락盛樂은 한 초에 운중군을 나눠서 신설한 정양군定襄郡의 수현首縣인 성락成樂의 소재지이다. 정양군의 위치는 한 · 위 이래 북벌을 위해 북방 초원으로 진출하는 3대 길목 가운데 하나이다. 산시성의 태원太原에서 안문雁門 · 마읍馬邑을 거쳐 운중 · 정양에 이른다. 흉노 선우가 시월대회를 여는 곳은 바로 이곳을 통하여 도달할 수 있다. 성락이 위치한 일대는 바로 중원과 대막大漠을 연결하는 통로의 중간에 해당하는 셈이다(李凭, 2010). 변군邊郡의 둔전의 활성화와 함께 점차 거민구가 번성하였는데, 성락과 그에 인접한 무성武城 등의 모습은 허린거얼 동한 벽화묘의 내용을 통해서 짐작할 수 있기도 하다.

탁발역미 사후 약 10여 년간의 정국의 혼미와 함께 부락연맹의 결속력 이완 및 부락의 이탈이 있었으나, 역미의 아들 탁발녹관拓跋祿官이 즉위하면서 '삼부분립三部分立'을 채택하였다. 이는 마치 단석괴가 166년에 선비 각 부락을 동 · 중 · 서 3부로 나누어 각기 유력 부락의 수령으로 하여금 통할하게 하였던 조치를 상기시킨다. 전술한 바와 같이 '연합형'의 통합도 제고 수단인데, 탁발녹관은 역미 시기 늘어난 부락들을 효율적으로 관리하기 위한 방편으로써 이를 택한 것이다. 동 · 중 · 서 3부를 개편한 것 가운데 가장 동쪽을 자신이 통령하고, 중간 부분은 역미의 손자 탁발의타拓跋猗㐌에게 맡기고, 서쪽은 의타의 동생 탁발의로拓跋猗盧에 위임하였다.

탁발본부 이외의 제 부락附落들을 긴밀히 통어統御하기 위한 조치는 성공을 거두는데, 특히 서쪽을 맡은 탁발의로는 잡호雜胡 및 한인들을 운중 · 오원五原 · 삭방朔方 등지로 사민하여 농업 생산인력을 확충하였고, 중부의 탁발의타는 흉노나 오환 제부를 격패하여 30여 국을 부락으로 편입하였다. 동부의 탁발녹관은 탁발보다 세력이 왕성하였던 선비 우문 및 모용부와 화친을 강화하였다. 의타와 녹관이 차례로 사망하면서 3부는 다시 탁발의로 일통一統 체제로 전환되었다.

310년 서진 병주자사 유곤劉琨이 흉노 한국漢國에 대항하기 위해 탁발의로에게 형령陘嶺 이북, 즉 지금의 산시성 옌먼관雁門關 이북의 땅을 양보하면서 탁발의로를 대공代公으로 요청하였다. 이로써 강역을 확대한 의로는 312년에 성락을 북도北都로, 평성을 남도南都로 하고, 315년에는 마침내 서진西晉으로부터 대왕代王에 진봉됨과 동시에 관속官屬을 둠으로써 대국代國이 건립되었다. 그러나 316년 의로가 피살되면서 20여 년간 혼미에 빠졌다가, 338년 후조後趙에 인질로 가 있던 탁발십익건拓跋什翼犍이 귀국하여 대왕위를 이으면서 안정되었다. 339년에 처음으로 백관百官을 두고 형벌제도를 정하는 등 국가 체제의 면모를 구비하였다. 340년 운중의 성락궁盛樂宮으로 이도移都하고, 341년에 운중고성雲中故城 남쪽에 성락성을 축조하였다. 여기의 성락성은 물론 정양의 성락성과는 다른 곳이다.

14 曺永年(1987)은 헌제 인의 남천 결정 이면에 정치·사회적 통합수준이 높은 단석괴의 영향이 작용하였을 것으로 보기도 한다. 그러한 관점으로 보면 "칠분국인"과 같은 조치도 그러한 맥락과 상관이 있을 수도 있다.

15 탁발역미는 탁발부에서 맨 처음 "카간可汗" 칭호를 쓴 수령으로 보기도 하는데(姚大力, 2005), 카간 칭호는 흉노의 선우單于 칭호의 권위가 식어가던 후한 말 그를 대신하여 등장한 유목사회 최고 군장의 칭호이다(朴漢濟, 1987).

16 '탁발'의 의미에 대해 『위서』 서기에는 "北俗謂土爲拓 謂后爲跋"이라 하였다. 고대 북방어 관련 역사 · 언어 연구 분야의 통설은 '땅의 주인'이라는 의미로 보고 있다(羅新, 2006).

그러나 376년 전진前秦의 부견符堅에 의해 대국이 망하였다. 탁발 고지故地는 2부로 분할되어 선비 독고부獨孤部의 유고인劉庫仁(?~383)과 흉노 철불부鐵弗部의 수령 유위진劉衛辰(?~391)에 의해 다스려졌다. 탁발십익건의 손자 탁발규拓跋珪는 385년까지 유망流亡 생활을 하였는데, 그 구체적인 내용은 미상이다.

동진東晉과의 비수대전肥水之戰에서 패한 전진이 분열되는 틈을 타 386년 정월에 탁발규는 하란부賀蘭部의 힘을 빌려 우천牛川에서 대왕의 왕위를 차지하였다. 연호를 '등국登國'이라 하고 다시 대국의 중건을 선포한 다음, 2월에 전통적인 정치 중심지 성락으로 돌아와 4월에 왕호를 '위왕魏王'으로 고쳤다. 그 후 일련의 정복활동을 통해 영토를 확장하고 국부를 증대하였다. 그리고 396년 7월에 천자天子의 정기旌旗를 사용하고 연호를 '황시皇始'로 개원함으로써 황제국으로의 출발을 알렸다. 그러나 398년 6월까지 약 2년여에 걸쳐 후연을 멸망시키고 그 도성이었던 중산中山을 비롯하여 업성鄴城 등을 점령, 이른바 산동山東 6주의 민리民吏 및 도하徒何 · 고구려 출신 등 잡이雜夷 36만, 백공기교百工伎巧 10만구를 경사에 사민하였다. 398년 국호를 '위魏'로 정하고 황제위에 오름으로써 대택 남천에서 시작된 탁발선비의 황제국으로의 긴 여정은 일단락되었다.

4. 도성과 묘역

탁발역미가 성락에 정도하기 이전에 겪은 일련의 역경은 『위서』 서기에 기록되어 있다. 역미가 탁발부의 수령으로 즉위한 "원년(220) 경자년에, 서부西部가 내침해 국민이 이산됨에 몰록회부沒鹿回部 대인 두빈竇賓에 의부依付하였다. … 뒤에 두빈과 함께 서부를 쳤으나 패하여 두빈이 타는 말도 모두 잃어 도보하는 중, 시조始祖(역미)가 사람을 시켜 자기가 타는 준마를 두빈에게 주었다. 전장에서 돌아온 뒤 두빈은 말을 내어 준 사람을 찾아 큰 상을 내리고자 하였으나, 시조는 그 사실을 숨기고 말하지 않았다. 한참 뒤 마침내 두빈이 그러한 사실을 알게 되자 크게 놀라워하면서 나라를 반으로 나눠 시조에게 주려하였으나 시조가 받지 않자 그의 애녀를 주었다. 두빈은 보은의 생각에서 시조가 소원하는 것이 무엇이냐고 굳이 물었다. 이에 시조는 자기의 부민을 데리고 북으로 올라가 장천長川에 살기를 청하였다. 이에 두빈이 그 청을 받아들였다. 십 수 년 지나 옛 부민들이 모두 귀부하였다."[17]

220년 탁발역미가 힐분으로부터 위를 이어 받은 뒤부터 258년 성락에 이르기 전 3여 년간 탁발부의 터전이 되었던 장천은 지금의 네이멍구 우란차부시烏蘭察布市 관할의 싱허현興和縣 서북 15km 지점의 속칭 토성자토성土城子土城으로 비정하는 견해가 제시된 바 있다(常謙, 1998). 성벽 한 변이 약 500m 되는 정사각형의 토축성인데, 성벽은 북성벽 동단부와 동성벽 북반부가 비교적 양호한 상태로 잔존하고 나머지 부분은 훼손되었다. 성내부 서남쪽에 치우쳐 고대高臺가 있고, 성벽 동북 모서리 및 서남 모서리에도 고대가 있다. 문지는 북성벽과 동성벽 중간 지점에 각각 1개소가 남아 있지만, 서성벽과 남성벽은 성벽이 훼손되어 알 수 없다.

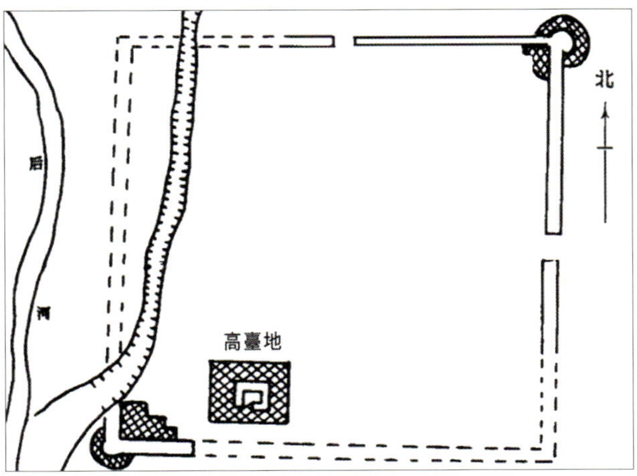

<그림 7> 탁발선비 최초의 성 장천성(常謙, 1998 수정)

17 "元年 歲在庚子 先是 西部內侵 國民離散 依於沒鹿回部大人竇賓 始祖有雄傑之度 時人莫測 後與賓攻西部 軍敗 失馬步走 始祖使人以所乘駿馬給之 賓歸 令其部內求與馬之人 當加重賞 始祖隱而不言 久之 賓乃知 大驚 將分國之半 以奉始祖 始祖不受 乃進其愛女 賓猶思報恩 固問所欲 始祖請率所部北居長川 賓乃敬從 積十數歲 德化大洽 諸舊部民 咸來歸附", 『魏書』 卷1 序紀 第1 始祖神元皇帝.

성 내부를 시굴한 결과 하층에서는 동한 말의 유물이 일부 확인되지만 희소하나, 상층에서는 대체로 인접한 바거우 선비무덤 출토 토기와 동일한 3세기 대 선비 토기의 출토 빈도가 높다고 한다(常謙, 1998; 孫危, 2007). 이러한 점으로 보면 이 성을 탁발역미가 성락에 들어오기 전 머물렀던 장천성으로 비정하는 견해는 성립 가능할 것으로 본다. 그렇다면 장천성은 탁발선비가 축성한 최초의 성이 되는 셈인데, 그 출현 시점이 대체로 탁발부가 추방사회에서 초기 국가사회로 진입하는 무렵임이 주목된다. 이후 장천성은 북위 역대 황제들이 늘 순례하는 곳 가운데 하나가 되었다.

258년 탁발역미가 정도한 성락은 전술한 바와 같이 유목사회와 농경사회가 연결되는 생태전이지대의 통로에 해당되는 운중의 핵심 지역 가운데 하나이다. 흉노고지를 확보한 탁발부가 이곳에 정도한 까닭이기도 하다. 294년 즉위한 탁발녹관의 삼부분립에 의해 성락은 탁발의로의 근거지가 되었다. 307년 3부 일통하게 된 의로는 310년 대공에 즉위하면서 중원 정치 무대에 두각을 나타내었다. 313년 성락성을 쌓아 북도로 하고, 옛 평성을 고쳐 남도로 하면서 복도제를 채택하였다. 동시에 양도를 보위하기 위해 평성의 100여 리 남쪽에 신평성을 축조하고 그의 장자로 하여금 진수鎭守케 하였다.[18] 이로써 성락성은 탁발부의 북도가 된 것이다. 이때의 성락성의 모습이 어떠하였는지는 아직 분명하지 않으나 최근까지 알려진 조사 결과로 보면 한 대의 성락성을 토대로 한 것으로 이해된다.

성락성에 대한 조사는 1961년 성내 동쪽을 남북으로 통관하는 농수로 공사와 관련한 시굴조사(張郁, 1961), 1997년부터 2006년에 이르는 일련의 기간 동안 진행된 구제조사(內蒙古文物考古研究所, 2006) 등이 있었다. 성의 평면은 3개의 성으로 구분되는 듯하다. 가장 남쪽에 위치한 성은 남북 성벽의 길이 550*m*, 동서 방향의 길이가 520*m* 정도 되고, 남성의 서북 모서리에 이어진 것처럼 보이는 중간 부분의 성은 남북이 730*m*, 동서가 450*m* 가량 된다. 남성과 이어지고 중성을 포괄하고 있는 북성은 남북 길이가 1740*m*, 동서 방향이 1450*m*의 대규모이다.

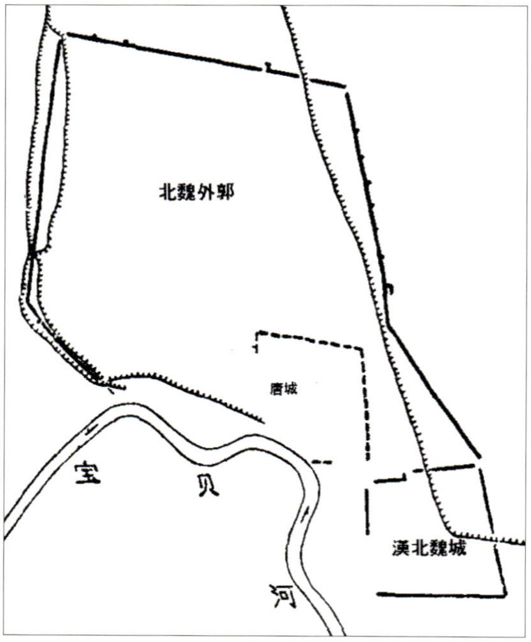

<그림 8> 성락성의 평면 구조(宿白, 1977b 수정)

탁발역미가 처음 정도한 성락은 동한 대까지의 정양군의 치소이자 성락현성이었던 남성으로 추정되고, 313년 탁발의로가 쌓은 성락성은 북쪽으로 연결한 큰 성이었을 가능성이 있다. 이와 같이 두 개의 성이 연접된 예는 대국이 전진에 의해 해체되어 잠시 유망하던 탁발규가 다시 대국을 중건하는 대회를 연 "우천에 축조된 우천성牛川城"이 있어 그러한 추정을 가능하게 한다.[19] 한편, 중성은 출토 유물의 비중으로 미루어 당대에 축성되었을 가능성이 높다.[20]

316년 탁발의로가 그의 장자 탁발육수拓跋六脩의 난으로 피살된 뒤 정국은 혼미해졌고 338년에 와서 탁발십익건이 즉위하면서 안정을 되찾았다. 연호를 '건국建國'으로 바꾸고 340년 운중의 성락궁으로 이도하였다. 341년에는 고성의 남 8리 지점에 성락성을 축조하였다. 운중 성락궁의 위치에 대해서는 아직 정확한 위치를 비정하지 못하고 있다. 유목사회의 궁이라는 것이 상시적 대규모의 건축물을 구비하지 않았을 가능성이 높기 때문에 고고자료로 발견되기 어려운 점도 있을 것이다. 운중성은 340년부터 386년 정월 탁발규가 우천에서 제천대회를 열고 왕위에 올라 정양의 성락으로 천도할 때까지의 약 40여 년간 대국의 도성이었다.

18 "穆皇帝六年(313) 城盛樂以為北都 修故平城以為南都 帝登平城西山 觀望地勢 乃更南百里 於灅水之陽黃瓜堆築新平城 晉人謂之小平城 使長子六脩鎮之 統領南部", 『魏書』卷1 序紀 第1.

19 탁우천성의 정확한 축조시점은 문헌기록상으로는 보이지 않으나 대체로 북위 육진성이 점진적으로 구축되기 시작하던 도무제道武帝 탁발규 재위시기로 추정되고 있다. 우란차부시 차유허우치察右後旗 바이인차칸진白音査干鎭 커리멍촌克里孟村에 위치한다. 이에 대해서는 魏堅 · 郝園林, 2020 참조.

20 중성을 북위 시기에 초축된 것으로 보는 견해도 있다(松下憲一 · 王慶憲, 2011).

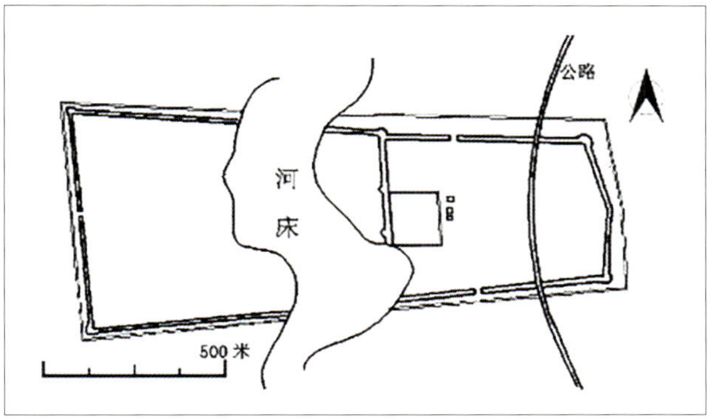

<그림 9> 북위 우천성 평면구조(魏堅 · 郝園林, 2020)

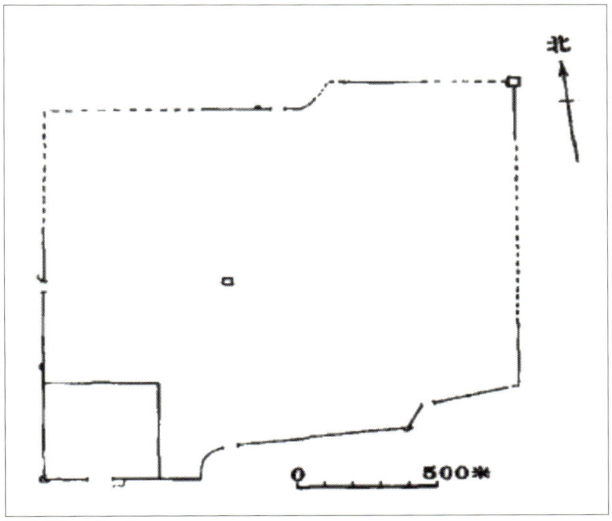

<그림 10> 운중성 평면도(張紅星, 2004)

운중성은 후허하오터시 튀커튀현托克托縣 구청촌古城村 고성으로 비정된다. 운중성은 전국시대 조趙 무후武侯(?~기원전 387)가 처음 축조한 것으로서 이후 서한 시기에 이르기까지 운중군치雲中郡治였다. 운중성은 현재 네이멍구 서부지구에 남아 있는 고대성으로는 가장 규모가 크다. 대체로 사다리꼴에 가까운 평면으로서 성벽의 길이는 북 1790m, 남 1920m, 동 1585m, 서 1900m로 전체 7200m에 달한다. 성내 서남부 모서리에는 남북 길이 485m, 동서 415m의 작은 성이 구획되어 있다. 성문은 북성벽과 서성벽에 각 1개소, 남성벽에 3개소 등이 확인되나 동성벽은 훼손되어 알 수 없다. 성벽은 항축夯築 토성인데, 잔존 상태가 양호한 지점을 기준으로 하면 성벽의 하부 폭은 15m, 상부 폭은 8m, 그리고 높이는 6m 가량 된다(張紅星, 2004).

『위서』권2 태조기太祖紀에는 398년 평성 천도 사실과 궁실·종묘·사직을 조영한 것만 간략히 기록하고 있을 뿐이다.[21] 평성이 당시 도성이었던 북도 성락과 함께 남도의 지위를 가지게 것은 313년 탁발의로의 대국 시절부터였다. 그런데『위서』의 관련 기사에는 "시영궁실始營宮室"이라 하였다. 그렇다면 남도인 평성은 물론이고 미루어 짐작컨대 북도인 성락에도 궁실은 없었다는 점을 시사하는 것이 아닐까 한다. 성락이나 운중고성에서도 중원식의 전통적인 궁전 건축과 연결시킬 수 있는 고고자료는 아직 찾지 못하였기에 그러하다.

평성이 도읍으로 정해지기 전, 탁발규는 후연을 평정한 후 잠시 업성에 행대行臺를 마련하고 머문 때가 있었다.[22] 탁발규는 장차 이곳을 도성으로 삼고자 하였으나 고토와 너무 멀리 떨어져 있고 서쪽의 관중關中에는 아직 적대세력이 상존하고 있는 점을 들어 불가함을 주장한 한족 출신 대신 최호의 의견을 받아들여 평성에 정도하였다. 그러나 업성에 대한 견문은 평성 신도성 건설에 많이 반영된다.

북쪽에 궁성을 두고 그 남쪽에 관부와 귀척貴戚의 리里를 배치하는 등의 공간 구조는 조위 업성을 모델로 한 것으로 이해되고 있다.

평성의 북쪽 위허강御河 계곡은 서쪽 레이궁산雷公山과 동쪽 바이덩산白登山으로 둘러싸인 약 25km에 달하는 요충지이다. 영고릉이 위치한 팡산산方山에서 남북방향으로 이어지는 좁고 긴 계곡 지역은 399년 황실의 금원인 '녹원鹿苑'으로 조성되었다. 421년 녹원의 원장을 설치하고, 이듬해인 422년에는 주회周回 32리의 평성 외곽外郭을 건설하였다. 외곽에는 방坊을 축조하고 그 내부에 항巷을 배치하였다. 방은 큰 것이 4~500가, 작은 것은 6~70가를 수용하는 규모이다. 이러한 방의 구획 방식은 탁발선비가 고안해 낸 고유의 도성 주

21 "天興元年 秋七月 遷都平城 始營宮室 建宗廟 立社稷",『魏書』卷2 太祖紀.

22 업성은 전국시대 위魏의 업읍鄴邑 소재지로서 서문표西門豹가 업령鄴令으로 부임하여 개발을 주도하였으며, 한 대에는 업군鄴郡의 치소였다. 후한 말 기주목冀州穆 원소袁紹의 주지駐地로 있다가 204년 조조曹操에 의해 격퇴되면서 업도鄴都로 건설되었다. 이것이 업북성鄴北城인데, 문헌에 의하면 동서 7리, 남북 5리의 규모였고 서쪽 성장城墻에는 금호金虎 · 동작銅雀 · 빙정氷井 등의 3대臺가 설치되어 있었다. 220년 조비曹丕가 낙양洛陽으로 천도한 이후 조위의 북도北都로 된다. 5호16국 시대에 들어 갈족羯族 왕조 후조(335~352)의 석호石虎가 15년간 도읍하면서 이전까지의 토축 성장을 벽돌을 입힌 전포장塼包墻으로 개축하는 등 대대적인 영조營造가 있었다. 그 후 같은 갈족인 염민冉閔이 건국한 염위冉魏(350~352)의 도성으로 3년, 용성龍城에서 천도한 전연의 모용준慕容儁의 도성으로 13년(357~370) 점용되었다. 장하漳河를 사이에 두고 업북성의 남쪽에는 업남성鄴南城이 있는데, 이는 동위東魏(534~550)와 북제北齊(550~577)의 도성으로 새로 건설된 것이다.

민관리 제도로서(朴漢濟, 2008) 북위 낙양성은 물론, 수·당 장안성에 직접적으로 영향을 주고 나아가 고대 동아시아 도성사 상의 전형으로 자리 잡는다.

평성의 궁성은 한 대의 평성 현성 부분을 고친 것으로서 대략 남북 900~1000*m*, 동서 1000*m*의 규모로 추정된다. 처음에는 서쪽에만 궁을 조영하였다가 점차 동쪽으로 범위가 확대된 것으로 이해되고 있다. 이로써 보면 북위의 궁성 내 전각 배치는 동서 양축으로 나뉘어 배치된 것으로 보이는데, 사실 이러한 배치는 조위 업성 이후 남북조 시대 동안 유지되었던 구조이기도 하다. 단일 중축선의 전각 배치는 수당 장안성에서 확립된다.

효문제 태화太和 14년(490)에 동궁東宮의 태화전太和殿을 허물고 중원 한족 왕조의 정전正殿인 태극전太極殿을 조영하였다. 그리고 외곽의 남동쪽에 명당明堂을 조영한다. 적극적인 한화정책이 추진되고 있었던 것이다. 중원 한족 전통의 건축방식을 배우기 위해 낙양성의 궁성 태극전 터의 규모를 실측하게 하고 장소유蔣少游를 몰래 남제南齊의 건강성에 보내 궁성의 모습을 모사해 오게 하는 등의 일이 이때 있었다.

『위서』에 의하면 대국 시기 소성제昭成帝 탁발십익건을 비롯하여 이후 5황제 및 태자의 장지가 모두 금릉金陵으로 기록되어 있다. 구체적으로 "금릉", "운중금릉雲中金陵" 등으로 표기되어 그를 둘러싸고 동일 장소로 보는 견해와 서로 다른 장소로 이해하는 견해가 있으나(松下憲一·王慶憲, 2011), 최근 구체적인 장소에 대한 현지조사 결과를 토대로 성락과 평성의 중간 지점의 산지로 비정하는 견해가 제시되었다(魏堅, 2010; 魏堅·孟燕云, 2019).

산 정상부를 따라 둘레 길이 160*m*, 높이 10~15*m*의 거대한 원형 토구조물이 16기 가량 확인되어 무덤의 봉토로 판단된다는 것이다. 지금까지 평성 시기에 조성된 북위 능묘는 풍태후馮太后의 영고릉永固陵과 같은 시기에 조성된 효문제의 수릉壽陵인 만년당萬年堂이 있다. 이들은 모두 거대한 봉분을 가지고 있다. 그 동안 북위의 황릉은 봉분이 없을 것으로 보기도 하였으나 이는 금릉의 위치나 사정이 고려되지 않은 탓일 것이다. 장차 발굴조사 등을 통해 적극적인 근거 확보의 과제가 남아 있으나 낙양 망산산望山의 북위 황릉을 고려하면 평성시기 능의 봉분 존재 가능성은 높다.

금릉으로 비정되는 곳은 동서 50*km*, 남북 40*km*에 이르는 넓은 범위이다. 이 부분은 태무제 탁발도가 446년에 사司·유幽·정定·기冀 등 4주의 주민 10만 인을 동원하여 축조한 평성 북쪽 방어선인 기상새위畿上塞圍의 성벽이 능원의 원장垣墻을 겸하고 있다는 사실도 밝혀졌다(魏堅·孟燕云, 2019).

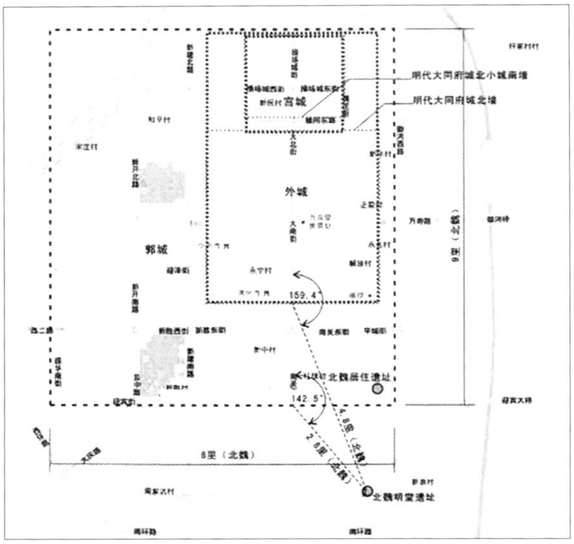

<그림 11> 북위 평성 공간 구조(段智鈞·趙娜冬, 2011)

도무제(386~409)·명원제明元帝(409~423)

태무제(424~452)~헌문제獻文帝(465~471)

<그림 12> 북위 평성 궁성의 전각 배치 변화(段智鈞·趙娜冬, 2011)

5. 소결

기원전 800년을 전후한 시기 고고학적으로 하가점상층문화를 영위한 족속으로 비정되는 산융이 제에 패퇴 · 이산 되면서 인산산맥 남록 및 다링허 · 샤오링허강 유역의 넓은 지역에 걸쳐 비파형동검을 공유하는 제 집단들이 번성하였다. 이들은 전국시대 연과 접경하면서 각축하기도 하였던 동호계 족속이었다. 기원전 300년 무렵 연나라 진개의 타격으로 이들은 시랴오허강의 상류 시라무룬허강 이북으로 흩어졌다.

동호계 족속은 기원전 206년 무렵 흉노 묵특선우의 공격으로 멀리 요동으로 달아나게 되는데, 이때 남쪽의 오환산에 입거한 세력과 북쪽의 선비산으로 들어간 세력으로 크게 나뉘었다. 전자를 '동호남지', 후자를 '동호북지'라 한다. 남지 동호는 오환과 남선비로서 후대의 거란으로 이어지고, 북지 동호는 북선비로서 후대의 실위 · 몽골로 그 맥이 이어지는 것으로 이해되고 있다. 동호남지의 후예는 대부분 남천하여 최종적으로 한인과 동화되었으나 동호북지는 다시 북선비처럼 '흉노고지'에서 중원으로 내려와 한족과 동화한 집단과 실위처럼 몽골고원으로 서천하여 몽골족이 된 집단으로 나뉜다.

선비를 흔히 '동부선비'와 '북부선비'로 구분하는 것은 그런 사정과 관련이 있다. 동부선비는 모용부 · 우문부 · 단부 등이 주요 세력인데, 모용부는 전연 · 후연 · 서연 · 남연 · 토욕혼을, 우문부는 나중에 북주를 건국하였다. 탁발선비는 북위를 건국하여 중원으로 내려와 16국 시대를 종식하고 북조를 통일하였다.

탁발선비의 원주지는 다싱안링 산지의 북단이다. 5세기 대 북위 정권이 공식적으로 인정한 그들의 기원지인 가셴동 유적의 발견으로 남천 이전 탁발선비의 근거지에 대해서는 학계의 이견이 없다. 선비의 남천은 서한 말 · 동한 초 무렵 다싱안링을 넘어 그 서쪽의 후룬베이얼호 주변의 서록으로 진출하였다. 그리고 대략 2세기 후반 경 후룬베이얼 지역을 떠나 흉노고지로의 남천이 시작되었다. 258년 탁발역미가 중원 농경문화와 초원의 유목문화가 교차되는 길목인 정양의 성락에 정도함으로써 남천이 종결되었다.

탁발선비의 남천 과정은 또 한편으로는 국가 형성 과정이기도 하다. "칠분국인"이나 '삼부분립' 등과 같은 부락 재편을 통하여 혈연기반 부락을 지연적 집단으로 재탄생시키는 과정이었다. 이로써 대체로 탁발역미 시기인 3세기 중 · 후반경 초기 국가의 수준으로 성장하고, 4세기 초 탁발의로 시기에는 대국으로 성립되었다.

그 사이 도성은 정양의 성락에서 운중의 성락궁으로 이도하였다가 386년 탁발규가 다시 정양의 성락으로 돌아 왔다. 398년 평성 천도하면서 중원 왕조의 도성 면모를 구비하게 된다. 그리고 그 동안 실체를 찾기 어려웠던 능역陵域 '금릉'은 평성의 경기 지역 북쪽을 방어하는 1천리 장새長塞인 "기상새위" 서쪽에 걸쳐 있었다.

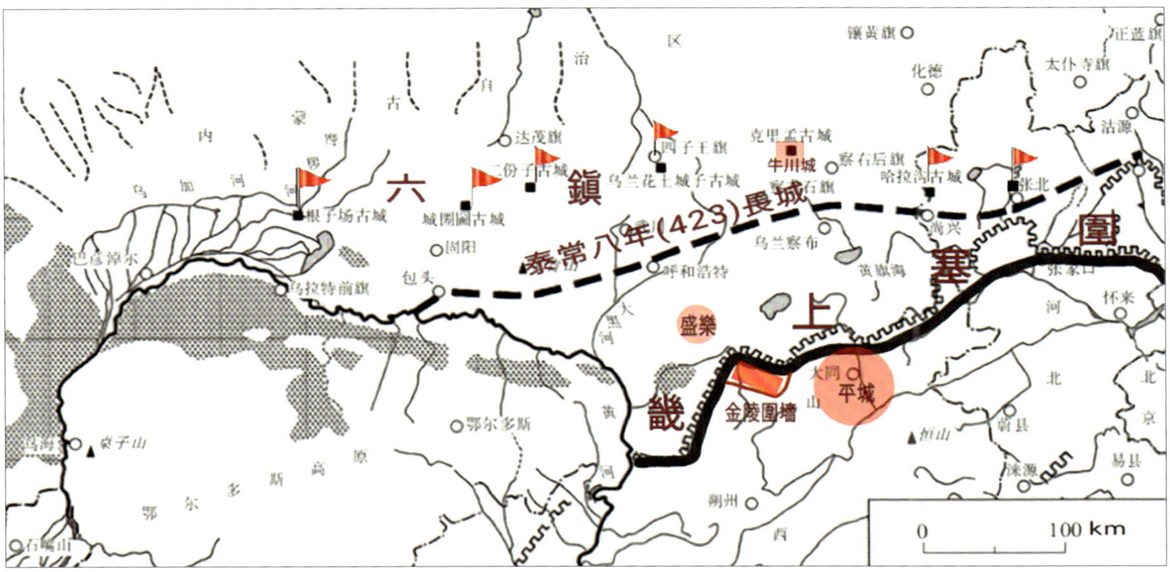

<그림 13> 북위 기상새위와 금릉위장(魏堅 · 孟燕云, 2019 수정)

Ⅱ. 백제와 북위의 교섭

1. 백제와 북위의 교섭 기록

백제와 북위와의 교섭은『삼국사기三國史記』백제본기 개로왕蓋鹵王 18년조 기사가 유일하다. 472년 고구려의 군사적 압력에 대응하기 위해 북위에 청사請師하는 내용의 외교문서이다. 북위의 힘을 빌려 고구려를 견제하려는 계획이 실패함에 따라 백제는 한성을 잃고 남천하는 국가적 위기를 맞았던 사실로 기억되고 있다.

그러나 북위의 역사를 기록한『위서魏書』의 기사에서 백제와 북위 간에는 그 밖에도 더 많은 교류의 기회가 있었음을 짐작하게 한다. 436년 북위 태무제太武帝 태연太延 2년조에는 "(2월) 임진壬辰에 10여 개의 사절단을 꾸려 고구려 및 동이제국東夷諸國에 파견하여 조유詔諭하였다(壬辰 遣使者十餘輩詣高麗 東夷諸國 詔諭之)."라는 기사가 있다. 그 해 3월 북연北燕(409~436)을 정벌하기 위한 외교적 조치로서 주변 국가에 통보하는 목적의 견사가 있었던 것으로 보인다. 다급해진 북연 황제 풍문통馮文通이 이해 5월 고구려에 의탁하게 되는데 이로써 북위와 고구려 사이에는 한때 전운이 감돌기도 하였다. 고구려 스스로 풍문통을 살해함으로써 북연 멸망을 둘러싼 외교적 마찰은 일단락되었지만, 그러한 상황 전개 과정에서 고구려 견제를 위한 백제의 역할은 북위도 잘 알고 있었을 것이다.

472년 북위에 보낸 백제의 표문表文에는 경진庚辰 즉, 440년 무렵 백제의 서계西界인 소석산북국小石山北國의 바다에 10여 구의 시신과 함께 의복 · 마구 등 유류품이 발견 · 수습되었는데, 그 모양으로 보아 고구려의 물건이 아니었으며, 나중에 알아보니 백제에 투항하려던 북위 사람이었다는 사실을 언급하고 있다.[23] 440년 무렵이면 436년 북연을 공벌한 뒤 고구려와 표면적 마찰은 일단락되었지만 여전히 여진이 남아 있던 시절이었던 것으로 짐작된다. 기사 내용으로 미루어 보면 당시 북연 정벌에 참가한 북위의 군사들 가운데 일부는 고구려의 공격을 피해 해상을 통해 백제에 의탁하려 했던 것으로 보인다. 이는 한편으로 당시 백제와 북위의 관계가 그럴 정도로 우호적이었음을 시사하는 것이기도 하다.

그렇지만 이처럼 북위와 백제 관계를 재검토해 볼 만한 문헌사료가 있었음에도 불구하고 그간 육조와 백제 사이의 전통적 유대관계가 강조되는 학계의 연구 경향으로 인해 그다지 주목을 받지 못하였던 것이 사실이다. 그런 가운데 몽촌토성과 풍납동 토성 등 백제 도성 유적에 대한 발굴조사를 통해 그 기원이 분명하지 않은 고고자료들이 눈에 띄게 되었고, 그 가운데는 육조 혹은 남조 지역에서는 그 유래를 찾기 어려운 것들이 적지 않았다. 1987년도 몽촌토성 동북지구에서 출토된 연화문와당은 그런 자료 가운데 하나이다. 중국측 자료에 대한 견문이 축적된 지금에 와서 보면 북위와의 관련성이 더욱 뚜렷해 보인다. 국가 간 교섭 내용은 다양한 분야의 고고자료로 나타날 수 있겠지만, 여기서는 우선 한성기 백제 연화문와당의 기원 문제에 천착하여 백제와 북위 사이의 알려지지 않았던 교섭을 조명해 보고자 한다.

2. 한성기 백제 와당의 계통

한성기 백제 제와기술은 낙랑 등 군현 지역과 관련될 것이라는 생각(龜田修一, 1984)은 어쩌면 당위론적 전제에서 출발되었을지도 모르겠다. 그러나 몽촌토성이나 풍납동 토성 등 도성 지역에서 출토되는 와당의 계통 파악에 있어 낙랑 지역과의 직접적 비교는 그다지 의미를 부여할 만한 성과가 없다. 1980년대 몽촌토성 발굴조사에서 알려진 연화문와당은 백제 것이 아닐 것이라는 추정(권오영, 2003; 조원창, 2008) 역시 근거가 확실하지 않다. 진한秦漢 이래 와당면을 4구분하는 전통이 오랫동안 지속되어 온 것은 분명하지만 지역적 차이와 함께 연화문과 같은 새로운 문화요소와의 융합 과정 등에 대한 면밀한 관찰 없이는 계통이나 기원 파악이 용이하지 않기 때문이다.

몽촌토성 연화문와당의 원류에 대해 필자는 북위와의 관련성을 제기한 바 있다(박순발, 2008: 296~298). 연화문이라는 소재가 와당에 채택되는 것은 중국 남조 지역은 대체로 동진東晉 늦은 시기부터 유송劉宋 초기에 이르는 5세기 전반 무렵이고 북조 지역도 420년

23 "庚辰年後 臣西界小石山北國海中見屍十餘 并得衣器鞍勒 視之非高句麗之物 後聞乃是王人來降臣國",『삼국사기』 백제본기 개로왕 18년조.

무렵 경으로 알려져 있다(賀云翱, 2003). 몽촌토성 연화문와당은 연판蓮瓣의 형태가 복판複辦으로 표현되어 있는데, 복판은 북조 지역에서 먼저 나타나므로 북위와의 연관성을 배제하기 어렵기 때문이다. 그 후 연화문와당은 풍납동 토성에서도 2점이 확인되었다. 문양의 모티프는 몽촌토성 출토품에 비해 정제되어 있어 약간의 차이가 느껴진다. 그에 대해서는 아래에서 다시 자세히 살피기로 한다.

한편, 연화문 이외의 일련의 다양한 문양의 와당군이 있다. 문양의 종류나 수량으로 보면 이들이 연화문 와당보다 많아 한성기 와당의 주종을 이루었던 것으로 볼 수도 있다. 이들 문양 모티프를 전문錢文으로 이해하는 견해(門田誠一, 2001)가 발표된 이후 필자를 포함한 다수의 연구자들도 동의하는 유력설이 되어 있지만 최근까지 알려진 중국측 자료로 보면 재검토의 여지가 있다. 우선 육조 지역에 전문을 모티프로 한 와당이 발견된 바 없다는 것이 가장 큰 입론의 장애가 되고 있을 뿐 아니라 개별 모티프의 구성요소 차원에서 보면 상호 유사성을 상정할 수 있는 와당 예가 점차 증가하고 있기 때문이다. 이러한 일련의 자료들을 종합한 연구에서 한성기 백제 와당은 삼연三燕 시기(337~436) 와당과 관련성이 높은 것으로 보기도 하였다(王飛峰, 2012). 여기서는 필자가 실견한 자료를 포함하여 그 계통 문제를 살펴보기로 한다.

풍납동 토성이나 몽촌토성 출토 와당 가운데 비연화문 계열의 와당의 문양 모티프를 뜯어보면, 사방수지상四方樹枝狀, 십자문十字文, 이분원문二分圓文, 사분원문四分圓文, 원권문圓圈文 등으로 구성되어 있다(〈그림 14〉 참조). 이러한 모티프들은 대체로 동한東漢 대~16국 시기의 중원 및 북방지역 와당에서 그 유례를 찾을 수 있다.

산시성陝西省 지역 출토품으로 추정되는 성문星文와당은 진한 대 이래 전통적인 문양으로서 계선界線에 의한 4구획 와당면에 방사선상의 광망光芒을 표시한 성문을 배치한 것이다(〈그림 14〉의 1). 그에 이은 16국 시기(304~439) 성문와당 예로는 허베이성河北省 츠현磁縣 난잉촌南營村 와요지 출토품이 있다. 와당면을 4구획하는 계선이 없어진 대신 직선 끝에 반구형 부조의 원문이 달린 모티프가 등장한다. 논의의 편의상 원봉문圓棒文이라 한다(〈그림 14〉의 2). 그와 함께 문양의 표현 기법은 동한 시기의 선조線條에서 반육조半肉彫로 이행하고 있음을 알 수 있다. 같은 와요지 출토품 가운데는 성문 대신 직선 끝에 사분원문과 함께 가늘고 날카로운 능형菱形 엽문이 배치된 새로운 문양 구성을 보이는 예도 있다(〈그림 14〉의 3). 한편, 난잉촌 성문와당에서 별빛으로 표현된 방사상의 선조문은 랴오닝성遼寧省 베이퍄오시北票市 금령사金嶺寺 유적 출토 와당에 이르러서는 수지상 선조문으로 변화된 모습이다(〈그림 14〉의 4).

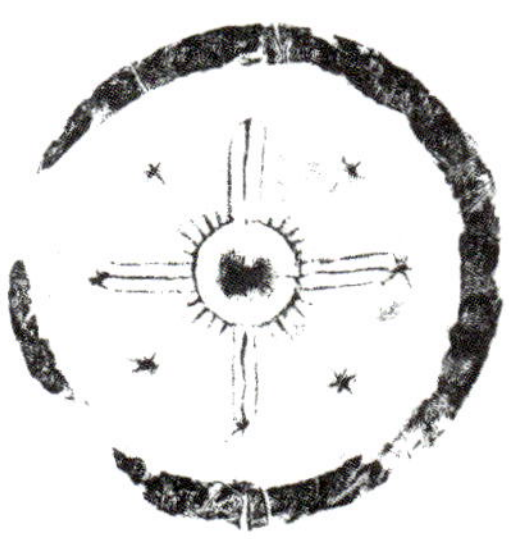

1. 산시 지역 출토 추정 (趙力光, 1998)

2. 업성 난잉촌 출토

3. 업성 난잉촌 출토

4. 베이퍄오시 금령사 출토

5. 풍납동 토성 출토

6. 풍납동 토성 출토

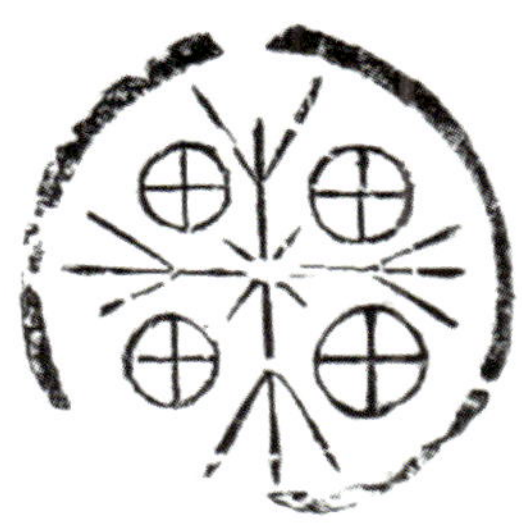

7. 풍납동 토성 출토

8. 풍납동 토성 출토

<그림 14> 삼연 와당과 백제 와당의 비교

츠현 난잉촌 와당과 베이퍄오시 금령사 와당은 모두 삼연의 와당으로 이해되고 있지만(王飛峰, 2012), 구체적으로 난잉촌 출토품은 전연前燕이 업성鄴城에 도읍하던 시기(357~370) 무렵으로, 그리고 금령사 와당은 4세기 말 무렵 후연의 것으로 비정 가능하다. 문양의 모티프 구성상 백제 와당은 기본적으로 16국 시기 삼연 와당과 같은 범주에 해당됨을 알 수 있다. 사방수지상 모티프와 사분원문을 주전鑄錢 용범鎔范의 모습과 유사하다는 점만으로 '전문와당'으로 부르는 것은 적절치 않을 뿐 아니라 와당의 문화적 계통 파악에 혼선을 야기하므로 새로운 작명이 필요하다. '수지원문樹枝圓文' 혹은 수지원문계 와당이라 잠칭暫稱하는 것이 어떨까 한다. 풍납동 토성 출토품 가운데 초화문草花文이라 부르는 와당은 원봉문과 수지상 선조문이 간략화 혹은 퇴화된 모습이고, 거미줄 모양의 동심원 및 구획선문 역시 수지상 선조문이 퇴화된 형이라 할 수 있다.

한성기 비연화문 와당은 이처럼 4세기 4/4분기 혹은 말 무렵에 동한 대의 성문와당에서 유래한 수지원문계가 먼저 출현하였고, 그 기원지는 삼연 지역으로 보아도 좋을 것이다. 여기의 삼연 지역이란 요서 지방만을 일컫지 않는다. 업성·중산中山·계薊·용성龍城 등 삼연의 도읍지를 핵심으로 하는 허베이성·베이징北京·랴오닝성 등지를 포괄한다. 삼연 문화가 백제 지역에 미친 영향은 등자와 같은 기승용 마구의 기원지로, 그리고 금동관이나 금동식리 등 금속공예품 장식 문양 가운데 귀갑문龜甲文 혹은 육각문六角文 등의 중계지로서 알려져 있다(이송란, 2012). 삼연 와당의 한성기 백제로의 파급 및 수용 과정 역시 그 맥락이 다르지 않을 것이다.

그러면 이제 연화문와당에 대해 살펴보기로 하자. 지금까지 확인된 연화문와당은 몽촌토성 출토 4점과 풍납동 토성 출토 2점이 있다. 풍납동 토성 2점은 선조복판연화문와당으로 문양의 구도나 표현이 매우 정제되어 있다. 몽촌토성 4점 가운데 2점은 역시 풍납동 토성과 같은 선조복판연화문와당이지만 선조의 표현이 애매하여 퇴화적인 모습을 보여주고 있다. 몽촌토성의 나머지 2점은 선조능형연화문와당이다. 선조능형연화문와당은 아직까지 비교 가능한 유례를 찾기 어려워 계통 파악이 용이하지 않으나 나머지 연화문와당은 후술하는 바와 같이 네이멍구內蒙古 및 산시성山西省 지역의 탁발선비의 활동 무대와 밀접한 관련을 보여주고 있다.

연화문은 불교의 전파와 함께 서역을 거쳐 중국 내지로 확산되었다. 그러나 연화문을 모티프로 하는 와당은 현재로서는 북위 평성平城시기에 처음 나타난다. 그 무렵의 연화문의 모티프는 연판의 끝이 뾰족하고 1자 모양의 엽맥葉脈이 가운데를 가르는 모양이다. 이를 엽맥문식葉脈文式 혹은 엽륵식葉勒式 연판이라 부르기도 한다. 평성시기의 연화문와당의 연화는 엽맥의 표현으로 인해 복판으로 인식되기도 하는데, 그러한 엽맥의 표현은 인도의 연화 표현 방식에서 유래된 것으로서 복판을 나타낸 것은 아니다. 그리고 평성시기의 연화에는 연자방蓮子房의 표현이 없다. 현재까지 알려진 가장 이른 시기의 연자방 표현은 서진 대에 나타나는 것으로 알려져 있다(吳通, 2019). 허난성河南省 자오쭤시焦作市 산양山陽 베이루北路 서진묘 출토 동완銅碗의 외저外底에 새겨진 연화문이 그것이다(焦作市文物工作隊, 2011). 연판에는 엽맥이 표현되어 있고 가운데 자방은 중앙의 것이 주변보다 큰 1+9 방식으로 표현되어 있다(〈그림 15〉 참조).

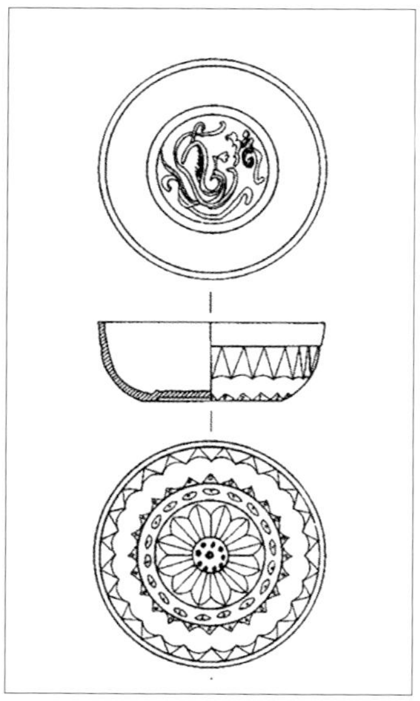

<그림 15> 허난 자오쭤 서진묘 출토 동완 연화문 (焦作市文物工作隊, 2011)

탁발선비의 국가 성립 이후 최초의 도성이었던 성락盛樂의 소재지인 네이멍구 허린거얼현和林格爾縣 일대 및 북위 도성 평성의 소재지인 산시성山西省 다퉁시大同市 지역에서 지금까지 알려진 연화문와당을 보면, 모두 연판의 엽맥이 뚜렷하고 연자방이 없는 것들이다. 자방이 확인되는 것은 493년 낙양洛陽 천도 이후의 연화문와당에서인데, 이는 전술한 것처럼 서진 대에 처음 자방이 표현되기 시작한 곳이 바로 낙양을 비롯한 지역이기 때문으로 이해된다.

네이멍구 및 산시성 다퉁시 지역 연화문은 연판 중간의 엽맥선으로 양분된 화판을 다시 양각 선조를 하나씩 그어 표현하고 있다. 시간이 경과하면서 연판 두 쪽의 선조 부분은 점차 반육조로 변하게 된다. 모덕조毛德祖의 처妻 장지랑張智朗의 석곽 표면에 새겨진 화평원년명和平元年銘(460) 연화문이 그에 해당되는데, 연판의 비후화肥厚化와 더불어 와당의 당심當心에도 변화가 일어나 반구형의 뉴상鈕狀에서 화형花形으로 바뀌었다.

풍납동 토성 연화문와당은 엽맥이 뚜렷하나 엽맥에 의해 분할된 화판 양쪽에는 선문이 없고 당심은 괴량감塊量感이 없는 얇은 뉴상으로 되어 있어, 앞서 본 연판문 표현의 경향으로 보면 상대적으로 이른 시기의 특징을 보여주고 있다. 몽촌토성 출토품은 연판 사이의 간격이 일정하지 않고, 연판 사이의 연결부가 생략되는 등 간략화 내지 도식화가 진행된 모습이 보인다.

이와 같은 양상은 풍납동 토성 연화문으로 대표되는 모티프가 수용된 이후 더 이상의 후속 모티프의 유입 없이 고식적姑息的으로 반복되는 과정에서 일어난 변이 현상으로 생각된다. 전반적인 연판의 형태나 당심의 모양으로 미루어 화평원년명 연화문 이전 단계의 연화문이 백제에 들어 온 것으로 볼 수 있다.

1. 북위 평성 유적 출토
(다퉁시박물관大同市博物館)

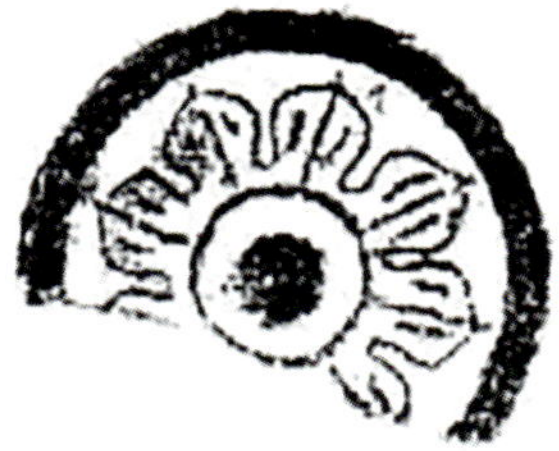

2. 북위 평성 유적 출토
(吳通, 2019)

3. 네이멍구 출토
(네이멍구박물원內蒙古博物院)

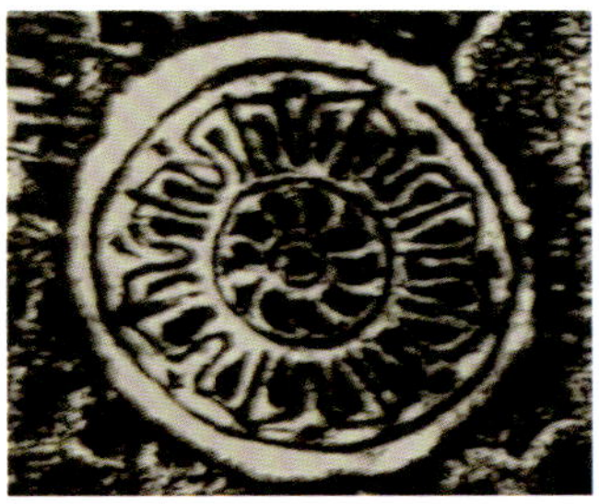

4. 화평원년명 장지랑석곽 출토
(다퉁시박물관)

5. 풍납동 토성 경당지구 출토

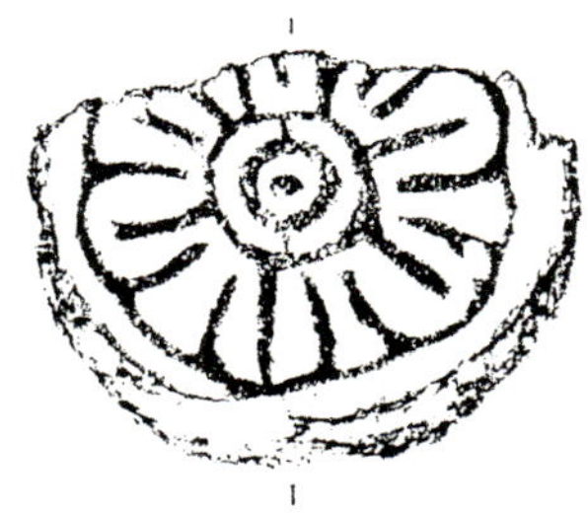

6. 몽촌토성 동북지구 출토

<그림 16> 북위 연화문 와당과 백제 한성기 연화문 와당 비교

『삼국사기』 백제본기에 의하면 371년 동진과 정식으로 수교하였고, 384년에는 동진으로부터 불교를 받아들이기도 하였다. 이러한 정황에 비추어 보면 동진의 와당이 들어 올 수 있는 계기 역시 충분하다. 그렇지만 지금까지 알려진 동진의 연화문와당에는 모두 연자방이 표현되어 있다(王箐, 2006). 적어도 연화문의 모티프로 보는 한 한성기 백제의 연화문와당은 동진 및 남조와의 관련성을 상정하기 어렵다.

한편, 동진 및 남조와의 관련성을 배제하기 어려운 것으로 풍납동 토성 출토 수면문獸面文와당을 들곤 한다. 수면문은 괴수怪獸의 힘을 빌려 승천昇天하여 신선이 될 수 있다는 도교 사상과 함께 대체로 동한 만기 낙양을 중심으로 확산되기 시작하였다. 처음 벽화의 형태로 무덤에 등장하여 서진 시기부터 무덤이나 건축물의 부재에도 장식되기 시작하였다. 간쑤성甘肅省 · 베이징 · 산둥성山東省 등 북방에서 먼저 유행하였으나 중원 출신 사족들이 대거 요동 지역으로 옮겨 가면서 서진과 동진에 걸쳐 성행하였다. 남방지역에는 동진에 들어서 비로소 확산되기 시작하였다(吳桂兵, 2008). 그러므로 수면문와당이 동진이나 남조 지역의 전유물은 결코 아니다.

아직까지 그 수량이 많지는 않으나 북조 지역에서 출토된 것도 있으며, 모티프의 형식으로 보면 대략 남조 지역의 동진~남조 조기에 걸치는 시기와 병행되는 단계로 보인다(〈그림 17〉의 1 및 〈그림 18〉의 2 참조). 풍납동 토성 출토 수면문와당은 2점이 확인되었지만 현재까지 알려진 남경 지역 수면문와당과 동일한 모티프는 찾기 어렵다(〈그림 18〉 참조).

1. 북조 지역 (馮子怡, 2021) | 2. 풍납동 토성 출토 | 3. 북위 평성 명당 출토 (張春, 2021) | 4. 풍납동 토성 출토

<그림 17> 백제 수면문와당과 북조 비교자료

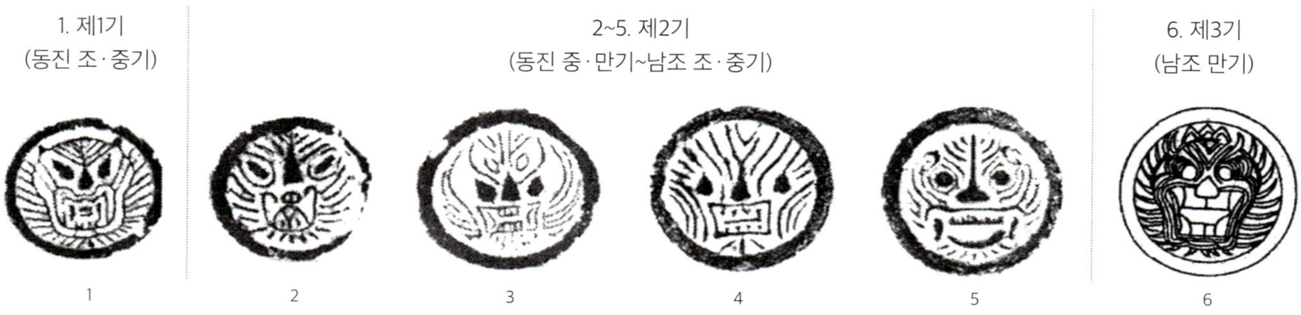

<그림 18> 동진 남조의 수면문와당 (陳允蘭, 2011 수정)

이상의 검토를 통해 현시점에서 비교적 명확해진 점은 한성기 백제의 와당의 계통은 결코 육조 지역과 직결될 수 없다는 사실이다. 지금까지 육조 지역 기원을 전제로 이름 붙였던 이른바 '전문와당'은 그 전제적 근거가 박약하므로 비연화문계 와당으로 부르는 것이 적당할 것이다. 그리고 문양의 모티프 차원에서 본 계보는 삼연의 와당과 밀접한 관계를 상정하지 않을 수 없다. 그에 이어 등장한 백제의 연화문 와당은 북위 평성시기 연화문와당에서 유래하였음이 분명하다. 아울러 수면문와당 역시 평성시기의 북위 와당과 관련될 가능성이 높다.

3. 한성기 북위와 백제의 교섭 배경

북위와 백제 사이의 교섭을 알려주는 문헌사료는 앞서 본 바와 같이 육조와의 교섭에 비하면 매우 적은 편이어서 그간 몰각되어 온 것이 사실이다. 그러나 와당을 비롯한 한성기 백제의 고고자료 상으로는 문헌사료와의 내용과는 상반된다 할 정도로 오히려 풍부한 편이다. 와당은 건축재이므로 그에서 드러나는 관련성은 결국 건축을 담당하는 기술 인력의 교류 내지는 유입을 의미한다.

앞서 살펴본 바처럼 한성기 백제 와당이 전해주는 교섭은 크게 두 계통으로 구분하여 볼 수 있다. 첫 번째는 비연화문계 와당의 유입 계기로서 삼연과의 관계이다. 삼연의 기술 인력이 백제로 유입될 수 있었을 가능성이 높은 시기는 아무래도 전진前秦에 의해 전연이 멸망되던 370년 무렵을 들지 않을 수 없다. 전연의 멸망 시점부터 후연이 성립되는 384년 무렵까지의 혼란기에 허베이 및 랴오닝 지역의 주민들의 백제 지역으로의 이동을 상정할 수 있을 것이다. 풍납동 토성 및 몽촌토성 출토 비연화문계 와당의 모티프들이 허베이의 업성 지역부터 랴오닝의 조양朝陽 지역에 이르는 일대에 분포하고 있는 점은 그러한 사정을 말해주는 것으로 볼 수 있겠다.

이러한 주민이나 기술 집단의 이동은 지속적이지는 않았던 것 같다. 와당 문양의 정체 및 퇴보 현상은 결국 새로운 장식 모티프의 유입이나 개발이 더 이상 지속되지 않는 상황의 산물로 보이기 때문이다. 새로운 돌파구는 또 다른 한 차례의 주민 또는 기술 집단의 유입에 의해 열렸다. 연화문와당 및 수면문와당의 등장이다. 전술한 바처럼 이 단계의 와당은 탁발선비가 건국한 북위에서 유입된 것이다. 그 시기는 북위 평성시기(386~493) 가운데서도 비교적 이른 단계인 5세기 전반경으로 집약된다. 풍납동 토성 연화문와당의 문양 모티프는 현재까지 알려진 북위 평성시기 연화문와당 가운데 어쩌면 가장 앞선 시기에 해당될 지도 모르겠다. 그 무렵은 앞서 문헌 사료를 살피면서 보았듯 북위가 북연을 멸망시킨 436년부터 전역에 동원된 북위 군사들 가운데 일부가 해상을 통해 백제 지역으로 유입되기도 하였던 440년 무렵이 중심이 될 것이다.

그런가 하면, 5세기 전반 · 중엽 경의 이러한 파장에 앞서 396년 허베이 중산에 있던 후연의 도성이 북위에 의해 함락되고 랴오닝의 용성으로 천도하는 과정에서도 이후에 북위 평성시기 문화의 일부가 되었던 요소들이 함께 동천하였을 것이며, 그 중 일부는 한반도의 백제 지역으로 파급되었을 가능성이 있다. 『송서宋書』 백제전에는 비유왕毗有王 때인 450년 유송에 사신으로 파견된 풍야부馮野夫가 "서하태수西河太守"의 직을 가진 것으로 나온다. 서하군은 한 대부터 있었지만 16국 시기의 서하군은 지금의 산시성山西省 리스離石를 치소로 하는 곳으로서 후연이 중산에 도읍할 무렵 그 영토의 서쪽을 지키는 중진이었다. 서하태수 풍야부는 아마도 후연 도성 중산이 북위에 함락될 무렵 동쪽으로 피난한 후 이어서 백제로 귀순한 인물로 짐작된다.

한편, 삼연이나 북위 평성시기의 주민이나 기술자 집단의 한반도 이주만 있었던 것은 아니다. 반대로 고구려를 중심으로 하는 한반도 지역 정치체의 주민들이 북위 평성시기 집단으로 사민徙民된 사례도 많았다. 그와 관련된 고고자료로서 최근 국내에 소개된 바 있는 것이 신홍지申洪之 묘지墓誌이다.

<그림 19> 신홍지 묘지 (다퉁시박물관)

필자는 2019년 8월 17일 다퉁시박물관에서 처음 참관하였다. 신홍지 묘지에는 고려인, 즉 고구려 사람 "고욱돌高郁突"이 등장하고 있다. 『위서魏書』 태조기太祖紀 천흥원년天興元年(398)조에 "산동육주의 민리 및 도하·고려잡이 36만호, 백공기교 10만여 구를 경사에 옮겼다(正月辛酉 徙山東六州民吏及徒河 高麗雜夷三十六萬 百工伎巧十萬餘口 以充京師)."라는 기사를 상기하게 하는 내용으로서 주목된다.

이것을 국내에 처음 소개한 것은 홍승현의 논문(2017)으로 보인다. 이 묘지가 산시성山西省 다퉁시박물관에 소장된 경위나 시점은 알려져 있지 않지만, 1930년대 미즈노 세이치水野清一 · 나가히로 도시오長廣民雄 등이 주축이 된 산시 다퉁 지역의 조사 과정에서 수집되었을 가능성을 상정하기도 한다(殷憲, 2010). 그러나 중국 학계에 그 존재가 알려진 것은 1989년도에 출간된『중국서법감상대사전中國書法鑑賞大辭典』에 게재된 묘지 탁본 사진을 통해서였다.[24] 그 후 2006년에도 허우쉬둥侯旭東(2008)에 의해 처음으로 묘지의 고석考釋과 더불어 북위 평성시기의 사회 · 경제적 상황에 대한 분석이 추가되기도 하였다.

묘지는 종장방형縱長方形의 석재로, 가로 48㎝, 세로 60㎝이다. 묘지의 가장자리 약 2.5~3㎝ 부분은 마치 액자의 틀처럼 글자가 새겨진 부분보다 약 1㎝ 정도 돌출하는 형태로 되어 있다(殷憲, 2010). 10행으로 구성된 총 186자의 지문誌文 내용은 묘주의 성씨姓氏 · 군망郡望 · 가계家系 · 행장行狀 · 상장喪葬일시와 장지葬地 등으로 구성되어 있다. 서술 형식이나 문장 구사는 산문체와 운문체를 병행한 것으로서 정형화된 묘지의 형식인 서序와 명銘이 아직 완전하게 분화되기 직전의 모습을 보이고 있다.[25] 그리고 그 뒤에 3행 50자로 구성된 별기別記가 있는데, 그 내용은 무덤을 만들기 21년 전에 4인으로부터 관견官絹 100필을 주고 20경頃의 땅을 매입하였다는 것이다. 무덤

24 신홍지 묘지 실물이 다퉁시박물관 유물보관고에 있다는 사실이 일부 유관 학자에게 알려진 시점은 1965년이라고 한다. 인셴殷憲(2010)에 따르면 당시 이 묘지의 입고 경위나 출토지점 등에 대해 박물관원 누구도 모르고 있었던 상태였다. 그 후 일본 교토대학京都大學 인문과학연구소人文科學研究所에 소장된 탁본을 처음으로 실은 일본 헤이본샤平凡社(도쿄) 1958년 간행 『서도전집書道全集』6(중국中國6, 남북조南北朝II)의 영인본 사진을 옮겨 실은 중국 다디출판사大地出版社(베이징) 간행 『중국서법감상대사전』을 접한 뒤 다시 관심을 가지게 되었다고 한다.

25 묘지의 정형화된 문체로서 서와 명의 병존 구성은 문헌사료상으로는 유송 대명大明 2년(458) 효무제가 건평선간왕 유굉劉宏을 위해 친찬한 '묘지명병서墓誌銘並序'가 가장 이르다(박순발, 2020). 연흥延興 2년(472)에 작성된 신홍지 묘지는 그보다 시점은 14년 늦지만 아직 서와 명이 완전히 확립되지는 않은 모습이다. '신홍지묘명申洪之墓銘'으로 부르는 예(殷憲, 2010)는 그러한 사정과 무관치 않을 것이다.

을 만드는 과정에 토지를 구입하는 내용의 문서를 흔히 매지권이라 하지만, 그 내용 및 구성이 매지권이 등장한 후 서진 대까지 유행하였던 예와 달라서 매지권으로 간주하기는 어렵다(洪承賢, 2017: 295~296). 토지거래 내용 역시 당시의 역사적 사실을 반영하고 있는 것으로 이해되고 있는 점에서도 그러하다.[26] 그러나, 묘지의 말미에 무덤이 소재한 토지를 매입한 내용을 기록한 점에서 보면 매지권과 전혀 관계가 없다고 할 수는 없으므로 매지권의 전통의 변용으로 이해할 수 있겠다.

묘지의 전문 내용은 다음과 같다.[27]

君姓申 諱洪之 魏郡魏縣人也 曾祖鍾 前趙司徒東」
陽公 祖道生 輔國將軍兗州刺史金鄕縣侯 子孫家」
焉 君少遭屯蹇 與兄直懃令乾之 歸命于魏 君識幹」
强明 行操貞敏 孝友慈仁 溫恭惠和 兄弟同居 白首」
交懽 閨門怡怡 九族式軌 是以詮才委任 甫授東宮」
莫堤 將闡茂績 剋崇世業 而降年不遐 年五十有七」
以魏延興二年十月五日 喪於京師 以舊墳懸遠 歸」
窆理難 且贏博之葬 蓋隨時矣 考謀龜筮 皆亦云吉」
遂築堂於平城桑乾河南 形隨化往 德与時著 敢剋」
斯石 以昭不朽」
先地主文忸於吳提賀賴吐伏延賀賴吐根」
高梨高郁突四人邊買地廿頃 官絹百匹 從來」
廿一年 今洪之喪靈 永安於此 故記之」

군君의 성은 신申, 휘諱는 홍지洪之로, 위군魏郡(지금의 허베이성 남부 · 허난성 북부 · 산둥성 서부에 걸친 지역) 위현魏縣(지금의 허베이성 한단邯鄲 일원) 사람이다. 증조부 종鍾은 전조前趙(석륵石勒의 후조後趙)의 사도司徒를 지낸 동양공東陽公이다. 조부 도생道生은 보국장군輔國將軍(3품 장군)·연주자사兗州刺史(지금의 산둥성 서남부·허난성 동남부 일대) 금향현후金鄕縣侯(지금의 산둥성 자상현嘉祥縣 아청부阿城埠)이다. 이로써 그 자손들이 거기에서 가家를 이루었다.

군이 어릴 적 역경을 맞아 형 직근령直懃令(직근은 황제의 자제를 의미하는 탁발선비 고유 존호이나 구체적인 해석은 분분함) 건지乾之와 함께 위魏에 귀순하였다. 군은 영명하고 재간이 있으며, 품행에 절조와 기민함이 있었다. 효성과 우애, 인자와 온화를 갖추고 공경과 베품으로 화합하였다. 형제가 모두 백수가 될 때까지 함께 즐거이 살았다. 이처럼 집안이 화목하니 뭇 친족들의 모범이 되었다. 이런 군의 재능을 헤아려 나라 일을 맡으니 마침내 동궁의 막제東宮莫堤(자사급의 동궁시랑)에 제수除授되었다.

장차 혁혁한 공로를 드러내고 능히 세업世業을 더 높일 수 있었으나, 하늘이 내린 수명이 길지 않음에 57세 때인 위 연흥 2년(472) 10월 5일 경사京師에서 사망하였다. 구분舊墳 (선영仙塋)이 너무 멀어 귀장할 도리가 없다. 영박지장贏博之葬(타지에서 지내는 장례)은 대개 형편에 따르는 것이거늘. 점괴 역시 길하니, 마침내 평성의 상건하桑乾河 남쪽에 무덤을 만들었다. 형체는 지나면 없어지더라도, 덕은 시간이 가도 드러나는 법이라. 감히 이 돌에 새겨 밝혀 썩지 않게 하노라.

선 지주地主 문뉴우文忸于(우씨于氏)씨의 오제吳提 · 하뢰토부賀賴吐(하란부)의 복연伏延 · 하뢰토부의 근根 · 고리인高梨(고구려) 고욱돌高郁突 4인에게 부근의 땅 20경頃(약 66,700㎡)을 관견官絹(관에서 정한 물물교환용 비단) 100필로 매입하였다. 21년이 지나, 지금 홍지의 시신을 이곳에 영원히 안식하게 하고, 그것을 기록한다.

26 허우쉬둥(2008)은 남조 출신의 신홍지 일가의 주변에 하란부賀蘭部·물뉴우씨勿忸于氏·고구려인 등 서로 다른 부족 혹은 출신들의 토지가 분포하는 점 등은 북위 도무제 개국 초기에 탁발부의 통치 지위 공고화 조치로 취해진 "이산부락離散部落" 및 평성 지역으로 사민한 이후의 토지 수급 상황을 반영하는 것으로 이해하고 있다.

27 묘지의 내용은 허우쉬둥(2008)의 석독을 기본으로 하여, 홍승현洪承賢(2017) 등을 참고하여 필자가 작성하였다.

【 참고문헌 】

국문

權五榮, 「漢城期 百濟 기와의 製作傳統과 發展의 劃期」, 『百濟研究』第38輯, 2003.

朴淳發, 「한국 고대사에서 종족성의 인식」, 『한국고대사연구』44, 2006.

______, 「몽촌토성」, 『漢城百濟史』3, 서울특별시사편찬위원회, 2008.

______, 「極東亞細亞 農獵區 設定」, 『百濟研究』第61輯, 2015.

______, 「무령왕릉 묘지(墓誌) 형태 비교연구」, 『百濟研究』第72輯, 2020.

朴漢濟, 「北魏王權과 胡漢體制-北魏社會의 變質과 關聯하여-」, 『震檀學報』第64輯, 1987.

______, 「遊牧國家와 城郭- 坊牆制의 出現과 그 背景」, 『歷史學報』第200輯, 2008.

이송란, 「백제 한성시기 금속공예의 투각 연속육각문의 수용과 전개」, 『百濟文化』第47輯, 2012.

趙永來, 「塞外時期 拓跋鮮卑의 南遷과 部落의 地域化」, 『中國古代史研究』第12輯, 2004.

조원창, 「몽촌토성 출토 전 백제와당의 제작주체 검토」, 『先史와 古代』제29호, 2008.

G. 에렉젠·양시은, 『흉노』, 진인진, 2017.

洪承賢, 「洛遷 이전 墓誌를 통해 본 北魏 墓誌의 展開-<馮熙墓誌> 前史-」, 『中國史研究』第110輯, 2017.

중문

喬梁·楊晶, 「早期拓跋鮮卑遺存試析」, 『內蒙古文物考古』第2期, 2003.

喬梁, 「二克淺墓地出土三鹿紋飾牌的年代-兼析漢書二期文化的年代下限-」, 『北方文物』第4期, 2005.

____, 「燕文化進入前的遼西」, 『內蒙古文物考古』第2期, 2010.

內蒙古文物考古研究所, 「扎賚諾爾古墓群1986年清理發掘報告」, 『內蒙古文物考古文集』第1輯, 中國大百科全書出版社, 1994.

____________________, 「和林格爾縣土城子古城考古發掘主要收穫」, 『內蒙古文物考古』第1期, 2006.

段智鈞·趙娜冬, 『北魏平城遼金西京城市建築史綱』, 中國建築工業出版社, 2011.

羅新, 「論拓跋鮮卑之得名」, 『歷史研究』第6期, 2006.

米文平, 「鮮卑石室的發現與初步研究」, 『文物』第2期, 1981.

付林·王立新, 「朝陽袁台子周代墓葬的再分析」, 『北方文物』第3期, 2012.

孫危, 『鮮卑考古學文化研究』, 科學出版社, 2007.

松下憲一·王慶憲, 「拓跋鮮卑的都城與陵墓-以呼和浩特地區爲中心」, 『草原文物』第1期, 2011.

宿白, 「東北、內蒙古地區的鮮卑遺迹-鮮卑遺迹輯錄之一」, 『文物』第5期, 1977a.

____, 「盛樂、平城一帶的拓跋鮮卑北魏遺迹—鮮卑遺迹輯錄之二」, 『文物』第11期, 1977b.

楊軍, 「二世紀至十一世紀北族前國家時期的社會組織」, 『歷史研究』第3期, 2018.

倪潤安, 「呼倫貝爾地區兩漢時期考古遺存的分組與演變關係」, 『邊疆考古研究』第9輯, 2010.

______, 「拓跋起源問題研究述評」, 『文物春秋』第1期, 2011.

A.I 奧克拉德尼科夫·王德厚, 「西南外貝加爾鐵器時代的布爾霍圖伊文化」, 『北方文物』第2期, 2008.

吳桂兵, 「兩晉時期建築構件中的獸面研究」, 『東南文化』第4期, 2008.

吳通, 「北方地區漢至北朝遺存所見蓮花紋研究」, 吉林大學碩士學位論文, 2019.

姚大力, 「論拓跋鮮卑部的早期歷史-談<<魏書·序紀>>」, 『復旦學報(社會科學版)』第2期, 2005.

劉國祥·倪潤安, 「嘎仙洞遺址的發現及相關問題探討」, 『文物』第11期, 2014.

劉正成, 『中國書法鑑賞大辭典』, 大地出版社, 1989.

王飛峰, 「三燕瓦當研究」, 『邊疆考古研究』第12輯, 2012.

王禹浪·許盈, 「國內近三十年東胡族研究綜述」, 『哈爾濱學院學報』36卷5期, 2015.

王箐, 「魏晉至隋唐時期中原及南方地區蓮花紋瓦當研究」, 吉林大學碩士學位論文, 2006.

魏堅, 「金陵與畿上塞圍-左雲北魏遺存初識」, 『邊疆考古研究』第9輯, 2010.

魏堅·孟燕云, 「北魏長城考辨」, 『文物』第7期, 2019.

魏堅·郝園林,「北魏六鎮軍政地位的考古學觀察」,『河北師範大學學報(哲學社會科學版)』第7期, 2020.

韋正,「鮮卑墓葬研究」,『考古學報』第3期, 2009.

殷憲,「北魏申洪之墓銘及幾個相關問題」,『山西大同大學學報(社會科學版)』24卷1期, 2010.

李凭,「盛樂成爲漠南中心的歷史背景」,『學習與探索』第3期, 2010.

張久和,「東胡系各族綜觀」,『內蒙古大學學報』第2期, 1990.

張郁,「和林格爾土城子試掘記要」,『文物』第9期, 1961.

張紅星,「托克托縣雲中古城相關問題初探」,『內蒙古文物考古』第2期, 2004.

翟德芳,「試論夏家店上層文化的青銅器」,『內蒙古文物考古文集』第1輯, 1994.

趙力光,『中國古代瓦當圖典』, 文物出版社, 1998.

曺永年,「早期拓拔鮮卑的社會狀況和國家的建立」,『歷史研究』第5期, 1987.

______,「拓跋鮮卑南遷匈奴故地考古學研究的文獻反證-重讀宿白先生<<東北、內蒙古地區的鮮卑遺跡>>」,『內蒙古師範大學學報(哲學社會科學版)』48卷6期, 2019.

朱永剛,「大、小凌河流域含曲刃短劍遺存的考古學文化及相關問題」,『內蒙古文物考古文集』第二輯, 中國大百科全書出版社, 1997.

陳永志等,『呼倫貝爾文化遺産』, 文物出版社, 2014.

陳雍,「扎賚諾爾等處墓葬陶器的比較研究」,『北方文物』第2期, 1989.

焦作市文物工作隊,「河南焦作山陽北路西晉墓發掘簡報」,『文物』第9期, 2011.

韓嘉谷,「從軍都山東周墓談山戎·胡·東胡的考古學文化歸屬」,『內蒙古文物考古文集』第1輯, 1994.

許永杰,「鮮卑遺存的考古學觀察」,『北方文物』第4期, 1992.

賀云翱,「南京出土六朝瓦當初探」,『東南文化』第1期, 2003.

呼倫貝爾盟文物管理站,「鄂倫春自治旗嘎仙洞遺址1980年清理簡報」,『內蒙古文物考古文集』第2輯, 中國大百科全書出版社, 1997.

侯旭東,「北魏申洪之墓誌考釋」,『1~6世紀中國北方邊疆、民族、社會國際學術研討會論文集』, 科學出版社, 2008.

영문

Sian Jones, *The Archaeology of Ethnicity : Constructing identities in the past and present, Routhledge*, 1997.

북위 불교미술의 특징과 교류사적 의의

강희정
서강대학교

Ⅰ. 폐불과 복불, 그리고 황제즉여래설

북위 불교미술의 특징은 다양성과 개방성에 있다. 중국에 불교가 전해진 후 약 3세기 정도 지난 386년 선비족 탁발부는 중국 북부에 위魏를 세웠다. 대왕代王의 지위를 계승한 탁발규拓跋珪는 성락을 수도로 위를 건국하고, 화북평원을 정복했다. 탁발규가 바로 398년 수도를 산서성 평성平城(현재의 대동大同)으로 옮기고 막강한 제국을 세운 도무제道武帝이다. 북위는 빠르게 불교를 받아들여 양적 · 질적으로 빠지지 않는 기념비적인 불교미술을 창조했다. 도무제는 법과法果를 도인통道人統에 임명하고 사원과 탑을 건립했다. 법과는 '황제가 법왕法王의 화신이며, 황제를 숭배하는 일은 부처를 찬양하는 것과 같다'는 주장을 최초로 편 인물이다.[1] 이는 인도에 있었던 신왕사상神王思想(deva-raja)을 빌려온 개념이기는 하지만 법과의 자세는 남조 승려들의 태도와는 정반대되는 태도였다. 남조 동진東晋의 승려 여산 혜원은 '사문은 왕에게 예를 표하지 않는다'는 '사문불경왕자론沙門不敬王者論'을 주장해 지배층과 마찰을 빚기도 했던 만큼 법과의 태도는 북조 불교가 남조 한족의 불교와는 정반대의 길을 걸었음을 알려준다.[2] 하지만 북위의 불교 수용 과정이 순탄하게만 이뤄졌던 것은 아니다. 중국 역사상 가혹한 불교 탄압으로 이름을 떨쳤던 3무1종의 폐불廢佛 중에 하나가 태무제太武帝(재위 423~452)의 폐불이었다. 사실상 북중국 전역을 통일한 정복왕 태무제는 최호와 구겸지의 영향으로 도교를 숭상하면서 마침내 불교 승려를 환속시키고 사찰을 폐사하며, 사원 소유의 토지와 노비를 국유화하는 폭압적인 폐불을 단행했다. 사원이 3만 개소이고, 승려가 3백만이라 했던 북위 불교는 태무제의 재위 기간 내내 숨죽여야 했고, 결국 황폐해지고 말았다.

1 법과와 담요를 중심으로 북위불교의 승관제에 대해 소찰한 글로 원영만, 「北魏 僧官制 성립과 변천에 관한 연구 : 法果와 曇曜를 중심으로」, 『한국불교학』55, 2009, pp. 69-93.

2 周伯戡, 「慧遠"沙門不敬王者論"的理論基礎」, 『臺大歷史學報』第5期, 1982, pp. 67-92; 강문호, 「東晋時代의 沙門不敬王者論」, 『동국사학』37, 2002, pp. 419-451; 芹川博通, 「国家と仏教—慧遠「沙門不敬王者論」とその周辺」, 『淑徳短期大学研究紀要』43, 2004, pp. 107-144. 적어도 쿠샨 시대 인도는 법왕이나 전륜성왕 개념이 중요하게 받아들여졌지만 4-5세기 이후 힌두교의 발흥과 함께 신왕사상이 점차 세력을 얻었다. 신왕 개념이 확고하게 자리 잡은 것은 동남아 고대 왕국이지만 중앙아시아에서도 이와 관련되는 개념이 받아들여지고 있었을 가능성을 배제할 수 없다. 비슷해 보이지만 법왕(dharma-raja)은 부처를 일컫는 말이므로 논외로 한다.

북위 불교의 부흥은 태무제의 손자인 문성제文成帝 탁발준拓跋濬(재위 452~465)에 의해 이뤄졌다. 문성제는 할아버지의 폐불로 간신히 명맥을 유지하던 불교를 되살리기 위해 복불령復佛令을 내렸다. 서슬 퍼런 폐불의 위협을 피해 사방으로 흩어졌던 승려들이 되돌아왔다. 사현도 그중 한 사람이다. 문성제는 사현을 도인통으로 임명했고, 모처럼 얻은 복불의 기회를 놓치지 않기 위해 사현은 황제는 현세의 여래라는 뜻으로 다시 '황제즉당금여래皇帝卽當今如來'라는 주장을 폈다. 이어서 그는 북위를 건국한 도무제부터 문성제에 이르는 다섯 명의 황제를 본떠 동으로 불상을 제작하기 시작했다. 거의 5미터에 이르는 1장 6척의 장육불 5구를 만드는 일은 쉽지 않았다. 완성을 보지 못하고 사현이 세상을 뜨자 그의 뒤를 계승하여 사문통沙門統 직위에 오른 담요曇曜가 불사를 이어받았다. 담요는 황제즉당금여래설 역시 그대로 수용하여 더욱 적극적으로 문성제의 마음을 얻었고, 대동 무주새에 운강석굴이라는 인류 문명에 길이 남을 유산을 짓기 시작했다. 460년의 일이다.

담요가 건설한 운강 최초의 다섯 굴을 담요5굴이라 하며 각 굴마다 모신 큰 불상이 각 황제에게 바치는 굴로 알려졌다(도1). 사실 5명의 황제를 모델로 했다고도 하지만 누구도 5명 황제를 다 본 사람이 없을뿐더러 현재 조각의 얼굴은 전부 비슷하게 생겼기 때문에 황제들을 불상으로 만들어 담요5굴에 모셨다고 단언하기는 어렵다. 465년 문성제의 사후 담요는 실각한 것으로 보인다. 기록에 등장하지 않기 때문이다. 따라서 운강석굴 다른 굴들의 개착과 조각에 담요가 관여했을 가능성은 적다. 운강석굴의 조각에 변화가 보이는 것도 이와 관련이 있을 것이다. 문성제 사후 헌문제(재위 465~471)가 즉위하지만 실권은 문명황태후에게 있었다. 헌문제의 뒤를 이어 효문제(재위 471~499)가 즉위한 후에도 여전히 문명황태후가 섭정을 했는데 이때 대대적으로 한화 정책을 폈고, 효문제 역시 이를 따라서 493년 낙양으로 수도를 옮기며 더욱 한화漢化에 박차를 가했다. 한화 정책은 사실상 선비족의 한족 동화를 추진하는 것이었다. 한화 정책의 배경에는 선비족과 흉노, 저족과 갈족, 강족이 유목민으로서 농경에 기반한 정착사회를 경영하기 어려웠다는 판단이 있었기 때문이다. 효문제는 문명황태후의 영향도 있었지만 일찍이 북위가 당면한 국가 경영상의 어려움을 깨닫고, 적극적인 한화 정책을 폈다.[3] 과거 5호16국의 국가가 난립하고 짧은 기간에 명멸했던 때와 달리 선비족이 세운 나라 북위가 오래 지속될 수 있었던 데에는 선비족의 한화가 토대가 되었다. 한화를 통해 북방에서 남하한 유목민 이민족들이 북위로 통합되었다고 할 수 있다. 정작 선비족은 호어胡語와 호복胡服이 금지되고, 성씨도 원元씨로 바꾸면서 자신들의 정체성을 잃어버리고 스스로 포기한 대가인 셈이다. 불교미술에서 보이는 다문화적 요소들은 어떤 의미에서는 선비족의 포용력과 융화 정신에서 비롯됐다고 할 수 있다.

도1. 운강 제20굴, 460년경, 북위, 산서성 대동

3 북위가 북중국을 통일하고 100년이 넘게 통치할 수 있었던 이유는 적극적인 한화 정책으로 피지배층인 한족을 포용하고, 전통적인 통치 체제를 확립했기 때문이라고 알려졌다. 전진과 후진의 저족과 강족은 장안을 기반으로 하여 막강한 군사력으로 상당한 영토를 차지하고 제국을 건설했지만 정치적 실패로 국가 존속 기간은 짧았다. 이들은 중원을 다스리기에 적합한 효율적인 중국식 제도의 정비에 소홀했기 때문에 탁발부와 달리 오래 권력을 유지하지 못했다고 본다.

II. 운강석굴 조영과 사민정책

선비족 탁발부拓跋部는 하늘의 상제上帝와 조상을 숭배하여 희생제를 지내는 풍습이 있었다는 점은 알선동嘎仙洞 제사유적에서도 확인된 바 있다. 여느 토착 종족이나 유목민의 전통에서 볼 수 있듯이 귀신이나 자연 현상에 대한 샤머니즘에 기반한 믿음도 있었다. 원래 용맹한 부족장 중에서 대인大人을 추대해 섬기는 풍속이 있었는데 부족 연합이 확대되고 나라를 세우면서 이 관념이 확장되어 황제를 숭배하는 단초를 제공했으며, 이것이 배경이 되어 부처를 섬기는 일이 용이했다고 본다.[4] 중원의 새로운 정복자로서 선비족은 불교를 통해 이미 오랜 세월 거주해온 선주민인 한족들과 이념을 공유하거나 공감대를 형성할 수 있었을 것이다. 외래 민족의 유입과 토착 선주민들 사이의 갈등을 불교를 통해 해소할 수 있었을 것으로 보인다. 여기에는 불교의 포용력과 융화력이 크게 작용했고, 선비족의 경우에는 유독 황실과의 결탁이 불교의 확산에 중요한 역할을 했다. 황실의 적극적인 후원이 북위 불교의 확산에 도움이 되었다는 주장은 일찍부터 논의되었다. 특히 북위 평성 및 낙양시대 문명황태후와 영태후靈太后가 거대한 사찰을 조영하고, 석굴사원을 개착하는 등의 불사를 일으킨 데 주목할 필요가 있다. 여성의 후원이 명확하게 드러나지 않는 남조의 불교문화와는 달리 비록 권력층이긴 하지만 여성이 사찰을 조영하거나 불사를 후원한 일이 북조 불교미술에 나타나는 특이점이라고 할 수 있다. 북위의 선비족은 여성의 강한 권력을 인정했기에 태후들이 적극적으로 사원 건립 및 불상 건립을 후원할 수 있었다.[5]

구마라집 이전의 격의불교格義佛敎는 한족들이 자신들의 전통적인 사유 방식으로 불교를 이해하려 했다. 불교 경전의 오역과 오해는 당연한 일이었다. 그런데 산스크리트 불교경전을 정확하게 번역함으로써 격의불교 시대를 끝냈다고 평가 받는 구마라집鳩摩羅什(Kumarajiva)을 초빙하고 우대했던 여광呂光과 요흥姚興은 각각 저족과 강족 출신이었다.[6] 우리가 '중국불교사'라 호칭하면서 동아시아의 불교를 이해하고 연구하지만 이것은 '한족불교사'와 동의어가 아니다. 격의불교 시대에 한족불교사는 끝났다고 할 수 있다. 어떤 의미에서는 새롭게 남하하고 북부 중국 일부를 점령 및 지배한 이민족 군주들의 호의가 인도에서 유래한 불교의 원의를 더욱 잘 전달되게 만들었다고 볼 수 있다. 한발 더 나아가 이를 단지 지배층의 불교가 아니라 폭넓은 신앙층의 확산으로 이끌어낸 것은 탁발부의 북위였다고 해도 과언이 아니다. 연이은 정치적 혼란과 전란으로 남쪽으로 쫓겨가 서진西晉을 세우고 명맥을 유지하던 한족들은 중원에서의 주도권을 잃어버린 채, 불교에 관한 한 일종의 지적 진공상태에 있었다. 동진東晉의 여산廬山 혜원慧遠이나 지엄智嚴, 법현法顯과 같은 고승이 없었던 것은 아니나 당시 남조에서 활동한 승려들은 인도, 동남아시아에서 들어왔다.[7]

양 무제의 전폭적인 지지와 우대는 6세기 전반 불교사원 건립과 보수로 이어졌지만 남조에서는 은둔과 은일을 중시하는 노장사상과 청담淸談이 인기를 끌었다.[8] 불교를 수용한 이민족들과는 다른 사상과 신앙, 문화를 일궜던 것이다. 남조 불교가 융성하지 않았다고 단정하기는 어려우나 막강한 경제력으로 불사를 후원할 수 있는 세력이 적었을 것이다. 반면 북위를 포함한 이민족 군주들은 강력한 후원을 통해 신앙층의 확산을 이끌었다. 선비족 탁발부는 승려들을 우대하고, 불교 경전 연구와 번역을 적극 지원했다. 북중국에서 불교의 확산과 불교미술의 발전, 그리고 북위의 정치는 긴밀하게 연결되어 전개되었다.

북위 불교의 급속한 팽창과 발전은 북위가 영토를 점령하는 과정에서 실시한 사민 정책 때문에 가능했고, 사민에 따른 수도 평성으로의 타 지역 문화의 이식이 상당히 결정적인 역할을 했으므로 북위 불교를 '사민불교'라 지칭해야 한다는 주장도 귀 기울일 필요가 있다.[9] 대대적인 영토쟁탈전에서 승리하고, 해당 지역의 피정복자들을 대대적으로 이주시킨 일은 북위 역사에서 종종 찾아볼 수 있다.[10]

---

4 石松日奈子, 『北魏佛敎造像史の研究』, 東京: Brücke, 2005, pp. 27-33.

5 낙양 사찰 발굴을 통해 본 문명태후와 영태후의 불사에 대해서는 양은경, 「中國 北魏 平城, 洛陽지역 佛敎寺刹의 분석과 鮮卑族 습속이 佛事활동에 끼친 영향」, 『고문화』80, 2012, pp. 5-35.

6 원필성, 「格義佛敎에 대한 再考 -釋道安의 例를 중심으로-」, 『불교학보』58, 2011, pp. 45-75.

7 『고승전』, 『속고승전』에 나오는 남조의 유명한 승려들은 천축이나 부남에서 교지를 거쳐 중국에 들어간 전법승들이 많다. 영향력이 매우 컸던 혜원의 활동에 대해서는 이희재, 「여산(廬山) 혜원(慧遠)의 백련결사(白蓮結社)의 의의」, 『한국교수불자연합학회지』20권(2호), 2014, pp. 72-90.

8 양무제기의 불사에 대해 양은경, 「梁 武帝시기 불교사찰, 불교조각과 사회변화」, 『한국미술사교육학회지』23, 2009, pp. 241-276; 소현숙, 「梁 武帝와 同泰寺」, 『불교학보』54, 2010, pp. 153-186; 同, 「聖王의 大通寺 創建과 梁 武帝」, 『백제문화』60, 2019, pp. 121-140; 주경미, 「양 무제의 아육왕 전승 구현과 고대 동남아시아」, 『인문논총』67, 2012, pp. 3-48.

9 石松日奈子, 위의 책, pp. 55-77.

가령 398년에는 모용연의 후연後燕을 점령하고 하북에서 36,000명을 대거 이주시켰고, 439년에는 북량北涼을 정복하고 양주에서도 3만 호에 달하는 대대적인 사민을 실시했다.[11] 하지만 거의 대부분 고향에서 멀리 떨어진 수도 평성(대동大同)으로 강제 이주를 당한 이들 하북과 양주 이주민들이 모두 불교도였다거나 바로 불사 건립과 불상 조성에 참여했다는 증거는 사실상 찾아볼 수 없다. 다만 하북과 양주에는 이른 시기부터 불교가 전해졌음이 분명하고 양주는 4세기경에 이미 석굴사원을 개착했던 곳이기 때문에 두 지역에서 불교미술 역시 상당한 수준으로 발달했을 것이라는 점은 짐작하기 어렵지 않다. 하지만 사민불교라고 규정하거나 하북, 양주에서 이주된 사람들이 불교미술에 영향을 미쳤다는 생각은 대국代國 시기 탁발부가 불교를 잘 알지 못했다고 보는 관점이라는 점에서 주의를 요한다.

더욱이 북량이 정복된 시기가 439년이고, 이 시기는 태무제의 불교 탄압이 이어지던 때라는 점에서 불교의 확산과 불교미술 조성에 바로 양주 사민이 영향을 미쳤다고 보기는 어렵다. 운강석굴이 처음 개착된 때가 460년이므로 사민 시점과는 시기적으로 약 20년 정도 차이가 나는 점도 양주와 하북 사민이 대동을 중심으로 하는 북위 불교미술에 곧바로 직접적인 영향을 주었다고 보기 어려운 까닭이다. 특히 양주에는 금탑사金塔寺, 마제사馬蹄寺, 천제산석굴天梯山石窟을 비롯한 하서회랑河西回廊 지역의 초기 석굴사원과 돈황 막고굴莫高窟이 있기 때문에 양주에서 옮겨온 사람들이 운강석굴 개착에 직접 관여했을 것이라고 추정되었다. 이러한 추정에는 운강 초기 5굴(제16~20동)의 개착을 주도한 담요가 원래 양주 출신이라는 점도 크게 작용했다. 하지만 460년에 비로소 가능했던 운강의 개착은 양주민의 사민과 상당한 시차가 있으며 당시 사람들의 수명을 생각해보면 다소 의심스럽다고 하지 않을 수 없다. 역으로 북량 멸망 당시 막고굴이 어떤 형태였는지는 분명하지 않다. 현재까지 알려진 막고굴의 가장 이른 시기 석굴은 제272굴, 제275굴인데, 이들 석굴의 개착 시기는 북위설과 북량설 두 가지 추정이 있다(도2).[12] 막고굴을 처음 조영한 사람이 낙준이고 366년 처음 개착을 했다고는 하지만 해당 시기의 유적과 유물은 현지에서 발견되지 않았고, 위의 두 굴이 가장 이르다고 알려졌다. 확실하게 북량 대에 조영됐다고 보는 석굴은 장액張掖 금탑사석굴이지만 현재 남아 있는 석굴에서 기본 평면을 제외하면 북량 대의 원 모습을 추정하기는 어렵다.[13] 금탑사와 막고굴 제272굴, 제275굴의 조각 역시 차이가 있다. 결국 양주 사민이 운강을 포함하는 북위의 불교미술에 직접적인 영향을 주었다는 것은 추측이라고 할 수 있다. 더욱이 막고굴을 포함하여 양주의 석굴사원 조각은 소조塑造가 주류라는 점에서도 사암을 깎아 만든 운강석굴의 조영방식과는 굴을 깎아나간 방식과 조각 수법 면에서 근본적으로 다르다는 것에 주의할 필요가 있다. 바꿔 말해서 하북과 양주의 사민이 운강석굴을 비롯한 북위 불교미술에 영향을 주었을 가능성을 배제할 수는 없으나 결정적인 역할을 했다고 보기는 어렵다. 하북과 양주 사민은 갈족과 저족, 일부 한족 중심으로 이뤄졌으리라고 추측할 수 있으므로 5호16국 시대에 북중국에 살았던 여러 민족들을 북위로 흡수 통합하는 기제가 되고, 이는 이들의 다양한 문화와 상징이 북위 미술에 반영되는 결과를 낳았다.

도2. 돈황 막고굴 제272굴, 북량 혹은 북위, 감숙성 돈황

10 전영섭, 「北魏前期 被征服民政策과 身分制支配」, 『역사와 세계』18, 1994, pp. 39-61.

11 가구 수로 3만호이므로 인원으로 따지면 최소 10만 명이 넘을 것으로 추정된다.

12 돈황문물연구소는 북량 시기(421~439)로 보고, 쑤바이宿白, 구와야마 쇼신 교수를 비롯하여 야기 하루오 교수 등은 5세기 후반 운강 제2기와 같은 시기에 조성되었다고 보았다. 八木春生, 『雲崗石窟文樣論』, 東京: 法藏館, 2001.

13 금탑사 석굴의 개착 연대를 북량기 저거몽손의 후원에 힘입었다고 추정한 논문은 양은경, 「甘肅省 金塔寺石窟의 개착년대와 北凉불교와의 관계」, 『한국미술사교육학회지』20, 2006, pp. 143-175.

Ⅲ. 호한胡漢의 융합과 북위 불교미술의 다양성

1. 한식漢式 복장의 북위 불상과 호복 공양자상

북위 불교미술에서 가장 큰 논쟁은 불상의 복제를 둘러싸고 이뤄졌다. 간단히 말해서 불상이 어떤 옷을 입었는가, 옷을 입는 방식은 어떻게 변화됐는가에 관한 논쟁이 오래 지속되었다는 뜻이다. 인도에서 전해진 불상을 모델로 중국에서 불상을 만들기 시작했을 때에는 당연히 인도 간다라나 마투라식 불상 복식을 입고 있었지만, 점차 중국화가 진행되면서 중국식, 정확히는 한식 복장을 한 불상들이 만들어지기 시작했다. 담요가 정치적으로 힘을 잃은 것으로 보이는 때인 466년 이후 조성된 것으로 추측되는 소위 운강 제2기 석굴에서 처음 한식 복장의 불상들이 나타나기 시작한다. 운강 제5굴, 제6굴, 제16굴 등의 본존불상은 통견이나 양주식 편단우견으로 옷을 입었던 담요5굴의 대불들과 달리 중국식으로 옷을 입었다(도3). 이들 본존불의 옷은 여러 겹으로 겹쳐 입고, 가사가 어깨를 모두 덮으며, 가슴 부분이 약간 넓게 드러나는 것이 특징이다. 정면관 중심으로 처리된 법의는 좌우로 넓게 펼쳐져 옷 자체가 삼각형을 이룬다. 마치 두루마기를 입은 듯한 모습으로 복식과 옷주름은 대단히 평면적이고 입체감이 사라졌다. 일정하게 층단을 이룬 옷주름은 깊고 두꺼우며 조각적인 특성보다는 회화적 성격이 두드러진다. 이러한 복식은 통견이든, 편단우견이든 긴 직사각형의 천을 신체에 둘러 입는 그리스나 로마식 토가와 같은 옷을 입은 인도 불상과 달리 재단을 하고 마름질을 해서 꿰매어 만든 한식 복장이다. 중국식과 인도식 복장은 근본적으로 현격한 차이가 있다.

도3. 초전법륜상, 운강 제6굴 동벽 남측, 480년경, 북위, 산서성 대동

일본 학자 나가히로 도시오長廣敏雄는 효문제가 처음으로 제6굴을 조영했으며, 황제의 복식을 본떠서 불상을 조영했다고 주장했다.[14] 효문제는 480년부터 준비해서 486년에 호복을 금지하고 한복을 입게 하는 복제개혁을 했기 때문이다. 그러면 자연스럽게 운강 제6굴은 일러도 480년 이후에 조영했으리라는 추정이 가능하다. 물론 여기에는 한식 복제를 채용한 불상 조성이 남조의 영향을 받은 것이지, 효문제의 복제개혁과 관련이 없다는 주장도 있다. 이는 사천성 무현에서 남제 영명永明 원년(483)명 불상이 발굴되어 중국식 복식이 남조에서 먼저 조성되기 시작했다는 중국학자 양홍楊泓의 주장에 의한 것이다(도4). 어느 쪽이든지 불상 복식의 변화가 480년을 전후하여 본격화되기 시작했으며 북위 황실의 강력한 한화정책 추진이 그 배경에 있다는 점은 분명하다. 운강석굴의 절대적 후원자였던 북위 황실의 정책이 불상 복식 표현에도 중요한 영향을 미쳤고, 다른 외래 민족에서 찾아보기 힘든 북위의 포용력에 의한 변화라 할 수 있다. 호한의 대립과 북위의 한화 정책에 관해서는 다양한 측면에서 연구가 진행되었지만 한화 정책과 불교미술의 변화가 관계없다고 말하기는 어려울 것이다. 그보다 일방적인 한화漢化라고만 규정하기는 어렵고, 한화 정책을 통해 선비족의 관습과 생활문화, 한족의 관점과 시각미술이 통합되었다는 데 초점을 맞출 필요가 있다.

한편 운강의 조상을 중심으로 한족漢族의 복식을 한 불상에만 중점을 두다 보니 상대적으로 호족胡族, 즉 탁발 선비의 복식을 한 공양자 조각에 대해서는 도외시한 것도 문제이다. 실제 운강석굴에는 호복을 한 공양인들이 작게나마 표현된 것을 상당히 많이 찾아볼 수 있다(도5). 그러나 이에 대해 주목한 기존 연구는 거의 없다고 해도 과

14 長廣敏雄,『雲崗と龍門』, 東京: 中央公論美術出版, 1964.

도4. <'永明元年영명원년'명 불상>, 483년, 현숭 발원, 남제, 사천성 무현

도5. 호복 공양자상, 운강 제6굴, 북위, 산서성 대동

언이 아니다. 무엇보다도 현재와 같은 연구 프레임에서는 '한화'가 '중국화'를 의미한다. 하지만 과연 한화가 중국화로 포장되어도 좋은가에 대한 문제 제기가 필요한 때이다. 중국 북방에서 남하한 탁발선비가 중화의 땅에서 제3의 이민족 문화인 불교를 받아들여 어떻게 자신들의 불교문화로 탄생시켰는지, 여기에 어떤 방식으로 북위의 문화요소들을 투영시켰는지를 확인할 필요가 있다. 운강석굴을 포함한 북위 불교미술에 나타나는 호복을 입고, 호모를 쓴 선비족 표현에 대해서도 좀 더 관심을 기울여야 한다. 이시마츠 히나코 선생의 연구는 이를 구체적으로 검토한 대표적인 업적이다. 그는 아래로 흘러내린 옷주름과 불상의 대좌, 감실의 관계에 주목했다. 이시마츠 선생은 호복상胡服像의 작례를 검토해서 북위의 불상에서 옷자락과 대좌를 3가지 형식으로 나눴다. 그는 첫째, 대좌가 없고 옷자락도 표현되지 않은 형식, 둘째, 옷자락과 대좌가 불감 밖에 표현되는 형식, 셋째, 옷자락과 대좌가 감실 안에 표현되는 형식으로 나눴는데 이것이 선비족의 이문화異文化 수용 양상 이해에 도움이 된다고 했다.[15] 불상의 복제도 중요하지만 호복 공양자상을 보면 한족의 문화만이 '중국'을 형성했다고 보기 어려우며, 이민족 특히 선비족이 중국 문화 형성에 기여한 부분에 주목해야 한다고 생각한다.

2. 글자와 비의 수용

거대한 돌을 다듬어 글자를 새기고 반듯하게 비석으로 세우는 일은 한족 고유의 전통이다. 특정한 문구를 새기고, 장식을 더해 누군가를 기리거나 특정한 일을 기억하는 목적으로 세우는 비석은 다른 문화권에 없는 조형물이다. 탁발 선비족은 유목민들의 문화에 없는 풍습을 수용하여 불교미술로 확장했다. 비의 형식은 비수碑首, 비신碑身, 기단부로 이뤄지는데 비신에는 글자를 새기고, 비수는 용이 얽혀 있는 형태로 만든다. 비의 형식을 빌어 불상을 만든 비상碑像 역시 북위 시대에 처음 등장한다. 애초에 비상이 선비족에 의해 시작됐다고 볼 수 있는 근거는 없지만 북위 대에 더욱 그 형식이 다양하게 발전했다고 할 수는 있다. 북위 황실은 적극적으로 한화

15 이시마츠 히나코, 「北魏佛教美術中の胡服像」, 『중국사연구』35, 2005, pp. 77-97.

정책을 펴면서 선비족 엘리트들의 반대에도 불구하고 494년 낙양으로 천도를 단행한다. 천도와 거의 동시에 낙양 외곽 이수伊水 좌우 암벽에 용문석굴을 조영하기 시작했다. 고양동古陽洞은 용문에서 가장 이른 시기에 조영된 굴이고, 가장 많은 명문이 남아 있는 굴이다. 여기에는 비석 형태의 부조를 곳곳에 새겼다. 북위 황실의 후원으로 조영된 굴임에도 한자 명문이 가장 많다는 점은 더욱 고양동을 특별하게 만든다.

용문석굴의 가장 큰 후원자는 황실이지만 고양동의 작은 굴감과 조상은 개인의 몫으로 자유롭게 굴감을 새길 수 있었고, 그에 따라 고양동에는 다양한 조상기造像記가 새겨졌다. 조상기에는 각종 굴감을 새긴 자신들의 후원 목적과 기원 내역이 담겼다. 고양동 조상기는 글만이 아니라 서예로도 워낙 유명하여 '용문십품龍門十品', 혹은 '용문이십품龍門二十品'에 포함된다.[16] 대표적으로 〈우궐조상기牛橛造像記〉(495), 〈시평공조상기始平公造像記〉(498), 〈북해왕원상조상기北海王元詳造像記〉(498), 〈손추생조상기孫秋生造像記〉(502), 〈양대안조상기陽大眼造像記〉, 〈위령장조상기魏靈藏造像記〉(506) 등이 있다.[17] 이 가운데 시평공, 위령장, 양대안, 손추생의 조상기는 서예사에서 특히 '용문 4품'으로 높이 평가된다. 이 조상기는 효문제와 함께 낙양으로 이주한 문벌 관료들의 발원에 의한 것으로 글도 길고 유려한 문장으로 이뤄졌다.[18]

도6. <시평공조상비> 부분, 용문 고양동, 498년, 북위, 하남성 낙양

원래 비석은 크고 넓적한 돌을 깎아 독립적 조형물을 만들어 세우는 것이지만 단순히 비의 형태를 모방한 부조에 불과한 용문 고양동의 조상기들은 외적인 형태만 흉내낸 것이므로 엄밀히 말해서 비가 아니다. 그럼에도 한족의 조형물인 비의 형식을 따랐다. 〈시평공조상기〉의 예를 보면 조각을 할 수 있는 공간이 협소하여 기단이 적당히 생략됐지만 전형적인 중국 비의 형식을 그대로 따라서 비신과 비수를 제대로 만들었다(도6). "시평공상일구始平公像一軀"라는 제목 좌우에 중앙에서 바깥쪽을 향한 두 마리의 용이 서로 얽혀 있는 모습이 보인다. 굳이 한 대 이래 중국 전역에 퍼져 있었던 비의 형식을 차용해 조상기를 새겨 넣은 것은 발원자들의 의도를 명확히 보여주는 일이며 이는 분명 효문제의 한화에 대한 암묵적인 지지의 표명이라 볼 수 있다. 비석 형태로 새긴 고양동의 조상기는 초기 중국 서예사에서 가장 중요한 기준작이다. 평성기 북위 서예가 그다지 긍정적인 평가를 받지 못하다가 낙양 천도 후 극적으로 높은 평가를 받게 된 배경에는 한화 정책에 따른 한족 등용과 글과 글씨를 중시한 한문화가 있다고 보아야 한다.[19] 낙양기 북위에서 중국적인 성격이 강한 '서예'를 중국 전통의 '비'라는 형식으로 새겼다는 것은 매우 흥미롭다. 한족 문화의 전통이 강한 낙양에서 선비족이 적극적으로 한족 문화와의 융화를 표명한 셈이라 할 수 있다.

이와 관련하여 고양동 조상기에 보이는 여러 발원자를 살펴보면 양대안은 티벳계 저족의 후예였고, 〈북해왕원상조상기〉의 북해왕 원상元詳(476~504)은 헌문제의 7번째 아들이자 효문제의 배다른 형제이므로 북위 황실의 정통을 이은 탁발족이다.[20] 고양동에 새긴 크고 작은 굴감의 후원자들은 다양한 출신과 직위만큼 종족적으로도

16 용문석굴에는 현재 2,345개의 굴감과 10만여 기의 조상, 3,600여 개의 조상기가 알려져 있다.

17 시평공조상기는 기존에 비구 혜성慧成 조상감으로 알려진 것으로 낙주자사洛州刺史 시평공의 아들인 비구 혜성이 아버지를 추모하여 발원한 것이다.

18 정현숙은 고양동의 명문을 분석하여 북위 황족과 귀족이 성씨 개혁과 복제 개혁을 한 자신들의 모습을 드러내고, 기호에 맞는 글씨를 새겼다고 주장했다. 조상기의 글씨는 두 가지 필법으로 분류되며, 낙양에 세워진 한漢, 위魏 「석경」의 서법을 따른 방필의 웅강한 '위비체'와 남조에서 유행한 이왕二王의 서법을 따른 힘차고도 유연한 필법이라고 한다. 정현숙, 「문헌을 통해 본 북위의 국가이념과 용문 고양동의 연관성」, 『서지학연구』35, 2006, pp. 273-302. 하지만 그보다 낙양이 한족 문화를 고수하고 있었기 때문이 아닐까 한다.

19 풍태후의 섭정 기간에 효문제는 중국식으로 원元을 자신의 성으로 썼을 뿐 아니라 한족과의 통혼 등을 적극 장려함으로써 한화의 길을 택했다. 용문석굴의 조영은 『위서魏書』 「석로지釋老志」 참고. 「석로지」에는 "경명(500~504) 초에 세종은 대장추경大長秋卿 백정白整에게 조서를 내려 대경의 영암사靈巖寺석굴(운강석굴)에 준하여 낙수의 남쪽 이궐산에 고조(효문제)와 문소황태후文昭皇太后를 위해 석굴 2곳을 조영토록 하였다."라고 했다. 이 굴은 황실의 전폭적인 후원으로 조영한 빈양동을 말한다.

20 원상은 태화太和 9년(485)에 북해왕으로 책봉되었으며 후에 29세라는 젊은 나이로 죽기는 하지만 499년에는 사공공司空公이, 경명景明 2년(501)에는 태부太傅가 되었던 인물이다.

다양했고, 북위의 관료들과 연관이 있는데 이는 북위의 지배층이 이민족을 포용했음을 의미한다. 한편 용문 20품의 서예 가운데 여성 공양인이 발원한 조상기가 많았다는 지적도 주목할 만하다. 북위 불교의 발전에 여성들의 공이 컸다는 점은 황후들이 후원한 불사에서도 알 수 있지만 조성기를 통해서도 기존의 한족 사회와 달리 여성들의 역할이 컸음을 시사한다. 남자 공양자들이 국가나 황제에 대한 충성심을 표현하고, 여자 공양자들은 주로 개인적인 기원을 했던 점도 특기할 만하다.[21] 고양동 조상기는 운강석굴 조상기가 벽면에 글자를 새긴 2점 정도에 불과하며, 서예사적으로도 의미가 없는 것과 대조적이다.[22] 문자 근거가 천도 이후에 나타나기 때문에 조심스럽기는 하지만 5세기 말을 전후하여 북위의 한화 정책에 연동되어 종족 통합이 가속화되고, 한족과 탁발선비, 저족의 문화가 운강에 이어 용문에서도 융합되는 양상을 보인다고 할 수 있다.

Ⅳ. 북위 불교미술의 복합적 성격

북위는 오랜 전란을 마감하고 100년이 넘는 기간 동안 북중국을 통치했다. 5세기 말부터 박차를 가한 한화 정책으로 호복을 금지하고 한식 복장을 착용하게 했으며, 선비족의 성을 중국식 성씨로 성을 바꾸는 등 제도적 정비를 했다. 이는 불교미술의 변화에서도 드러난다. 이민족이었던 탁발선비는 문성제의 복불 이후 더욱 불교를 신봉하고 대규모로 석굴사원을 지었다. 운강석굴과 용문 고양동 및 빈양동 개착으로 이어진 대대적 불사를 하면서 공양자로서 호복을 입은 이민족과 한족 복식을 한 불상을 조각했다. 한족의 조형적 특징이 드러나는 비석을 차용해 불상을 만들었으며, 용과 봉황을 비롯한 각종 상징을 채용해 곳곳에 표현했다. 선비족 고유의 미술문화에는 없었던 상징들이 불교미술에 나타난 것은 선비족이 주도한 것은 아니다. 하지만 서진이 420년 전후에 세운 병령사炳靈寺석굴에는 보이지 않는 용과 봉황 장식이 막고굴 북위굴부터 운강석굴 곳곳에 보인다는 점은 한족의 상징을 탁발부가 적극적으로 수용하여 불교미술에 포함시켰음을 말해준다(도7). 양주 사민이 운강의 조영에 주도적인 역할을 했다고 보기는 어려우나 어느 정도 영향을 미쳤기에 담요5굴의 대불이 양주식 편단우견을 보여주는 것도 같은 맥락에서 이해할 수 있다. 왼편 어깨를 덮은 양주식 편단우견이 양주에서 멀리 떨어진 대동에서 나타나는 것은 한편으로 사민의 영향이기도 하지만 북위의 포용력에 기인한다.

도7. 용, 운강 제10굴, 480년경, 북위, 산서성 대동

21 정현숙, 「<용문20품>에 나타난 북위의 유가사상」, 『동서철학연구』41, 2006, pp. 239-263.

21 운강석굴 제11굴 동벽에는 태화 7년(483)에 95구의 보살상을 조성했다는 명문이 있지만 서예사나 조각사에서 별 관심을 끌지 못했다.

북위의 힘은 한화에서 온 것만은 아니다. 탁발선비는 소그드, 저족, 강족 등을 비롯한 다른 이민족의 힘과 문화를 포용하고 받아들여 이를 토대로 제국을 건설했다. 운강석굴에 조각된 비슈누와 시바는 이전의 중국미술에서는 찾아볼 수 없는 다면다비多面多臂의 조각이다. 하지만 인도나 하서회랑 일대의 석굴사원, 혹은 다른 독립 조각의 다면다비상과는 전혀 다른 형식과 도상을 보여준다. 비슈누와 시바 조각이 많지는 않으나 운강의 조각들은 다면다비의 힌두신상들을 북위가 재해석하고 재창조했음을 시사한다. 또한 운강과 용문석굴에 모두 보이는 호복의 공양자상, 공현석굴 벽면의 황제 및 황후예불도에 나타나는 한식 황제의 복장을 하고 면류관을 쓴 황제의 묘사를 보아도 북위의 개방성을 확인할 수 있다(도8). 북위 대에 조영된 석굴사원과 독립상에서 불교미술의 통합적·복합적 성격을 드러내는 표현이 많기도 하지만 이를 단순히 이민족 선비의 미술로 볼 수 없다는 점은 분명하다. 기원이 인도나 중앙아시아, 혹은 한족에 있더라도 그 상징체계와 미술적인 상상력을 종합한 것은 북위이다. 북위는 5호16국 시대 이래의 정치적 혼란을 불식한 것만이 아니고 대륙을 아우르는 문화적 통합으로 수·당 통일제국의 번영을 이룩할 수 있었다. 300년간 지속된 대제국 당의 영화가 가능했던 것은 융합과 포용으로 다문화의 기초를 닦은 북위의 수용적인 태도에서 비롯되었다. 북위 불교미술의 역사적 의의는 제국 문화로의 도약을 가능하게 했다는 점에 있다.

도8. 황제예불도, 용문 빈양중동, 520년경, 북위, 미국 메트로폴리탄미술관

从嘎仙洞、盛乐、平城到洛阳
——拓跋鲜卑迁徙和发展历程

韩生存
大同市博物馆

北魏王朝是中国历史上第一个由少数民族拓跋鲜卑入主中原建立的政权。在统治的一百四十多年的历史中，拓跋鲜卑谱写了一曲曲波澜壮阔的历史篇章，留下了珍贵的物质和精神财富，而影响后世，在中华民族的历史上占有举足轻重的地位。有学者甚至将这一发展模式称之为"拓跋模式"。[1]拓跋鲜卑的发展史，时至今日值得我们回味和研究的地方，不论从政治、军事、经济、文化和对外交流方面，都具有重要的现实意义和历史意义。本文以拓跋鲜卑的迁徙和发展历程中的遗迹为依据，结合文献资料，试图就拓跋鲜卑迁徙和发展历程进行粗浅的梳理，以求教于方家。

一、嘎仙洞和拓跋鲜卑起源问题

拓跋鲜卑是中国古代北方少数民族鲜卑族的一支，源于东北地区兴安岭一带，《魏书》记载，"昔黄帝有子二十五人，或内列诸华，或外分荒服，昌意少子，受封北土，国有大鲜卑山，因以为号。其后，世为君长，统幽都之北，广漠之野，畜牲迁徙，射猎为业，淳朴为俗，简易为化，不为文字，刻木纪契而已，世事远近，人相传授，如史官纪录焉。黄帝以土德王，北俗谓土为托，谓后为跋，故以为氏"。[2]这段话完整表述了拓跋起源的两个问题，明确以拓跋为黄帝后裔，以大鲜卑山为拓跋发祥地。

1 倪润安：《光宅中原--拓跋至北魏的墓葬文化与社会演进》，上海：上海古籍出版社，2017年。

2 魏收：《魏书·序纪》，北京：中华书局，1974年。

关于大鲜卑山的问题，实际上就是探寻拓跋鲜卑的族源问题的关键所在。关于拓跋鲜卑的起源问题的求证，最早可追溯到距今1500多年前的北魏拓跋焘统治时期。根据乌洛侯国使者提供的祖庭信息，为了寻根问祖，求证这一问题，太武帝拓跋焘命大臣李敞一行人，开始了艰辛的寻根之路，最终在今呼伦贝尔阿里河镇找到了祖庭"旧墟石室"，即今称之为嘎仙洞(图一)。并进行了一系列祭祖活动，在洞内题记以示纪念。

这一活动，《魏书》均作了详细的记载。据《魏书・礼志》记载，"魏先之居幽都也，凿石为祖宗之庙于乌洛侯国西北。自后南迁，其地隔远。真君中，乌洛侯国遣使朝献，云石庙如故，民常祈请，有神验焉。其岁，遣中书侍郎李敞诣石室，告祭天地，以皇祖先妣配"。[3]《魏书・乌洛侯传》记载的更为详细："世祖真君四年来朝，称其国西北有国家先帝旧墟，石室南北九十步，东西四十步，高七十尺，室有神灵，民多祈请。世祖遣中书侍郎李敞告祭焉，刊祝文于室之壁而还"。[4]

由此可见，《魏书》不仅提出了拓跋的发祥地是"大鲜卑山"，还为大鲜卑山的位置提供了一个坐标点--石室。这就为我们研究拓跋发祥地和族源问题找到了直接和关键线索。1980年，呼伦贝尔文物工作站米文平先生在文物普查工作中发现了该遗存--嘎仙洞，并发现北魏太平真君四年祝文刻石(图二)。还对嘎仙洞进行了试掘。[5]根据发现的题记内容，与《魏书》记载的内容进行比对，内容基本一致，不同的几处字句稍有出入。并认为"石刻祝文的发现，确凿地证实了嘎仙洞即拓跋鲜卑祖先居住的旧墟石室。"因而我们有足够的理由可以作出结论：历史学界长期没有解决的大鲜卑山的所在，不言而喻，当然就在这一带，可以说，嘎仙洞一带地方，就是鲜卑族的发源地。[6]

嘎仙洞这一重大发现，轰动学术界，引起激烈的学术争鸣。大致为以下两种观点，一为肯定说，认为米文平的发现与研究不仅为马长寿的观点[7]提供了实证，而且具有里程碑意义。不仅为拓跋鲜卑的起源地提出了准确的地理座标，也为阐明东胡族系的分布，提供了新的证据。[8]将刻石祝文誉为近代鲜卑学形成和发展"第四阶段的里程碑"，"由此，确定了大鲜卑山即为今大兴安岭，鲜卑石室即今嘎仙洞，鲜卑发源地即为此地区，确定无疑地证实了《魏书》记载的真实性，在鲜卑学的文献与考古相结合的历程中又飞跃了一大步"。[9]"这一发现不但为研究拓跋鲜卑早期历史和多民族祖国的历史补充了重要资料，也为研究东北历史地理和古代民族分布提供了一个崭新的、鲜明的座标，是东北考古学一项令人振奋的突破"。[10]1982年，谭其骧主编的《中国历史地图集》采用了米文平的观点，新增了鲜卑石室和大鲜卑山的标注，乌洛侯、地豆于等方位也据以修订。[11]1984年，宿白先生据鲜卑石室的发现，认为起码在5世纪中期相传的拓跋鲜卑故地在今天的嫩江上游一带。[12]1985年，夏鼐先生肯定鲜卑石室的发现"解决了鲜卑族的发源地问题"。[13]

3 魏收：《魏书·礼记一·卷一〇八》，北京：中华书局，1974年。

4 魏收：《魏书·乌洛侯传·卷一〇〇》，北京：中华书局，1974年。

5 米文平：《鲜卑石室的发现与初步研究》，《文物》，1981年第2期；米文平：《鲜卑石室所关诸地理问题》，《民族研究》，1982年第4期。

6 米文平：《鲜卑石室的发现与初步研究》，《文物》，1981年第2期。

7 关于"大鲜卑山"和"石室"位置的考证问题，长期以来学术界有多种说法。对"大鲜卑山"有：大兴安岭说、外兴安岭说、贝加尔湖附近伊尔库斯克一带说等；对"石室"位置的考证有额尔古纳河流域说、贝加尔湖附近说、嫩江和额尔古纳河之间的大兴安岭山脉之内说、在嫩江流域而靠近大兴安岭说等。对发祥地最为集中的推断是大兴安岭，并以马长寿的大兴安岭北段说影响最大。马长寿在其专著《乌桓与鲜卑》中论述的最为详尽。

8 佟柱臣：《嘎仙洞拓跋焘祝文石刻考》，《历史研究》，1981年第6期。

9 干志耿、孙秀仁：《关于鲜卑早期历史及其考古遗存的几个问题》，《民族研究》，1982年第1期。

10 王承礼、张忠培、林沄、方起东：《东北考古的主要收获》，《东北考古与历史》第一辑，北京：文物出版社，1982年。

11 谭其骧主编：《中国历史地图集》，第二册第40--41、47页标注"大鲜卑山"，第四册第3--4、17--18、19--20、21--22页标注"石室"，北京：地图出版社，1982年；谭其骧主编：《〈中国历史地图集〉释文汇编·东北卷》，北京：中央民族学院出版社，1988年。

12 宿白：《"鲜卑"考古的提出和近期的发展》，[日本]橿原考古学研究所纪要《考古学论攷》第10册，奈良县立橿原考古学研究所，1984年。

13 夏鼐：《中国文明的起源》，北京：文物出版社，1985年。

另一种为质疑说，自上世纪80年代后期以来，质疑米文平观点的意见渐多，甚至有彻底否定的观点出现。1988年，中国台湾学者康乐最早提出异议，并在[台湾]《历史月刊》1988年第5期，发表了题为《鲜卑石室的发现》一文。文章基本否定米文平的观点，认为根据现有资料，至多只能说嘎仙洞是公元五世纪时拓跋人所认为的祖先原居地，更不能认定这就是拓跋鲜卑的"发源地"。自90年代以后，大陆学者也开始提出不同的看法。陶克涛在其专著《毡乡春秋·拓跋篇》中认为，视嘎仙洞为拓跋的"祖宗之庙"，实在是不伦不类，并认为"大鲜卑山"就是鲜卑山，是被魏收妄加一"大"字而已，鲜卑山本身就是未知数，所在地不易确定，任何试图论定拓跋人源于大兴安岭，嘎仙洞就是他们的"祖庙"云云，都是太过迂执而上了魏收的当。1993年，张博泉认为"以发现的嘎仙洞中的北魏刻石为据断定为拓跋鲜卑的'祖宗之庙'和起源地，依我看就是在文献与考古结合上，忽视了对文献记载的真伪考证，以误为真而得出的看法，至少这种看法是应当商榷的。[14]2002年，李志敏认为鄂尔多斯高原才是拓跋鲜卑实际的发祥地。[15]2013年，罗新先生将北魏太武帝派人拜祭"鲜卑旧墟石室"看作嘎仙洞的第一次发现，把米文平找到的北魏铭文看作是嘎仙洞的第二次发现，然后从民族起源史研究中普通存在方法论陷阱的角度，探讨嘎仙洞从历史想象获得历史真实性的过程，认为"嘎仙洞的第一次发现，不能用作三百年前拓跋先世历史的可靠史料，因为这个史料本身，就是为了现实服务的历史想象"。[16]

笔者为了筹办"融合之路--拓跋鲜卑迁徙与发展历程"展览，曾于2017年9月实地考察了嘎仙洞这一重要的遗迹。从实地调查的情况看，这是一处天然形成的花岗岩质地的大洞窟，但人工修整的痕迹十分明显，是一处古代人类生产生活活动的重要场所无疑。1980年，呼伦贝尔文物工作者对嘎仙洞的考古调查和发掘也证明了这一点。他们对嘎仙洞的试掘，开了四条探沟和两条保护沟。探沟地层分为三层:第1层，出土少量陶片和兽骨，不见细石器;第2层，多为陶片和少量的细石器，陶器均为手制夹砂陶，以黑褐陶敞口罐为主，亦有少量直口罐，不见壶、瓶、盆、碗等;第3层，出土遗物以细石器为主，无陶器和其他器物，所出动物骨酪均为全新世野生动物。简报认为第3层可能属中石器时代文化堆积，第2层属早期鲜卑文化层。[17]从发掘情况看，嘎仙洞内的考古遗存并不丰富，且疑点，年代缺环较大，仍需做细致的考古工作。据探沟发掘出土的文物看，鲜卑文化层说明早期鲜卑人曾在这一区域活动，为我们深入研究拓跋鲜卑起源问题提供了比较可信的坐标点。根据学术界对这一重大发现的评价，笔者认为，刻意的无边际的任意拔高或贬低嘎仙洞发现的意义，都是不切实际不足称道的。要彻底弄清这一区域的文化埋藏情况，仅凭一个点的发现，挖几条探沟是远远无法弄通和解决这一历史悬案。在文献资料严重缺乏的情况下，考古工作显得尤为重要和迫切。笔者认为，当务之急应抓紧做好大量细致的考古调查和发掘工作，进而补充完善前期工作的缺项，最终全面揭示嘎仙洞及其周边的文化内涵才是重中之重的工作。

众所周知，作为一个族群在一定地域一定时期的活动，不可能仅停留在一个或几个点上，应该有一个或几个区域比较广泛的"面"的空间。拓跋鲜卑的活动轨迹同样离不开这一基本法则。从上世纪五六十年代起，文物工作者先后在呼伦贝尔地区发现了大量的鲜卑人活动的遗迹。除嘎仙洞遗址外，另一处是满洲里市的扎赉诺尔圈河墓地，被认为属于拓跋鲜卑早期遗存。[18]经过几代考古人的辛勤工作，基本确认其时代大约是拓跋祖先推寅(宣帝)"南迁大泽方千余里，厥土昏莫沮洳"前后的遗迹。[19]时间段大约为东汉时期。[20]此外，在呼伦贝尔地区还发现九处两汉到魏晋时期的鲜卑遗存。即陈巴尔

14 张博泉:《嘎仙洞刻石与对拓跋鲜卑史源的研究》，《黑龙江民族丛刊》1993年第1期;《嘎仙洞刻石与对鲜卑史的研究》，《鲜卑新论女真新论》，长春:吉林文史出版社，1993年。

15 李志敏:《嘎仙洞的发现与拓跋魏发祥地问题》，《中国史研究》，2002年第1期。

16 罗新:《民族起源的想象与再想象--以嘎仙洞的两次发现为中心》，《文史》，2013年第2辑。

17 呼伦贝尔盟文物管理站:《鄂伦春自治旗嘎仙洞遗址1980年清理简报》，《内蒙古文物考古文集》第二辑，北京:中国大百科全书出版社，1997年。

18 郑隆:《内蒙古扎赉诺尔古墓群调查记》，《文物》1961年第9期;内蒙古文物工作队:《内蒙古扎赉诺尔古墓群发掘简报》，《考古》，1961年第12期;王成:《扎赉诺尔圈河古墓清理简报》，《北方文物》，1987年第3期;陈凤山、白劲松:《内蒙古扎赉诺尔鲜卑墓》，《内蒙古文物考古》，1994年第2期;内蒙古文物考古研究所:《扎赉诺尔古墓群1986年清理发掘报告》，《内蒙古文物考古文集》第一辑，北京:中国大百科全书出版社，1994年。

19 宿白:《东北、内蒙古地区的鲜卑遗迹--鲜卑遗迹辑录之一》，《文物》，1977年第5期。

20 李逸友:《扎赉诺尔古墓为拓跋鲜卑遗迹论》，《中国考古学会第一次年会论文集》，北京:文物出版社，1980年。

虎旗完工墓地、鄂温克族自治旗伊敏车站墓地、孟根楚鲁墓葬(含孟根楚鲁北M1、白云乌拉墓地两处)、二道沟墓葬、额尔古纳右旗拉布达林墓地、七卡墓地、新巴尔虎旗伊和乌拉墓地、海拉尔区团结墓地等。这一区域位于今呼伦湖一带，也即《魏书》称之为大泽一带。这和《魏书》记载的基本吻合。这一时期鲜卑人主要为渔猎和游牧并重的生活方式，从出土的文物看，这一时期，鲜卑人与匈奴和中原接触和交流的日益濒繁和密切。经过一个多世纪的积蓄和发展，拓跋鲜卑部落实力大增，这就为下一步南下扩张入主“匈奴故地”，奠定了雄厚的思想基础和物资基础。

公元一世纪末，北方强悍的匈奴民族南北分裂，南匈奴南下融入中原，北匈奴西遁。“匈奴故地”成为真空之地。居于东部的鲜卑人乘势南下，“转移据其地，匈奴余种留者尚有十余万落，皆自号鲜卑。鲜卑由此渐盛”。[21]鲜卑族逐渐形成了以檀石槐为首领的部落联盟时代。“檀石槐既立，……乃分其地为中东西三部。从右北平以东至辽东，接夫余、濊貊为东部，二十余邑，其大人曰弥加、阙机、素利、槐头。从右北平以西至上谷为中部，十余邑，其大人曰柯最、阙居、慕容等，为大帅。从上谷以西至敦煌，西接乌孙为西部，二十余邑，其大人曰置鞬、落罗、日律、推演、宴荔游等，皆为大帅，而制属檀石槐”。[22]由此可知，居于兴安岭东北的拓跋鲜卑，新的迁徙地为西部“匈奴故地”，即今内蒙古河套平原一带。为了抓住这一千载难逢的机会，拓跋鲜卑人排除万难，经过“九难八阻”，到达目的地--“匈奴故地”。《魏书》记载，“献皇帝讳邻立。时有神人言于国曰:‘此土荒遐，未足以建都邑，宜复徙居。’帝时年衰老，乃以位授子。圣武皇帝讳诘汾。献帝命南移，山谷高深，九难八阻，于是欲止。有神兽，其形似马，其声类牛，先行导引，历年乃出。始居匈奴之故地。其迁徙策略，多出宣、献二帝，故人并号曰‘推寅’，盖俗云‘钻研’之义”。[23]

根据近年的考古发现，结合文献记载，基本理清拓跋南迁匈奴故地路线图(图三)。拓跋南迁的第一步是从呼伦湖附近出发，向东翻越大兴安岭北段到达嫩江流域。在这段行进的路线的艰难程度，《魏书》的描述:“历年乃出”。充分说明了尽管大兴安岭山势并不高大，但山区绵延不绝，森林茂密，地形复杂，易迷失方向，这就需要好的向导和合适的交通工具;拓跋在迁徙之初，因考虑不周，而影响行程，当他们发现驯鹿能同时担负向导和运输工具的作用时，才比较顺利地从大兴安岭北段的山谷中沿河走出来。拓跋人沿着大兴安岭南段的南侧山麓或山腰穿越这一区域。走出大兴安岭山地后，拓跋进入草原地区。经过较长时间的停驻、休整。此后，拓跋继续西进，到达目的地。即河套阴山一带的北侧。经过短短的十几年时间的长途迁徙从大泽到“匈奴故地”，开启全新时代--盛乐时代。

二、盛乐时代

三世纪中叶，向西南迁移的拓跋鲜卑，游牧在河套东部，即“匈奴故地”。他们的活动范围大体上逐渐集中到今内蒙古包头市、呼和浩特市、乌兰察布市和山西大同市、朔州市一带。农业生产在拓跋经济中的比重日益增加，拓跋第一个政治中心盛乐(今内蒙古和林格尔县北)开始稳定下来，此前的部落联盟组织遂为初期的国家所代替。拓跋鲜卑进入全新时代--盛乐时代。《魏书 · 帝纪 · 序纪》记诘汾子力微(始祖)之“三十九年(258)迁于定襄之盛乐”。逐步形成了以盛乐为中心的牢固的统治区域。

盛乐城址素有“草原第一都”之称，位于内蒙古和林格尔北十公里，其地北通呼和浩特，南通清水河，是汉定襄郡成乐县旧址(图四)。城址东阻小丘，南傍宝贝河。有郭城，东西窄(1550米)，南北宽(2250米)，形状不规整，略呈五边形。郭内东

21 范晔:《后汉书·鲜卑传》，北京:中华书局，1965年。

22 陈寿:《三国志》卷三〇《鲜卑传》，北京:中华书局，1959年。

23 魏收:《魏书》卷一《序纪》，北京:中华书局，1974年。

南隅有南、北两内城。北内城为唐以来所建。南内城为汉魏遗迹，该城东西建长670米，南北655米，城内文化层堆积较厚，试掘发现大量汉代建筑构件、生活用具和铁制农具、兵器，同时出有牛、马、羊、猪骨和骨器，还有较多的北魏晚期的黑色厚瓦。[24]

由此可见，此时的盛乐未进行大规模的都城建设，其象征意义，大于传统意义的中原王朝的都城。拓跋鲜卑其游牧经济仍占主导地位，活动方式仍东西迁徙，居无定所。同时也可以看出，这个时期的拓跋势力已不仅仅满足于“草原”之地，开始萌生问鼎中原的宏伟志向，视盛乐为一处后方的大本营而已，但盛乐作为北魏王朝早期都城的政治活动中心是不容质疑的。从文献记载和考古发现足已证明这一论断的正确性。

永嘉四年(310)，西晋并州刺史刘琨为利用拓跋力量继续对抗匈奴汉国，为猗卢请封为代公，并尽割陉北之地。永嘉六年(312)，猗卢“城盛乐以为北都，修故平城以为南都。……乃更南百里，于灅水之阳黄瓜堆筑新平城，晋人谓之小平城，使长子六脩镇之，统领南部”。建兴三年(315)，西晋朝廷进封猗卢为代王，“置官属”，标志着代国建立。这几条史料充分表明，拓跋鲜卑抓住西晋王朝势衰的时机，逐步将统治中心南移，基本形成了以盛乐为北都，平城为南都的治理格局，同时营建新平城加快向中原渗透势力的步伐。

内蒙古凉城县发现的猗㐌部遗物和大同市新荣区桓帝夫妇合葬墓--祁皇墓，更进一步佐证了这一点。关于祁皇墓笔者曾专文进行论述，在此不再赘述。[25]拓跋猗㐌部遗物，[26] 1956年在乌兰察布盟凉城县小坝子摊沙虎沟出土，包括有动物图案金饰牌、金兽、金戒指，同时出土了驼纽“晋乌丸归义侯”金印、驼纽“晋鲜卑归义侯”金印(图五)、驼纽“晋鲜卑率善中郎将”银印(图六)。其中一件兽纹金饰牌的背面刻出“猗㐌金”三字，猗㐌即猗㐌，明确了这批遗物的所属。猗㐌于西晋末助并州刺史马腾击刘渊有功，晋假以金印。这三件印应该是当时的政治信物赠品。金饰牌的纹样是用锤鍱的工艺技法制出的，具有浓厚的中原定居民族生产制造的，制作者有明显的官方背景。有的在制作技术上也留有中原制造的痕迹，如雕刻汉字等。这种锤鍱的金牌是北方游牧贵族喜用的饰品。匈奴贵族金饰一般饰以鹿纹、狩猎纹、野兽搏斗和禽兽搏斗纹，而这批金饰都以狼、狐和它们成群的形象为主，还有奔驰的骏马。这种特色显然与匈奴异趣，而与札赉诺尔墓地出的飞马纹铜带饰以及《魏书》记载的引导拓跋部迁徙“其形似马”的“神兽”联系起来，应属鲜卑遗物无疑。这些遗物充分说明是西晋王朝，为了保证周边战略环境的安全、巩固疆域并有效统治、羁縻边疆地区的人群给予的政治信物和政治馈赠品。作为政治馈赠品和政治信物的这些金银器，按照草原游牧帝国统治的逻辑，赠送给首领的这些礼物，是首领维系自身统治重要的物资，其中的政治信物金印、银印，由于包含中原王朝的政治属性，成为他们强调自身权威的重要象征物。

公元386年，趁前秦分裂之机，什翼犍之孙拓跋珪重建被前秦苻坚灭亡的什翼犍代国，称代王，建元“登国”，定都盛乐，改称魏王，定国号为魏，北魏王朝开始步入真正意义上的皇权统治的国家时代。他们以代地为根据地，开疆拓土，为进一步入主中原奠定了坚实的基础。

三、平城时代

398年，北魏道武帝拓跋珪将都城从盛乐迁至平城(今山西大同市)，“始营宫室，建宗庙，立社稷”，北魏统治进入新时代--平城时代。太武帝拓跋焘统治时期，发动了一系列战争，统一北方，中国历史进入南北对峙的南北朝时代，形成了北

24 宿白:《盛乐、平城一带的拓跋鲜卑--北魏遗迹--鲜卑遗迹辑录之二》，《文物》，1977年第11期。

25 许孝堂、马志强、韩生存:《拓跋帝陵祁皇墓考古调查》，《山西大同大学学报》，2019年2期。

26 李逸友:《内蒙古出土古代官印的新资料》，《文物》，1961年第9期。

方以平城为中心，南方以建康为中心的政治军事统治新格局。与此同时，平城建设进入黄金时期，是平城古代史上最繁荣时期。平城建设规划的都市蓝本，是中原的传统都市邺城、洛阳和长安。“后太祖(道武帝)欲广宫室，规度平城四方数十里，将模邺、洛、长安之制，运材数百万根”。[27]同时，大量强行迁徙占领地民众于京畿，充实京师，进行都市的建设和发展。仅道武帝统治时期，迁入京畿的人口就有约一百五十万，其中成为平城都市的新居民估计有一百万左右。“(正月)辛酉，车驾发自中山，至于望都尧山。徙山东六州民吏及徒河、高丽、杂夷三十六万，百工伎巧十万余口，以充京师。车驾次于恒山之阳。……二月，车驾自中山幸繁畤宫，更选屯卫。诏给内徙新民耕牛，计口受田。三月，……征左丞相、卫王仪还京师。……夏四月壬戌，……帝祠天于西郊，麾帜有加焉。……秋七月，迁都平城，始营宫室，建宗庙，立社稷。……八月，诏有司正封畿，制郊甸，端径术，标道里，……”。[28]

近百年的宫城建设大致为两个高潮。第一次高潮时期从天兴元年七月到延和三年(434)七月，共三十六年，重点是宫城内的宫殿、宫室以及宗庙、社稷和其他附属建筑与设施。先后建造有天文、天华、中天、天安、紫极、西昭阳、永安和安乐等八殿。第二次高潮时期从承明元年(476)七月到太和十六年(492)十一月。这一时期主要是扩建和改建原有的宫殿及附属建筑。先后增建了七宝永安行殿、太和殿、安昌殿、坤德六合殿、乾象六合殿和太极殿等。重点工程是在拆毁太华诸殿的基础上建造太极殿及其东、西堂。太和十六年二月开工，同年十月落成。修成的太极殿成为孝文帝宴飨百僚的正殿。此外，郭城的建设范围较大。泰常七年“(九月)辛亥，筑平城外郭，周回三十二里”。[29]郭城内主要有作为居住区的坊、寺庙和中央各级机构。关于坊的情况，“(郭城内)悉筑为坊，坊开巷。坊大者容四五百家，小者六七十家。每南坊搜检，以备奸巧”。[30]

自近代以来有关北魏平城遗址的考古发现也可见其端倪。有关北魏平城遗址的重要发现大致情况如下：1939年夏在大同火车站修建车间供水塔时发现北魏宫城遗迹[31]；上世纪五十年代至八十年代初陆续在市轴承厂(今大同市平城区迎宾街凯德世家小区)一带发现北魏窖藏遗址[32]；1970年在古城东南城墙外发现北魏窖藏遗址[33]；1995年发现的北魏明堂遗址[34](图七)；2002年，在全长900余米的操场城东西街翻修拓宽马路地表时，发现依次叠压着辽金、北魏、两汉文化层[35]；2003年3月，在大同操场城发现北魏一号遗址(图八)，为面阔9间双斜坡踏道宫殿遗址[36]；2007年，又在北魏一号遗址东北150米处(翰林别院小区工地)发现操场城二号北魏遗址，清理出50多个柱础和5个圆缸形粮窖遗迹[37]；2008年，又在北魏一号遗址后发现操场城三号北魏遗址，清理出北魏粮仓遗址、复式宫殿以及建筑遗迹和灰坑[38]；2018年在代王府复建工地发现北魏寺院塔基遗址。[39]另外，还有地表至今遗存的上皇庄、白马城至马铺山一线北魏平城北苑墙遗址和二侯疙瘩北魏佛塔塔心遗址。这些遗存和遗迹从不同角度见证北魏平城过往的辉煌和繁荣的景象。

---

27 魏收：《魏书》卷二三《莫含附莫题传》，北京：中华书局，1974年。

28 魏收：《魏书》卷二《太祖纪》天兴元年条载，北京：中华书局，1974年。

29 魏收：《魏书》卷三《太宗纪》，北京：中华书局，1974年。

30 萧子显：《南齐书》卷五七《魏虏传》，北京：中华书局，1972年。

31 驹井和爱：《东亚考古学·北朝こ 佛迹》(东京弘文堂，1952年)。水野清一：《大同近傍调查记·平城遗迹》(《云岗石窟》第十六卷，京都大学人文科学研究所，1956年)。

32 胡平：《山西大同南郊出土北魏鎏金铜器》，《考古》，1983年第11期。

33 解廷琦：《大同市郊出土北魏石雕方砚》，《文物》，1979年第7期。

34 王银田、曹臣明、韩生存：《山西大同市北魏平城明堂遗址1995年的发掘》，《考古》，2001年第3期。

35 资料尚未发表。

36 山西省考古研究所、大同市考古研究所、大同市博物馆、山西大学考古系：《大同操场城北魏建筑遗址发掘报告》，《考古学报》，2005年第4期。

37 张庆捷、刘俊喜、左雁：《大同操场城又发现北魏重要建筑遗址》，《中国文物报》，2008年9月26日。山西省考古研究所、大同市考古研究所：《山西大同操场城北魏二号遗址发掘简报》，《文物》，2016年第4期。

38 张庆捷：《大同操场城北魏太官粮储遗址初探》，《文物》，2010年第4期。

39 2018年冬，大同市代王府修复工程工地施工时发现北魏寺院塔基遗址，出土大量泥塑佛造像残件。资料尚未发表。

虽然北魏平城是在汉平城县的基础上建设的，后历经唐、辽金元、明清和近现代几个朝代在原址叠压建设，为我们完整清晰还原北魏平城建设增加了难度。但北魏明堂遗址的发现为北魏平城遗址的考古调查和发掘工作提供了明确纪年的坐标点，为北魏平城研究迎来了曙光。

中国自古就有"国之大事惟祀与戎"的观念，明堂则承担着"祀"的一大方面，是帝王祭天祀祖，举行庆赏大典，颁布政令的场所，是礼制文化的载体，也是一个王朝兴盛的象征。早在西周时期就已具有比较完备的规制，发展到汉代已趋成熟。拓跋鲜卑建立的封建王朝从建立的时候起就积极吸收先进的汉文化和管理模式，可以说北魏王朝发展壮大的历史就是汉化过程史。北魏孝文帝时期是北魏王朝繁荣和发展的黄金时期，这就为明堂的建设提上重要的日程。孝文帝太和十年下诏建设明堂的文献资料，《魏书 · 高祖纪》记载的比较详尽。太和十年"九月辛卯，诏起明堂、辟雍"。命大臣李冲具体负责设计施工，《魏书 · 李冲传》记载："冲机敏有巧思。北京明堂、圆丘、太庙，及洛都初基，安处郊兆，新起堂寝，皆资于冲"。"太和十五年十月，是月，明堂、太庙成"。这几条史料就清晰勾勒出这一浩大的皇家工程历时五年完工的时间表。明堂启用后，尽管只使用了短短三年时间，却完成了孝文帝的诸多意愿。"太和十有六年春正月戊午朔，己未，宗祀显祖献文皇帝于明堂，以配上帝"。"太和十六年九月甲寅朔，大序昭穆于明堂，祀文明太皇太后于玄室"。

根据《水经注 · 漯水》记载：建成后的平城明堂"上圆下方，四周十二堂九室，而不为重隅也。室外柱内，绮井之下，施机轮，饰缥碧，仰象天状，画北道之宿焉，盖天也。每月随斗所建之辰，转应天道，此之异古也。加灵台于其上，下则引水为辟雍，水侧结石为塘，事准古制，是太和中之所经建也"。[40]由此可见，北魏明堂的设计施工建设是有"异古"和"事准古制"之说的。换言之，他们在建设明堂时既严格依据中国古代传统的礼制"三礼"的规制，又结合北魏自身文化发展需求，创造出明堂、辟雍、灵台"三宫合一"的新模式，堪称古代明堂建设的楷模。

考古调查和发掘也证明，明堂的选址就是依据《礼记》确定的。《礼记正义 · 明堂位》记载："明堂在国之阳，三里之外，七里之内，丙巳之地"。丙巳即东南方向。我们发现的北魏明堂遗址位于今大同古城东南2.5公里的柳航里一带，恰好位于北魏平城郭城东南，其距离也和文献记载的距离相吻合(图九)。据陈梦家先生考证，北周时的1里约合今442.41米。[41]北周与北魏的历史比较接近，里制应该相差不会太大，正好也印证文献记载的正确性。

另，2001年大同市考古研究所在大同古城南七里村北发现葬于北魏太和八年的杨众庆(度)墓，[42]出土墓砖铭记载：该墓"葬于平城南十里"。经实测，该墓距今明代大同府南城墙8.8里，恰好和今天的实际距离相一致。这些重要发现，我们就很容易标注出平城与明堂之间的位置关系图。这也进一步证明了学者们关于北魏平城遗址郭城南墙与今天的明代大同府城南城墙是一致的推断是有科学依据的。更进一步说明北魏明堂遗址发现的重要性，具有十分深远的历史意义。

由此观之，平城在近百年的营建过程中，分宫城、郭城。外城方二十里，外郭周围三十二里，有门十二。郭城绕宫城南，悉筑为坊。坊开巷，大者容四五百家，小者六七十家，逐步形成宫城、郭城和里坊制的城市建设新格局，城市人口百万余，堪称公元五世纪国际大都市，是汉唐之间城市建设最重要的过渡期，在中国古代城市建设史中占有重要的一席之地。

四、洛阳时代

太和十四年(490)文明太后冯氏去世，孝文帝拓跋宏为了彻底摆脱冯太后势力的干扰和影响，决定迁都洛阳(今河南洛阳市)。《魏书 · 天象志》四："(太和十七年[493])冬十月诏司空穆亮、将作董迩缮宫阳宫室。明年而徙都之。"《魏书 · 高祖纪》

40 郦道元著 陈桥驿校证：《水经注校证》，北京：中华书局，2013年1月。

41 陈梦家：《亩制与里制》，《考古》，1966年第1期。

42 大同市考古研究所：《山西大同七里村北魏墓群发掘简报》，《文物》，2006年第10期。

下:"(太和十九年[495])九月庚午，六宫及文武尽迁洛阳。'宏子恪(宣武)景明二年(501)'九月丁西发畿内夫五万人，筑京师三百二十二坊，四旬而罢"。[43]从此，北魏王朝进入洛阳时代。

洛阳，自古以来即是汉文化的中心地区，所谓"河山拱戴，形胜甲于天下"，素有"天下之中"之称。北魏王朝迁都洛阳，已经不是单纯意义上的地理位置上的迁徙，而是北魏社会全方位融入汉文化的开端，是拓跋鲜卑彻底汉化的标志。《洛阳伽蓝记》卷二记永安二年(529)，南朝梁人陈庆之自洛阳归来后，"钦重北人，特异于常"，并说:"自晋宋以来，号洛阳为荒土，此中谓长江以北尽为夷狄。昨至洛阳，始知衣冠士族并在中原，礼仪富盛，人物殷阜……"。[44]充分反映了北魏迁洛以后不过三十多年"汉化"的程度，已达到使南朝人"特异"的深度，而刮目相看。这是"汉化"，并非单纯地恢复或效仿汉魏制度，而是注入了诸多因素的一次锐变，而影响后世。近几十年来，洛阳汉魏考古新成果新资料的不断取得也可以得以应证。

汉魏洛阳故城遗址位于中原地区的洛阳盆地，是东汉、曹魏、西晋和北魏时期的都城和全国的政治、经济、文化、军事统治中心。该城址除部分城墙遗迹今地面上尚有残存外，大部分遗迹均保存在地面以下，古代城市的规模及格局信息得以最大限度地保存。城址面积最大时是北魏时期，东西、南北各长约10公里。1961年被国务院公布为第一批全国重点文物保护单位，1962年即开始考古勘察一直延续至今。

北魏洛阳城的考古勘察和发掘工作，经过几十年的辛勤努力工作，取得阶段性成果，发掘清理北魏洛阳城南区(图十)，南郊礼制性建筑遗址，[45]皇家寺院永宁寺遗址，[46]基本复原了北魏洛阳城(图十一)。根据发掘成果，我们可以清晰的知道北魏洛阳城依汉魏晋洛阳城而修复、扩建，并吸取了兴建平城时的经验做法，把地势较高的汉以来的旧城，置于中部偏北，然后在低平的外围，主要在东、西、南三面兴建郭城。郭城，北依芒山，南通伊洛，"东西二十里，南北十五里"。[47]将北魏平城时的里坊制引入洛阳城的建设中，并使之更趋完善和合理。"京师……户十万九千余。庙社宫室府曹以外，方三百步为一里，里开四门……合有二百二十里"。[48]《北史·魏太武五王·广阳王建附子嘉传》记:"嘉表请(宣武)于京四面筑坊三百二十，各周一千二百步"。[49]由上记载，可知洛阳郭城内的规划，排满了规整的一里见方，四面开门、内设十字街的里坊。

宫城内基本沿用魏晋以来的宫城布局和制度，城门增加到13座，将西城墙上的雍门向北移约500米改称西阳门，西城墙北段近金墉城处又新辟一座承明门。宣武帝景明二年(501)增修郭城，置320多个里坊及大市、小市、四通市等商业区和居民区。该城规模空前宏大，故称北魏洛阳城号称"东西二十里，南北十五里"，汉和魏晋以来的洛阳城则变成了内城。城市主干道铜驼街，是北魏洛阳最宽的街道，在铜驼街左右布置中央衙署和庙、社的遗址。说明从北到南已逐步为宫城、衙署、寺院和高官宅第所占据，成为北魏都城中最核心的部分。城市人口结构也发生翻天覆地的变化，整个洛阳城游走在大街小巷的人群中，除大量原住民和迁徙来的北方游牧民族外，从西域等地涌来大批外国商旅使臣也成为城市的一道亮丽风景线。《洛阳伽蓝记》记述的比较详尽。

《洛阳伽蓝记》是一部记述佛寺建筑园林风物的书籍。它以记北魏京城洛阳佛寺园林为纲，而系以当时的政治、人物、风俗、地理以及掌故传闻，寄托了作者对国家治乱兴亡的无限感慨。作者杨炫之可谓当代人记当代事，史料价值极高，可与《魏书》、《北史》相证，有些可补正史之不足。关于四方人物往来，商贸物流的记述正史鲜有记载，可补正史之虞。称洛阳

43 魏收:《魏书·世宗纪》，北京:中华书局，1974年。

44 杨衒之撰、范祥雍校注:《洛阳伽蓝记校注》卷二，上海:上海古籍出版社，1978年。

45 中国社会科学院考古研究所:《汉魏洛阳故城南郊礼制建筑遗址1962~1992年考古发掘报告》，北京:文物出版社，2010年。

46 中国社会科学院考古研究所:《北魏洛阳永宁寺1979~1994年考古发掘报告》，北京:中国大百科全书出版社，1996年。

47 杨衒之撰、范祥雍校注:《洛阳伽蓝记校注》卷五，上海:上海古籍出版社，1978年。

48 杨衒之撰、范祥雍校注:《洛阳伽蓝记校注》卷五，上海:上海古籍出版社，1978年。

49 李延寿:《北史·魏太武五王·广阳王建附子嘉传》，北京:中华书局，1974年。

市场周边里坊，逐渐“多诸工商货殖之民”。“商胡贩客日奔塞下……天下难得之货，咸悉在焉”。[50]皇家贵族享用的奇珍异宝，“作工奇妙，中土所无，皆从西域而来”。[51]

关于都城建设从平城时期形成的宫城、郭城格局，发展演变到北魏洛阳城的宫城、内城和外郭城三重城圈的新格局，是中国古代都城首创，影响到隋唐、宋和元明清的都城建设模式。北魏洛阳城址的遗存也明显代表了这一时期的文明与文化特征，见证了魏晋南北朝时期游牧民族与农耕民族大融合所促生的独特城市文化，不仅展现了佛教在中原地区的传播和本土化过程，是中国古代本土文化和域外文化激烈碰撞的重要区域，也是中华民族五千年文明历史发展形成的重要中心地区，对中国历史的发展进程具有非同寻常的重要作用。

五、结语

综上所述，拓跋鲜卑经历了一个从大兴安岭到北部草原向与内地接壤的盛乐迁徙，然后进一步进入内地之边陲重地平城，最后进入中原腹地洛阳的过程。其迁徙方向是越来越接近中原，直至进入中原。这条曲折变幻的融合之路，随着其地域位置的改变，生产方式、生活方式，以及政治、经济、文化都在发生改变。这种改变的方向就是不断地中原化、汉化。但是也不是简单的汉化，而是也给中原输入北方游牧民族的强悍和奋发向上的洪荒之力，吸收和引进了西域等外来文化因子，为中华文化注入了新的活力和养份，增强中华民族的凝聚力和战斗力，成为走向大唐的奠基石。

由此可见，中原除了地理位置及其文化意义外，已经不是单一的族群存在，而是众多族群的融合同一。但这种融合是融入中原原生族群，即融入华夏族群或其后来的汉族之中。华夏是主体，是对其他族群进行同化的原生体。在这种同化中也不断吸纳接受了其他族群文化，使这种原生文化不断地发生新变，产生了新的活力。而那些进入中原的族群，应该是多种多样。既有我们一般意义上所说的草原游牧族群，也有从西域河西走廊、辽西走廊等通道进入的更复杂族群。中原地区则具有非常重要的吸引力，是汇聚不同族群的核心地带。

平城时代，即公元4世纪末至五世纪的历史时期，由于特殊的地理及政治位置，平城成为不同族群进入中原的大门，是汇聚不同地区族群的重要都市，是连通西域的重要枢纽。拓跋鲜卑则是这股势力的倡导者和引领者，逐鹿中原，平定四方，最终聚集中原目的地都市--洛阳，光宅中原，完成宏伟大业，彻底融入华夏文明的洪流之中，在中华民族的大熔炉之中升华光大。

50 杨衒之撰、范祥雍校注:《洛阳伽蓝记校注》卷三，上海:上海古籍出版社，1978年。

51 杨衒之撰、范祥雍校注:《洛阳伽蓝记校注》卷四，上海:上海古籍出版社，1978年。

알선동(가셴동), 성락, 평성에서 낙양까지

- 선비 탁발부의 이주와 발전 과정

* 요약번역

한성춘
다퉁시박물관

북위北魏는 중국 역사상 처음으로 소수 민족인 선비 탁발부가 중원의 통치자가 되어 정권을 수립한 왕조이다. 140여 년의 통치 역사 가운데 선비 탁발부는 거대하고 웅장한 역사의 장을 열었으며 귀중한 물질 자원과 정신적 유산을 남겨 후세에 영향을 끼쳤고, 중화 민족의 역사상 중요한 지위를 가지고 있다.

1. 가셴동과 선비 탁발부의 기원 문제

선비 탁발부는 중국 고대 북방 소수 민족인 선비족의 한 갈래로, 동북지역 싱안링興安嶺 일대에서 기원하였다. 『위서魏書』는 탁발부 기원의 두 가지 문제에 대해, 탁발부가 황제의 후예라는 것과, 대선비산이 그 발상지임을 매우 명확하게 나타내고 있다.

1980년, 미원핑米文平은 문물에 대한 전면 조사 작업 중 가셴동 유적과 북위 태평진군太平眞君 4년에 돌에 새긴 축문을 함께 발견하였다(도 1 · 2). 이 발견은 가셴동을 선비 탁발부의 기원으로 보아야 하는가에 대한 학술 논쟁을 야기하였다. 발견 당시 가셴동에 대한 고고학 발굴 조사가 이루어졌으나, 향후 더욱 세밀한 조사가 이루어져야 한다. 궁극적으로는 가셴동과 그 주변 문화에 내포된 것을 전면적으로 드러내는 것이 가장 중요한 작업이라고 생각한다.

한 집단이 일정한 지역에서 일정 기간 동안 활동하면서 단지 하나 혹은 몇 개의 지점에만 머물러 있는 것은 불가능하다. 반드시 몇 개의 구역을 포함하는 비교적 광범위한 '면面'이 존재해야만 한다. 선비 탁발부의 활동 궤도 역시 마찬가지이다.

지난 1950~60년대부터 후룬베이얼 지역에서는 연이어 선비의 활동 유적을 대량 발견하였다. 가셴동 유적 외에도 한漢 · 진晉 시대의 선비 유적 9기가 더 확인되었다. 위치는 지금의 후룬호呼倫湖 일대이며 『위서』에서 말하는 대택大澤이다. 1세기 말 싱안링 동북쪽에 살던 선비 탁발부는 성무제聖武帝 힐분詰汾의 지도 아래 여러 가지 난관을 거쳐 목적지인 "흉노의 옛 땅匈奴故地(지금의 네이멍구 허타오평원河套平原 일대)"에 도착하였다.

최근까지 발견된 고고 자료와 문헌 기록을 종합하여 선비 탁발부가 이동한 노선을 정리하였다(도 3). 첫 번째 남천南遷은 후룬호 부근에서 동쪽으로 다싱안링大興安嶺 북단의 산골짜기를 넘어 넌장강嫩江 유역에 도달하여, 거기서 다시 다싱안링 남쪽 산기슭 혹은 산허리를 따라 남하한 것이다. 다싱안링을 벗어난 후에야 선비 탁발부는 초원지대에 들어섰고 이후 서쪽으로 이동하여 허타오평원 인산산맥陰山山脈의 북쪽 일대에 도착하였다.

2. 성락시기

3세기 중엽 선비 탁발부는 허타오 동부, 즉 "흉노의 옛 땅"에서 유목하였다. 그들의 활동 범위는 점차 지금의 네이멍구 바우터우시包頭市 · 후허하오터시呼和浩特市 · 우란차부시烏蘭察布市와 산시성山西省 다퉁시大同市 · 숴저우시朔州市 일대로 집중되었다. 탁발부의 경제생활에서 농업생활의 비중도 날로 증가하였다. 그들은 제1 정치 중심지인 성락盛樂(지금의 네이멍구 허린거얼현和林格爾縣 북쪽)에서 안정되기 시작하였으며 이전의 부락 연맹 조직이 마침내 초기의 국가로 대체되었다. 선비 탁발부는 완전히 새로운 시대인 성락시기로 진입하였다.

성락의 성터城址는 '초원 제1 도都'라고 불리었으며, 네이멍구 허린거얼 북쪽으로 10㎞ 떨어진 곳에 위치하고 있다(도 4). 그러나 선비 탁발부는 여전히 유목경제를 유지하였고 동서로 옮겨 다니며 한 곳에 정착하지 못하였다. 따라서 초기의 성락은 후방의 근거지였을 뿐이었으나, 북위 초기 도성으로서 정치 활동의 중심이었다는 것은 의심할 여지가 없다.

영가永嘉 4년(310) 서진西晉의 병주자사並州刺史 유곤劉琨은 선비 탁발부 세력을 이용하여 지속적으로 흉노한국匈奴漢國에 대항하고 탁발의로拓跋猗盧의 대공代公 책봉을 청하여 형북陘北의 땅을 할양하였다. 이후 의로는 성락을 북도北都로, 평성平城을 남도南都로 삼았다. 건흥建興 3년(315) 서진 조정으로부터 의로가 대왕代王으로 봉해졌다. 1956년 네이멍구 우란차부멍烏蘭察布盟 량청현凉城縣 샤오바쯔탄小壩子攤 샤후거우沙虎溝에서 출토된 탁발의이拓跋猗㐌의 유물 중 '晉鮮卑歸義侯진선비귀의후'자가 새겨진 금도장(도 5), '晉鮮卑率善中郎將진선비솔선중랑장'자가 새겨진 은도장銀印(도 6) 등은 당시의 정치적 증표였을 것이다.

386년 전진前秦의 분열 기회를 틈타 십익건什翼鍵의 손자인 탁발규拓跋珪가 대국代國을 중건하고 대왕代王이라 칭하였다. 연호를 '등국登國'으로 정하고 성락을 도읍으로 정하였으며, 이어 위왕魏王으로 개칭하고 국호를 위魏로 정하였다. 북위가 진정한 의미로 황제 국가의 시대로 들어서기 시작한 것이다. 그들은 대지代地를 근거지로 삼아 새로운 땅을 개척해 나갔고 중원의 통치자로 한걸음 더 나아가기 위한 견고한 기초를 다졌다.

3. 평성시기

398년 북위 도무제道武帝 탁발규는 도성을 성락에서 평성(지금의 산시성 다퉁시)으로 옮겨 새로운 시대인 '평성시기'로 진입하였다. 이어 태무제太武帝 탁발도拓跋燾가 북방을 통일하면서 중국 역사는 남북조 시대로 진입하게 되었다. 북방은 평성 중심의, 남방은 건강建康 중심의 군사 통치의 새로운 체제를 형성하였다. 평성은 고대 역사상 가장 번영한 황금시기로 진입하였다. 북위 왕조는 중원 국가의 전통 도시인 업성鄴城과 낙양洛陽, 장안長安을 표본으로 삼아 평성을 건설하였다.

근대 이후로 이와 관련된 고고 발견이 평성 건축의 실마리를 보여준다. 대표적으로 1995년 발견된 북위 명당明堂 유적(도 7)과 2003년 발견된 다퉁시 차오창성操場城 북위 1호 유적을 들 수 있다(도 8). 『예기禮記』에는 "명당은 국가의 양陽, 3리의 바깥, 7리의 안, 병사丙巳(동남 방향)의 땅에 위치하고 있다."라고 하였는데, 북위 명당 유적은 북위 평성 동남쪽으로 2.5㎞ 떨어진 리오항리柳航里 일대에 위치하고 있어 문헌에 기재된 바와 부합한다(도 9). 이 유적들은 북위 평성의 번창한 모습들을 서로 다른 각도에서 증명할 수 있다.

이러한 고고자료들로 미루어볼 때, 평성은 백 년에 가까운 건설 과정에서 궁성과 곽성廓城을 분리하였다. 곽성은 궁성을 둘러싸고 남쪽으로 확장된 형태로 방方 20리里로 이루어져 있으며, 둘레는 32리이고 12개의 성문이 있다. 각 방은 길로 연결되어 있으며 규모가 큰 곳은 400-500가家를, 규모가 작은 곳은 60-70가를 수용하였다. 궁성 · 곽성과 리방제의 성시城市가 차츰 형성되어 새로운 구조를 만들었다. 성시에는 백만여 인구가 있었으며 이는 5세기의 국제적 대도시라 할 만하였다. 한대漢代에서 당대唐代 사이의 도시 건설에서 매우 중요한 과도기였으며, 중국 고대 성시 건설 역사에서 중요한 지위를 차지하고 있다고 볼 수 있다.

4. 낙양시기

태화 14년(490) 문명태후 풍씨馮氏가 세상을 떠나고, 효문제孝文帝 탁발굉拓跋宏이 문명태후 세력의 영향에서 벗어나기 위해 낙양(지금의 허난성河南省 뤄양시洛陽市) 천도를 결정하여 북위 왕조는 낙양시기에 진입하게 되었다.

낙양은 예로부터 한漢 문화의 중심지였다. 낙양 천도는 단순한 이주가 아니라 북위 사회가 한 문화로 유입되었음을 알려주는 상징적인 사건이었다. 천도 후 30여 년이 채 지나기 전에 '한화漢化'가 충분히 진척되었으며 남조南朝의 입장에서도 괄목할만한 상대가 되었다. 이것은 결코 단순 복귀가 가능한 것도, 단순히 한漢·위魏의 제도를 흉내낸 것도 아니었다. 수많은 요소로 이루어진 하나의 큰 변화로 후세에 영향을 끼친 것이었다.

뤄양분지에 위치한 낙양고성 유적은 동한東漢·조위曹魏·서진西晉과 북위의 도성이었으며, 정치·경제·문화·군사 통치의 중심이라고 할 수 있다. 북위 낙양성 남쪽 구역(도 10), 난자오南郊의 리즈싱禮制性 건축 유적, 영녕사永寧寺 유적 등에 대한 몇 십 년의 발굴 조사 결과 북위 낙양성의 기본 구조를 복원할 수 있었다(도 11). 이를 근거로 북위 낙양성이 평성 건축을 바탕으로 한·위·진의 낙양성을 복원·증축하였음을 알 수 있게 되었다.

평성시기에 궁성과 곽성의 구조가 형성되어 북위 낙양성의 궁성·내성·곽성의 3중 성곽의 새로운 구조로 발전·변화되었다는 점은 중국 고대 도성사상 처음 출현한 것이며, 수隋~청淸의 도성 건설 모식에도 영향을 주었다. 북위 낙양성은 이 시기 문화의 특징을 대표하는 곳으로, 남북조 시대 유목 민족과 농경 민족의 융합소임을 증명하며 독특한 도시 문화를 촉진시켰다. 중원 지역으로의 불교 전파와 현지화 과정이 이루어졌으며, 고대 중원 문화와 국외 문화가 격렬하게 충돌하는 중요한 장소였다.

5. 맺음말

본고의 내용을 종합하면, 선비 탁발부는 다싱안링에서 중원의 중심부인 낙양으로 진입하였다. 이 과정에서 생활방식과 정치·경제·문화를 아우르는 모든 변화가 발생하며 중원화되었다. 중원은 단일 집단이 존재한 것이 아니라 많은 집단들이 하나로 융합되었던 것이다.

평성은 특수한 지리·정치적 위치로 인하여 서로 다른 민족들이 중원으로 진입하는 대문大門이 되었으며 서역과 연결되는 중요한 관문이었다. 선비 탁발부는 이러한 세력의 발기인發起人이자 지도자로 중원을 차지하기 위한 싸움에서 사방을 평정하고 최후에는 중원의 목적지이자 도시인 낙양에 모여 대업을 완성하였다. 그들은 화하문명華夏文明의 큰 흐름에 융합되어 중화 민족의 용광로 안에서 성대하게 승화하였다.

1

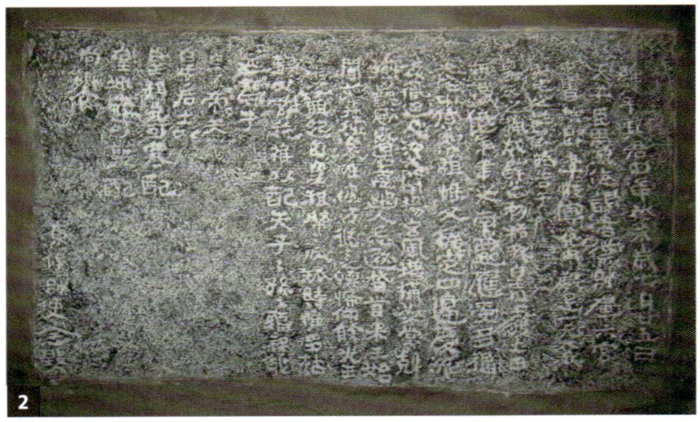

2

도 1. 가셴동 내부와 외부 모습
嘎仙洞内景、外景

도 2. 석각 축문 탁본
石刻祝文拓片

도 3. 탁발부의 흉노고지 남하 경로
拓跋南迁匈奴故地路线示意图(选自倪润安著《光宅中原--拓跋至北魏的基葬文化与社会演进》)

도 4. 성락고성 성터 평면도
盛乐城址平面图(选自宿白《盛乐、平城一带的拓跋鲜卑--北魏遗迹图--鲜卑遗迹辑录之二》)

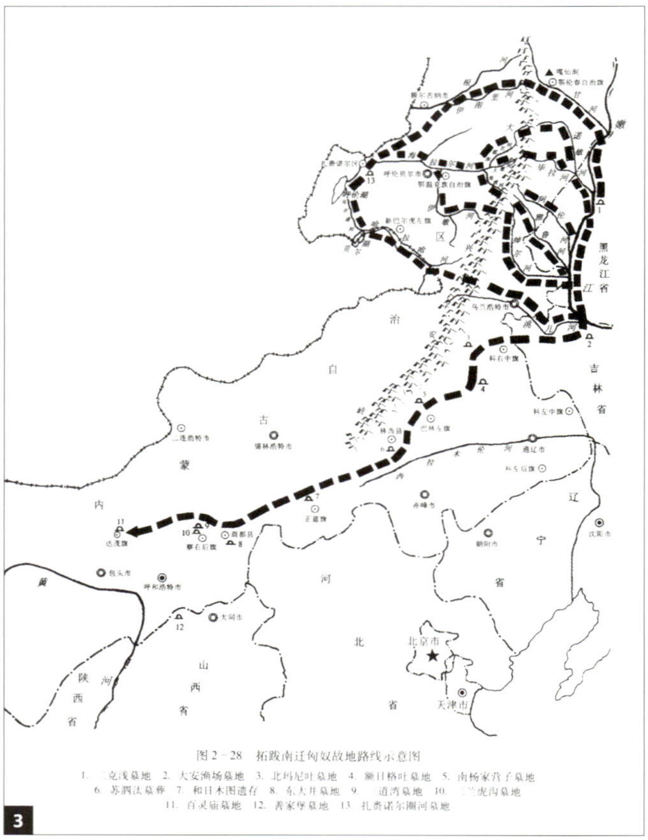

3

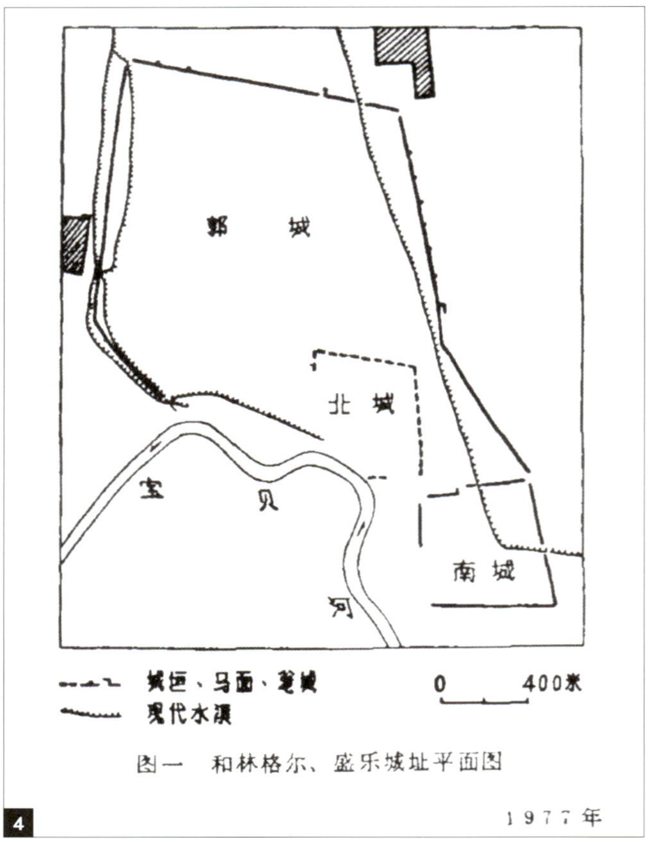

4

도 5. '**晋鮮卑歸義侯**진선비귀의후'자가 새겨진 금도장
"晋鲜卑归义侯" 驼纽金印

도 6. '**晋鮮卑率善中郎將**진선비솔선중랑장'자가 새겨진 은도장
"晋鲜卑率善中郎将" 驼纽银印

도 7. 북위 평성 명당明堂 유적의 서문 발굴 모습
北魏平城明堂遗址西门发掘现场

도 8. 다퉁시 차오창성 북위 1호 유적
大同操场城北魏1号遗址

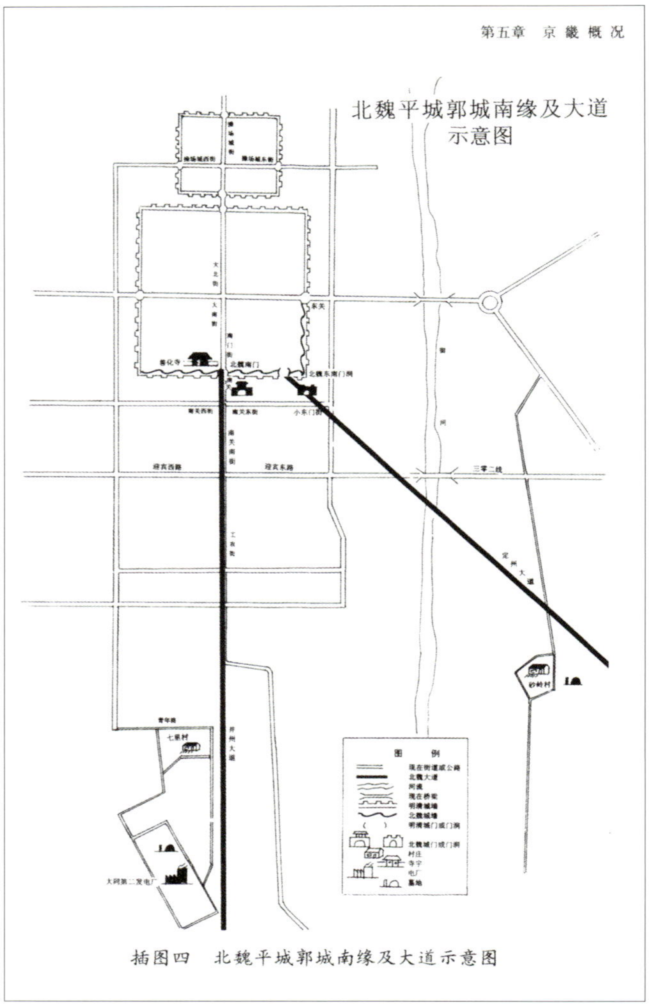

도 9. 북위 평성 성곽의 남쪽 일대와 대도 시의도
北魏平城郭城南缘及大道示意图(选自李凭著《北魏平城时代》)

도 10. 북위 낙양 태극전 발굴 모습
北魏洛阳太极殿发掘遗址图(选自钱国祥、刘涛、郭晓涛：《河南洛阳市汉魏故城太极殿遗址的发掘》)

·汉魏故都　丝路起点——汉魏洛阳故城遗址的考古勘察收获·

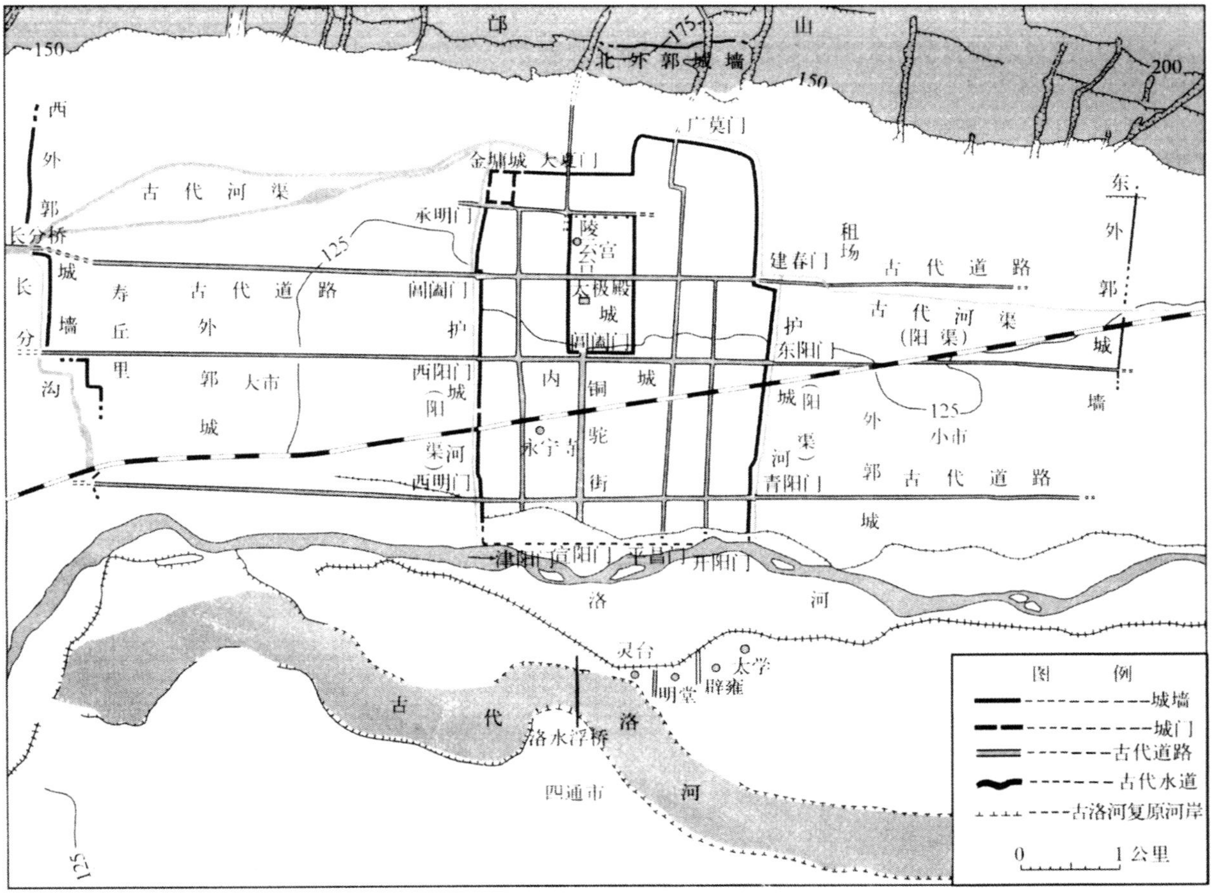

图一　汉魏洛阳城北魏城址勘察平面复原图

도 11. 한 · 위 낙양성의 북위 성터 시굴 평면 복원도

汉魏洛阳城北魏城址勘察平面复原图(选自钱国祥、刘涛、郭晓涛：《汉魏故都 丝路起点——汉魏洛阳故城遗址的考古勘察收获》)

부록
Appendices

참고문헌

국립부여박물관 전시

연계 국제학술심포지엄 백제와 북위

한성백제박물관 전시

도판목록

참고문헌

【 사료 】

班固, 『漢書』
房玄齡, 『晉書』
范曄, 『後漢書』
司馬光, 『資治通鑑』
司馬遷, 『史記』
蕭子顯, 『南齊書』
沈約, 『宋書』
楊衒之, 『洛陽伽藍記』
酈道元, 『水經注』
魏收, 『魏書』
志磐, 『佛祖統紀』
陳壽, 『三國志』
李延壽, 『北史』
崔鴻, 『十六國春秋』

【 도록 및 단행본 】

국문

가마다 시게오(鎌田茂雄) 저, 정순일 역, 『中國佛敎史』, 경서원, 1996.
가와카쓰 요시오(川勝義雄) 저, 임대희 역, 『중국의 역사: 위진남북조』, 혜안, 2004.
구자옥·홍기용·김영진·홍은희 역주, 『제민요술』, 한국농업사학회, 2007.
국립문화재연구소, 『중국고대도성조사보고서』, 2005.
국립부여박물관, 『나무 속 암호, 목간』, 2009.
＿＿＿＿＿＿, 『백제 정림사와 북위 영녕사』, 2015.
＿＿＿＿＿＿, 『백제와 북위』, 2021년 국외교류특별전 <북위-탁발선비의 남하> 사전 학술심포지엄, 2020.
국립중앙박물관, 『고대불교조각대전』, 2015.
＿＿＿＿＿＿, 『국립중앙박물관 소장품으로 보는 옛 중국인의 생활고 공예품』, 통천문화사, 2017.
국립창원문화재연구원, 『중국의 석굴-雲岡·龍門·天龍山 石窟』, 2003.
김석준, 『중국을 움직인 13인의 여인들』, 내외신서, 2013.
김영환, 『魏晉南北朝時期 北方民族史研究: 拓跋鮮卑族의 歷史와 文化』, 아이반호출판사, 2003.
김호동, 『아틀라스 중앙유라시아사』, 사계절출판사, 2017.
김희영, 『이야기중국사』, 청아출판사, 1987.
나종진(羅宗眞) 저, 정대영 역, 『중국 고고학: 위진남북조』, 사회평론, 2012.
노중국, 『백제 정치사』, 일조각, 2018.
마쓰창 저, 양은경 역, 『중국 불교석굴』, 다할미디어, 2006.
명법 외, 『한 권으로 보는 세계불교사』, 불광출판사, 2012.
미사키 요시아키(三崎良章) 저, 김영환 옮김, 『五胡十六國 - 中國史上의 民族 大移動』, 경인문화사, 2007.
민승기, 『조선의 무기와 갑옷』, 가람기획, 2005.
박한제, 『中國胡漢體制研究』, 일조각, 1988.
＿＿＿, 『제국으로 가는 긴 여정: 북조·수·초당 시대』. 사계절, 2003.
박한제 외, 『아틀라스 중국사(개정증보판)』, 사계절, 2015.
박순발·김환희 외 8명, 『동아시아 도시 외곽의 형성 백제왕도』, 문화재청 백제왕도핵심유적보존관리사업추진단, 2020.
방병선, 『중국도자사연구』, 경인문화사, 2012.
배재호, 『세계의 석굴』, 사회평론아카데미, 2015.
배진달, 『중국의 불상』, 일지사, 2005.
신동준, 『魏晉南北朝, 삼국지다음이야기 2』, 을유문화사, 2014.
심규호, 『연표와 사진으로 보는 중국사』, 일빛출판사, 2002.
심승구 외 저, 『사냥으로 본 삶과 문화』, 국사편찬위원회, 2011.
양현지 저, 서윤희 역, 『낙양가람기』, 눌와, 2001.
양현지 저, 임동석 역, 『洛陽伽藍記』, 동서문화사, 2009.
이도학, 『백제 사비성 시대 연구』, 일지사, 2010.
이병호, 『백제 불교 사원의 성립과 전개』, 사회평론, 2014.
이영석, 『南北朝佛教史』, 혜안, 2010.
임종욱·김해명, 『중국역대인명사전』, 2010.
장용화, 『낯선 문학 가깝게 보기: 중국문학』, 2013.
장지우허 저, 북방사 연구팀 역, 『몽골인 그들은 어디서 왔나?』, 소나무, 2009.

중국사학회 저, 강영매 역, 『중국통사』2, 범우, 2008.
최진열, 『북위황제 순행과 호한사회』, 서울대학교출판문화원, 2011.
______, 『효문제의 '한화'정책과 낙양 호인사회』, 한울엠플러스, 2016.
케네스 첸 저, 박해당 역, 『중국불교:역사와 전개, 상』, 민족사, 1991.
패트리샤 버클리 에브리(Patricia Buckley Ebrey) 저, 이동진·윤미경 역, 『사진과 그림으로 보는 케임브리지 중국사』, 시공사, 2010.
한국목간학회, 『2019 한국목간학회 선비유적 답사 자료집』, 2019.
한국사전연구사 편집부, 『미술대사전(용어편)』, 1998.
한성백제박물관, 『돌, 깨어나다: 동북아 석기 테마여행』, 2013.
____________, 『중국고대도성 문물전』, 2015.

중문

大同市博物館, 「大同北魏方山思遠佛寺遺址發掘報告」, 『文物』4, 文物出版社, 2007.
____________, 『平城文物精粹 - 大同市博物馆藏精品錄』, 江蘇鳳凰美術出版社, 2016.
____________, 『融合之路: 拓跋鮮卑遷徙與發展程歷程』, 安徽美術出版社, 2018.
梁庚堯 編, 『中國社會史』, 國立臺灣大學出版中心, 2014.
韋正, 『魏晉南北朝考古』, 北京大學出版社, 2013.
黄烈, 『中国古代民族史研究』』, 人民出版社, 1987.

일문

奈良國立文化財研究所, 『北魏洛陽永寧寺』, 中國社會科學院考古研究所發掘報告, 1998.

【 논 문 】

국문

강문호, 「北魏 文明太后 執政期의 韓 · 中 관계」, 『신라문화』24, 2004.
______, 「北魏의 佛寺 조영 및 出家 규제 원인에 대하여」, 『경주사학』39·40, 경주사학회, 2015.
강병희, 「중국 고대 불탑의 기원과 발전」, 『동양미술사학』1, 동양미술사학회, 2012.
강　신, 「북위 평성의 초원실크로드 무역 연구」, 우석대학교대학원 박사학위논문, 2020.
강인욱, 「유라시아 동부 초원지역 선비 유연 시기 고고학적 문화와 그 의의」, 『동북아역사논총』57, 동북아역사재단, 2017.
고혜련, 「北魏(북위)정통성과 王卽佛(왕즉불)사상의 구현」, 『선사와 고대』37, 한국고대학회, 2012.
김성숙, 「慕容鮮卑와 拓跋鮮卑의 발전과정 비교」, 『백산학보』66, 백산학회, 2003.
김성한, 「北魏 均田制의 새로운 이해 -수전 자격을 중심으로-」, 『역사와경계』70, 2009.
김성희, 「北魏 文明太后의 時代 - 政治勢力間의 對立樣相을 中心으로」, 『魏晉隋唐史研究』7, 2001.
______, 「北魏의 河北 진출과 그 지배 과정 - '生地'에서 '熟地'로」, 『이화사학연구』36, 이화여자대학교 이화사학연구소, 2008.
______, 「代國에서 北魏로 - 拓跋 統治者의 性格 變化와 漢人士族의 收用」, 『이화사학연구』41, 이화여자대학교 이화사학연구소, 2010.
______, 「十六國-北朝時期, 北方 遊牧社會의 喪葬文化와 물, 불, 그리고 나무의 상징성」, 『중국고중세사연구』47, 중국고중세사학회, 2018.
김영하, 「古代 遷都의 역사적 의미」, 『한국고대사연구』36, 한국고대사학회, 2004.
김희선, 「고대 동아시아 천도와 도성 -계획 천도와 좌북조남식 도성구조를 중심으로-」, 『동아시아문화연구』63, 한양대학교 동아시아문화연구소, 2015.
니룬안(倪潤安), 「초기 선비에서 모용선비로」, 『북방고고학개론』, 진인진, 2018.
뤼　젠, 「중국 고대 복식문화의 변천과 발전 - 중화복식예술 특별전 소개를 겸하여」, 『중국 산둥박물관 교류특별전 중화복식예술』, 국립춘천박물관, 2016.
문무왕, 「北魏時代 國家權力과 불교와의 관계」, 『불교연구』19, 한국불교연구원, 2003.
______, 「北魏時代 '廢佛'과 '佛敎復興'에 나타난 國家佛敎」, 『密敎學報』8, 위덕대학교 밀교문화연구원, 2006.
______, 「북위시대 용문석굴 개착에 나타난 신앙적 특색」, 『佛敎研究』28, 한국불교연구원, 2008.
______, 「中國 初期石窟에 나타난 法華信仰의 특징 - 北魏時代를 중심으로」, 『한국선학』31, 한국선학회, 2012.
______, 「운강석굴을 통해 본 초기 북위석굴조영의 사회적 배경」, 『불교학보』70, 동국대학교 불교문화연구원, 2015.
박순발, 「北魏 平城 斷想」, 『百濟學報』3, 백제학회, 2010.
______, 「泗沘都城과 익산 王宮城」, 『馬韓·百濟文化』제21집, 원광대학교 마한백제문화연구소, 2013.
박한제, 「북위 균전제의 성립과 호한체제」, 『동양사학연구』24, 동양사학회, 1986.
______, 「北魏 洛陽社會와 胡漢體制: 都城區劃과 住民分布를 중심으로」, 『태동고전연구』6, 한림대학교 태동고전연구소, 1990.
______, 「북위 균전제성립의 전제 -정복군주의 자원확보책과 독과제-」, 『동아문화』37, 서울대학교 동아문화연구소, 1999.

______, 「북위의 대민정책과 균전제」, 『동아문화』39, 서울대학교 동아문화연구소, 2001.
______, 「遊牧國家와 城郭 - 坊牆制의 出現과 그 背景」, 『歷史學報』200, 역사학회, 2008.
박현정, 「扶餘 定林寺地 도용 복원을 위한 농관 복식 연구」, 『복식』51, 한국복식학회, 2001.
서영교, 「북위 풍태후의 집권과 고구려 정책」, 『중국고중세사연구』11, 중국고중세사학회, 2004.
서윤경, 「북위 평성기 사령벽화고분의 연구」, 『미술사학연구』267, 미술사학회, 2010.
______, 「중국 북조시기 의장출행의 재현과 제의」, 『미술사논단』39, 한국미술연구소, 2014.
______, 「중국 북조시기 가옥형 석장구의 건축의장 연구」, 『미술사논단』44, 한국미술사연구소, 2017.
소현숙, 「皇權과 佛敎儀禮: 北魏 行像과 梁의 無遮大會」, 『중국고중세사연구』29, 중국고중세사학회, 2013.
손준호, 「마제석촉의 변천과 형식별 기능 검토」, 『한국고고학보』62, 한국고고학회, 2007.
심상육, 「발굴자료를 통해 본 사비도성의 변천과 경관」, 『백제문화』62, 백제고도문화재단, 2020.
양은경, 「魏晉南北朝時代 美術의 分類와 特徵」, 『중국사연구』43, 중국사학회, 2006.
______, 「遼寧省 朝陽 北塔 出土 塑造像 硏究」, 『미술사학연구』256, 한국미술사학회, 2007.
______, 「中國 佛敎寺刹의 검토를 통해 본 百濟 泗沘期 佛敎寺刹의 諸問題」, 『백제연구』50, 충남대학교 백제연구소, 2008.
______, 「고구려 소조불상과 중국 소조불상의 관계」, 『동북아역사논총』24, 동북아역사재단, 2009.
______, 「百濟 帝釋寺址 出土 塑造像의 분석과 木塔址를 통한 奉安原形 추정」, 『호서고고학』23, 호서고고학회, 2010.
______, 「중국 북위 평성, 낙양지역 불교사찰의 분석과 선비족 습속이 불사활동에 끼친 영향」, 『고문화』80, 한국대학박물관협회, 2012.
______, 「南京 出土 南朝 塑造像의 製作技法과 生産體系」, 『백제연구』58, 충남대학교 백제연구소, 2013.
______, 「중국 운강석굴 상부 북위 불교사원지의 가람배치와 동서문화 교류」, 『한국상고사학보』92, 한국상고사학회, 2016.
원위청 저, 안영길 역, 「운강석굴에 나타난 북조 조각예술」, 『미술사논단』6, 한국미술연구소, 1998.
위 정, 「북위 평성의 불사와 의례성 건축」, 『호서고고학』24, 호서고고학회, 2011.
윤은숙, 「북아시아 유목민의 역사 요람 興安嶺 - 몽골족의 활동을 중심으로」, 『역사문화연구』39, 한국외국어대학교 역사문화연구소, 2011.
이병호, 「古代 동아시아 塑造像의 展開過程과 扶餘 定林寺址」, 『백제 정림사와 북위 영녕사』, 국립부여박물관, 2015.
______, 「중국 남북조시대의 소조상과 부여 정림사지」, 『역사문화연구』66, 한국외국어대학교 역사문화연구소, 2018.
李憑 저, 고광의 역, 「北魏의 遷都 原因과 意義」, 『한국고대사연구』36, 한국고대사학회, 2004.
이정효, 「운강석굴조상의 '포의박대'와 '수골청상'」, 『중국사연구』37, 중국사학회, 2005.
이지희, 「고구려와 탁발선비 시조신화 비교연구」, 성균관대학교 대학원 비교문화협동과정 박사학위논문, 2011.
______, 「탁발선비족 시조신화의 천녀 시조모에 관한 연구」, 『동아시아고대학』25, 동아시아고대학회, 2011.
임영애, 「유마경의 유마거사상과 문수보살상인 세속과 탈속」, 『미술사학연구』286, 한국미술사학회, 2015.
장계환, 「북위불교의 사상적 특징 – 지론학파를 중심으로」, 『불교학보』35, 동국대학교 불교문화연구원, 1998.
장보영, 「북위초기 정권의 성격과 통치방식의 변화 -이중적통치치배 방식에 관련하여-」, 『중국고중세사연구』11, 중국고중세사학회, 2006.
전영섭, 「북위 균전제의 성립과 그 성격 –선비족의 농경화와 관련하여-」, 『역사와경계』22, 부산경남사학회, 1992.
______, 「魏書 釋老志 譯註」, 『중국사연구』8, 중국사학회, 2000.
정현숙, 「문헌을 통해 본 북위의 국가이념과 용문 고양동의 연관성」, 『서지학연구』35, 한국서지학회, 2006.
조영래, 「새외시기 탁발선비의 남천과 부락의 「지역화」, 『중국고중세사연구』12, 중국고중세학회, 2004.
주유흥, 「해외연구동향: 남경 육조도성의 연구」, 『백제연구』38, 충남대학교 백제연구소, 2003.
최진열, 「北魏의 地域支配方式과 그 性格」, 『동양사학연구』92, 동양사학회, 2005.
______, 「北魏 平城時代 胡人들의 생활과 습속 - 胡俗 유지와 그 배경을 중심으로」, 『東方學志』149, 연세대학교 국학연구원, 2010.
______, 「北魏後期 洛陽거주 胡人들의 생활과 문화 - 孝文帝의 '漢化政策'의 재검토」, 『중국고중세사연구』24, 중국고중세사학회, 2010.
최혜영, 「버드나무 신화소를 통해 본 유라시아 지역의 문명 교류의 가능성 혹은 그 接點」, 『동북아역사논총』22, 동북아역사재단, 2008.
판링(潘玲), 「흉노에서 선비로」, 『북방고고학개론』, 진인진, 2018.
馮賀軍, 「위진남북조시대 도용」, 『도용: 중국위진남북조시대』, 유금와당박물관, 2012.
한지연, 「동아시아 古城의 형성과 불교전래의 연관성 試論」, 『불교학연구』33, 불교학연구회, 2012.
______, 「중국 북량탑과 북위 조상비에 나타난 중국불교 전개와 전통신앙과의 융합」, 『불교학보』74, 동국대학교 불교문화연구원, 2016.
현승욱, 「낙양가람기에 나타난 북위 낙양 불교사원 배치에 관한 연구」, 『건축역사연구』23-3, 한국건축역사학회, 2014.

중문

高鷹·孫永剛, 「盛樂考」, 『赤峰學院學報』2013年10期, 2013.
古鴻飛, 「北魏金陵初探」, 『山西大同大學學報』2008年05期, 2008.
陶麗根, 「拓跋鮮卑早期史地綜考」, 內蒙古大學碩士學位論文, 2013.
杜成輝, 「鮮卑族起源與分佈初探」, 『중국사연구』45, 중국사학회, 2006.
絲凱郁, 「漢代文字瓦當的裝飾審美意蘊」, 『南台人文社會學報』8, 南臺科技大學, 2012.

梁雲,「早期拓跋鮮卑研究回顧」,『內蒙古大學學報』2012年01期, 2012.
呂陽,「"盛樂城"與"盛樂宮"地理位置考辯」, 內蒙古大學碩士學位論文, 2011.
路艷超,「大同地區北魏墓葬的初步研究」, 鄭州大學碩士學位論文, 2012.
劉中偉,「從北魏王朝核心區域墓葬看拓跋鮮卑的漢化過程」,『南都學壇』2015年04期, 2015.
李憑,「盛樂成為漠南中心的歷史背景」,『學習與探索』2010年03期, 2010.
李玉順,「淺析拓跋代國」,『黑龍江民族叢刊』2011年03期, 2011.
林秀姿,「北魏拓跋鮮卑族文化線路與都城政治再思考」,『南方建築』2011年04期, 2011.
馬旭東·李斯娜,「近十年北魏墓葬研究綜述」,『宜賓學院學報』2010年02期, 2010.
毋有江,「拓跋鮮卑政治發展的地理空間」,『魏晉南北朝隋唐史資料』2012年00期, 2012.
席格,「從都城變遷看北朝審美觀念的融合」,『鄭州大學學報』2017年06期, 2017.
顏炳鑫,「拓跋鮮卑早期歷史研究」, 內蒙古工業大學碩士學位論文, 2019.
艾沖·孟洋洋,「鮮卑族乞伏部南遷時間與路線新考」2018年03期, 寧夏社會科學, 2018.
楊朝,「從盛樂到平城:北魏初年漠南代北區域中心城市的轉移研究」,『忻州師範學院學報』2019年04期, 2019.
倪潤安,「北魏盛樂時代至平城時代墓葬的發現與研究」,『文物世界』2009年06期, 2009.
吳松巖,「盛樂、平城地區北魏鮮卑、漢人墓葬比較分析」,『北方文物』2008年04期, 2008.
______,「早期鮮卑墓葬研究」, 吉林大學碩士學位論文, 2010.
張文平·包桂紅,「內蒙古魏晉北朝考古綜述」,『草原文物』2019年01期, 2019.
張焯,「北魏金陵考索」,『大同高等專科學校學報』1994年02期, 1994.
張殿松·趙軍,「淺析北魏的第一個都城盛樂的選址原則」,『山西建築』2008年03期, 2008.
趙菲,「內蒙古中部地區的北魏墓葬」, 內蒙古大學碩士學位論文, 2016.
曹永年,「拓跋鮮卑南遷匈奴故地考古學研究的文獻反證一重讀宿白先生「東北、內蒙古地區的鮮卑遺跡」」,『內蒙古師範大學學報』2019年第6期, 2019.
趙曉龍,「北魏金陵新探」,『學術問題研究』2015年02期, 2015.
中國社會科學院考古研究所內蒙古工作隊·呼倫貝爾民族博物院 外,「滿洲里市蘑菇山墓地發掘報告」,『草原文物』2014年2期, 2014.
塔娜,「拓跋鮮卑遷徙過程中的文化轉變」,『知識文庫』2019年16期, 2019.
彭豐文,「從盛樂到平城:北魏王朝的國家建構與政治轉型」,『西南民族大學學報』2018年07期, 2018.
包文勝,「盛樂時期拓跋鮮卑歷史初探」, 內蒙古大學碩士學位論文, 2005.
馮健,「洛陽北魏元邵墓與楊机墓出土墓志所反映的社會問題淺析」,『洛陽理工學院學報(社會科學版)』27(5), 洛陽理工學院, 2012.
胡雪艷,「拓跋鮮卑第一次南遷的路線和原因探析」,『通化師範學院學報』41, 2020.

일문

小林仁,「洛陽北魏陶俑の成立とその展開」,『美學美術史論集』14, 成城大學, 2002.
塩沢裕仁,「鮮卑の都城"平城"- その都市空間の樣相」,『法政史學』68, 法政大學史學會, 2007.
佐川英治,「北魏の編戶制と徵兵制度」,『東洋學報』81, 東洋文庫, 1999.
________,「北魏均田制の目的と展開ー奴婢給田を中心として」,『史學雜誌』110, 公益財團法人史學會, 2001.
向井佑介,「北魏の考古資料と鮮卑の漢化」,『東洋史研究』68-3, 東洋史研究會, 2009.

【 기 타 】

국문

네이버 두산백과.
오세은, "중국 도용 – 채색말과 삼채말", 국립중앙박물관.

중문

大白读史, "建材史上承前启后的地位:北魏中期瓦建材", 今日新闻, 2020. 6. 3.
每日頭條 https://kknews.cc/zh-hk/history/2xz2mmz.html
百度百科.
中國哲學書電子化計劃 https://ctext.org/zh

국립부여박물관 전시

2021.10.19 TUE – 11.28 SUN

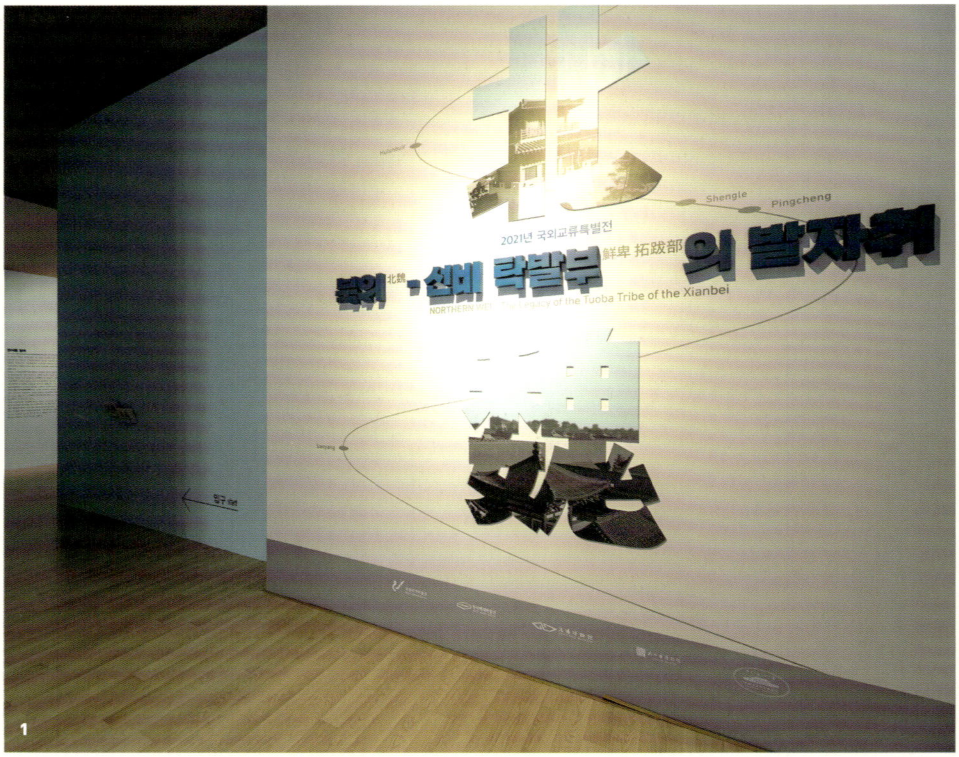

1 전시실 입구 **2** 선비 탁발부의 남하 연출 모습(동굴→초원→도성) **3** 전시를 열며 **4** 알선동 축문 연출 영상과 탁본 재현품

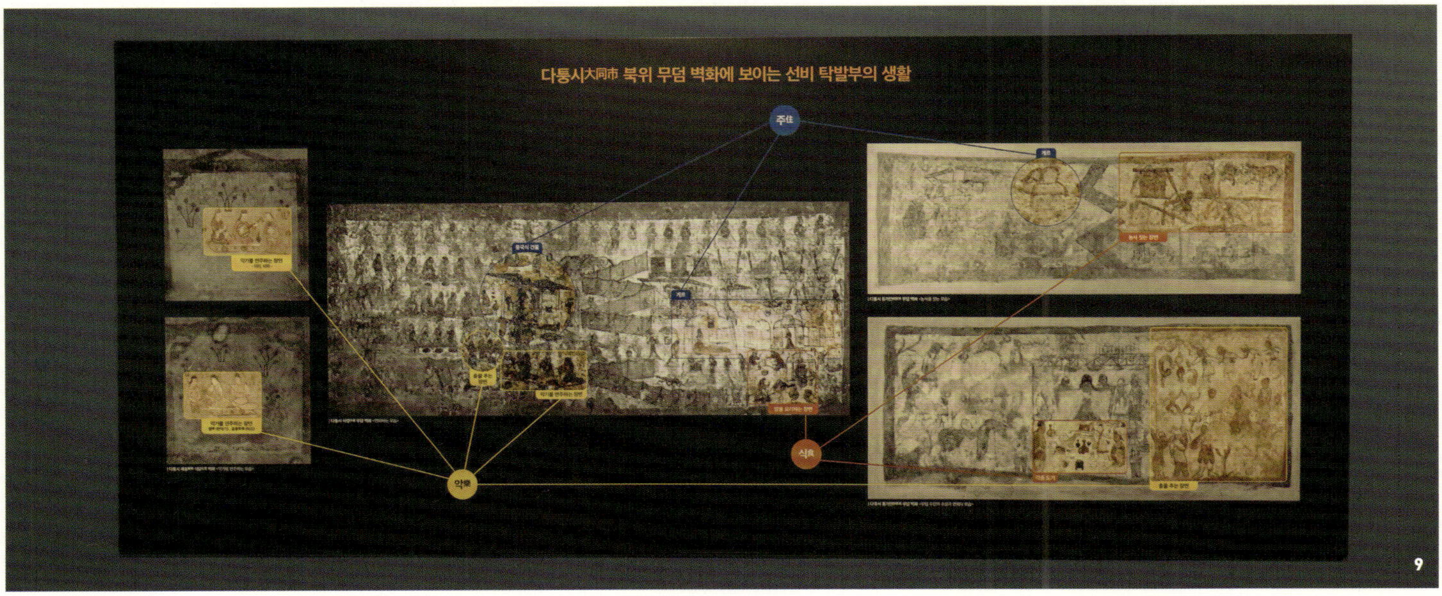

5 북위 평성시대와 낙양시대 **6** 사마금룡부부무덤 출토품 전시 모습 **7, 8, 9** 호풍한운-선비 탁발부의 생활과 문화 전시 모습과 설명 패널

10 북위 무덤 출토 의장 행렬 도용 전시 모습

11 북위의 석굴-운강과 용문 영상 상영 모습 **12** 낙양가람기와 북위의 사찰 전시 모습 **13** 백제와 북위 영상 상영 모습 **14** 영녕사탑 모형 전시 모습

연계 국제학술심포지엄 백제와 북위

2021.10.15 FRI

1 개회사-윤형원 국립부여박물관장 **2** 축사-유병하 한성백제박물관장 **3** 축사-바이진송 후룬베이얼박물원장 **4** 축사-왕리민 다퉁시박물관장 **5** 축사-리원추 뤄양박물관장

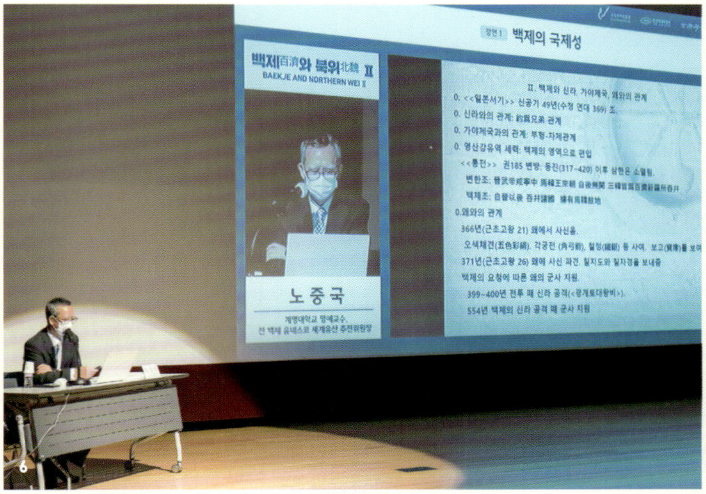

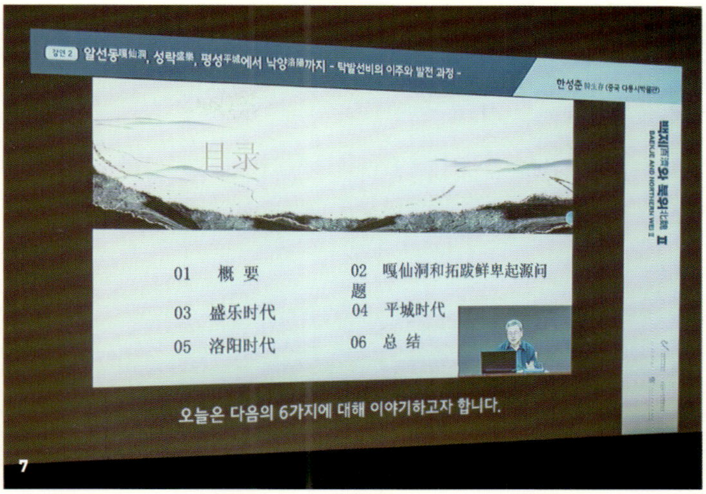

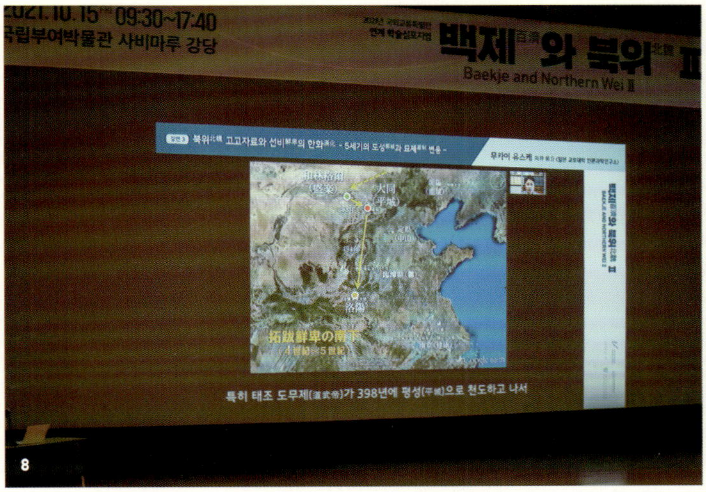

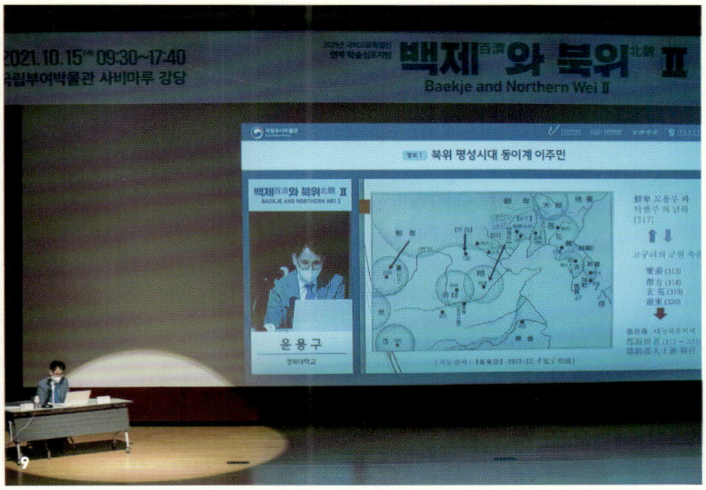

6 강연1-노중국 **7** 강연2-한성춘 **8** 강연3-무카이 유스케 **9** 발표1-윤용구 **10** 종합토론

한성백제박물관 전시

2021.12.17 FRI – 2022.2.27 SUN

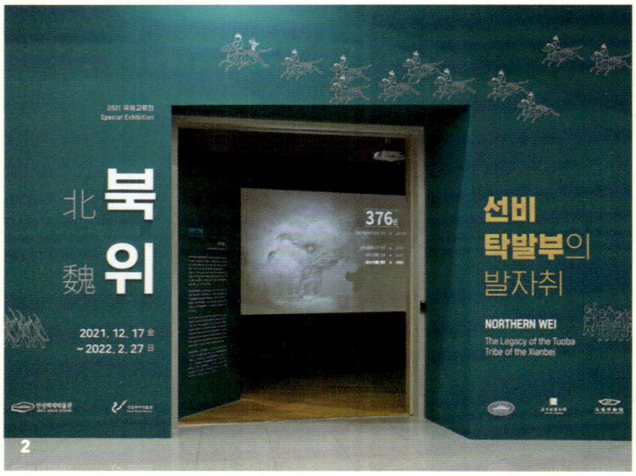

1 건물 외벽 **2** 전시실 입구 **3** 전시를 열며 **4** 선비 탁발부의 발원에서 북위 건국까지

5 가센동 축문 **6** 성락 이주와 북위 건국 **7·8** 사마금룡부부무덤 **9** 호풍한운: 선비 탁발부의 생활과 문화

10 다퉁시 위창자위안 북위무덤 의장 행렬 도용 **11** 뤄양시 양기무덤 의장 행렬 도용 **12** 북위무덤 출토 의장 행렬 도용

13 불교의 융성과 가람의 범패 **14** 삼존보살입상 세부 **15** 영상실

I 선비鮮卑 탁발부拓跋部 : 발원에서 북위 건국까지

001 알선동(가셴동) 유적 축문 탁본

嘎仙洞遗址石刻祝文拓本

Rubbing of the Stele in Gaxiandong

네이멍구 후룬베이얼 가셴동 유적
内蒙古呼伦贝尔嘎仙洞遗址
현대
종이
89.0×156.0
후룬베이얼박물원

002 화살촉

石镞

Stone Arrowheads

네이멍구 후룬베이얼 가셴동 유적
内蒙古呼伦贝尔嘎仙洞遗址
춘추전국 春秋战国
돌
길이 5.1, 2.5
후룬베이얼박물원

003 뼈

骨料

Bones

네이멍구 후룬베이얼 가셴동 유적
内蒙古呼伦贝尔嘎仙洞遗址
춘추전국 春秋战国
뼈
길이 19.2 외
후룬베이얼박물원

004 항아리

陶罐

Jar

네이멍구 후룬베이얼 모구산 선비 무덤군
内蒙古呼伦贝尔蘑菇山鲜卑墓群
한 汉
토도
높이 16.3, 입지름 13.7
후룬베이얼박물원

005 항아리

陶罐

Jar

네이멍구 츠펑시
内蒙古赤峰市
한 汉
토도
높이 14.3, 최대지름 11.9
후룬베이얼박물원

II 북위北魏 : 제국의 시대

006 선비모자를 쓴 도용

釉陶风帽仪仗俑

Figurine_Man in a Cap

다퉁시 스자자이 사마금룡부부무덤
大同市石家寨司马金龙夫妇墓
북위 北魏
토도
높이 23.0
다퉁시박물관

007 무사 도용

釉陶武士俑

Figurine_Warrior

다퉁시 스자자이 사마금룡부부무덤
大同市石家寨司马金龙夫妇墓
북위 北魏
토도
높이 21.0
다퉁시박물관

008 기병 도용

釉陶甲骑具装俑

Figurine_Cavalry

다퉁시 스자자이 사마금룡부부무덤
大同市石家寨司马金龙夫妇墓
북위 北魏
토도
높이 28.0, 길이 29.0
다퉁시박물관

009 닭 볏 모양 모자를 쓴 기마 인물 도용

釉陶骑马鸡冠帽俑

Figurine_Horserider in a Cockscomb-shaped Cap

다퉁시 스자자이 사마금룡부부무덤
大同市石家寨司马金龙夫妇墓
북위 北魏
토도
높이 30.0, 길이 28.0
다퉁시박물관

010 사람 얼굴을 한 진묘수 도용

彩绘陶人面镇墓兽

Figurine_Auspicious Animal Statue with Human Face

뤄양시 이양현 양기무덤
洛阳市宜阳县杨机墓
북위 北魏
토도
높이 28.3
뤄양박물관

011 진묘수 도용

彩绘陶兽面镇墓兽

Figurine_Auspicious Animal Statue

뤄양시 이양현 양기무덤
洛阳市宜阳县杨机墓
북위 北魏
토도
높이 23.0
뤄양박물관

012 검을 든 무사 도용

彩绘陶持剑武士俑

Figurine_Warrior with a Sword

뤄양시 이양현 양기무덤
洛阳市宜阳县杨机墓
북위 北魏
토도
높이 32.2
뤄양박물관

013 방패를 든 무사 도용

彩绘陶扶盾武士俑

Figurine_Warrior with a Shield

뤄양시 이양현 양기무덤
洛阳市宜阳县杨机墓
북위 北魏
토도
높이 32.3
뤄양박물관

014 말 도용

彩绘陶马

Figurine_Horse

뤄양시 이양현 양기무덤
洛阳市宜阳县杨机墓
북위 北魏
토도
높이 21.7, 길이 23.7
뤄양박물관

015 당나귀 도용

彩绘陶驴

Figurine_Donkey

뤄양시 이양현 양기무덤
洛阳市宜阳县杨机墓
북위 北魏
토도
높이 14.0, 길이 20.0
뤄양박물관

016 기병 도용

彩绘陶甲骑具装俑

Figurine_Cavalry

뤄양시 이양현 양기무덤
洛阳市宜阳县杨机墓
북위 北魏
토도
높이 22.5
뤄양박물관

017 기병 도용

彩绘陶甲骑具装俑

Figurine_Cavalry

뤄양시 이양현 양기무덤
洛阳市宜阳县杨机墓
북위 北魏
토도
높이 23.0
뤄양박물관

018 기병 도용

彩绘陶甲骑具装俑

Figurine_Cavalry

뤄양시 이양현 양기무덤
洛阳市宜阳县杨机墓
북위 北魏
토도
높이 23.0
뤄양박물관

019 기병 도용

彩绘陶甲骑具装俑

Figurine_Cavalry

뤄양시 이양현 양기무덤
洛阳市宜阳县杨机墓
북위 北魏
토도
높이 23.0
뤄양박물관

020 소 수레 도용

彩绘陶牛车

Figurine_Oxcart

뤄양시 이양현 양기무덤
洛阳市宜阳县杨机墓
북위 北魏
토도
높이 23.4, 길이 25.0
뤄양박물관

021 작은 관을 쓴 문관 도용

彩绘陶小冠俑

Figurine_Civil Official

뤄양시 이양현 양기무덤
洛阳市宜阳县杨机墓
북위 北魏
토도
높이 26.0
뤄양박물관

022 작은 관을 쓴 문관 도용

彩绘陶小冠俑

Figurine_Civil Official

뤄양시 이양현 양기무덤
洛阳市宜阳县杨机墓
북위 北魏
토도
높이 26.0
뤄양박물관

023 방패를 든 무사 도용

彩绘陶执盾武士俑

Figurine_Warrior with a Shield

뤄양시 이양현 양기무덤
洛阳市宜阳县杨机墓
북위 北魏
토도
높이 22.0
뤄양박물관

024 방패를 든 무사 도용

彩绘陶执盾武士俑

Figurines_Warrior with a Shield

뤄양시 이양현 양기무덤
洛阳市宜阳县杨机墓
북위 北魏
토도
높이 22.0, 21.1
뤄양박물관

025 갑옷을 입은 무사 도용

彩绘陶铠甲武士俑

Figurine_Warrior in Armor

뤄양시 이양현 양기무덤
洛阳市宜阳县杨机墓
북위 北魏
토도
높이 22.5
뤄양박물관

026 갑옷을 입은 무사 도용

彩绘陶铠甲武士俑

Figurines_Warrior in Armor

뤄양시 이양현 양기무덤
洛阳市宜阳县杨机墓
북위 北魏
토도
높이 21.6, 22.0
뤄양박물관

027 작은 관을 쓴 인물 도용

彩绘陶小冠俑

Figurines_Man in an Official Hat

뤄양시 이양현 양기무덤
洛阳市宜阳县杨机墓
북위 北魏
토도
높이 22.0, 22.0
뤄양박물관

028 작은 관을 쓴 인물 도용

彩绘陶小冠俑

Figurines_Man in an Official Hat

뤄양시 이양현 양기무덤
洛阳市宜阳县杨机墓
북위 北魏
토도
높이 21.5, 20.5
뤄양박물관

029 피풍을 입은 인물 도용

彩绘陶披裘俑

Figurines_Cloaked Man

뤄양시 이양현 양기무덤
洛阳市宜阳县杨机墓
북위 北魏
토도
높이 19.2, 19.5
뤄양박물관

030 피풍을 입은 인물 도용

彩绘陶披裘俑

Figurines_Cloaked Man

뤄양시 이양현 양기무덤
洛阳市宜阳县杨机墓
북위 北魏
토도
높이 19.0, 19.0
뤄양박물관

031 무사 도용

彩绘陶武士俑

Figurines_Warrior

뤄양시 이양현 양기무덤
洛阳市宜阳县杨机墓
북위 北魏
토도
높이 21.0, 21.0
뤄양박물관

III

호풍한운胡風漢韻 : 이민족의 풍속과 한족의 정취

032 시종 도용(남, 여)

彩绘侍俑

Figurines_Attendant

다퉁시 옌베이사범학교 북위무덤
大同市雁北师院北魏墓
북위 北魏
토도
높이 22.0 외
다퉁시박물관

033 손을 잡고 있는 여인 도용

彩绘陶牵手女俑

Figurine_Two Women Holding Hands

뤄양시 이양현 양기무덤
洛阳市宜阳县杨机墓
북위 北魏
토도
높이 17.0
뤄양박물관

034 여인 도용

彩绘陶女俑

Figurine_Woman

뤄양시 이양현 양기무덤
洛阳市宜阳县杨机墓
북위 北魏
토도
높이 18.7
뤄양박물관

035 작은 관을 쓴 문관 도용

小冠文官俑

Figurine_Civil Official

뤄양시 이양현 양기무덤
洛阳市宜阳县杨机墓
북위 北魏
토도
높이 26.0
뤄양박물관

036 부뚜막 모양 토기

陶灶

Miniature Pottery_Cooking Stove

다퉁시 둥신광장 2기 북위무덤
大同市东信广场二期北魏墓
북위 北魏
토도
높이 14.9, 길이 21.0, 너비 12.0
다퉁시박물관

037 키를 잡고 있는 여인 도용

彩绘陶持箕女俑

Figurine_Woman Holding a Winnowing Basket

뤄양시 이양현 양기무덤
洛阳市宜阳县杨机墓
북위 北魏
토도
높이 13.5
뤄양박물관

038 아이를 안고 있는 여인 도용

彩绘陶抱婴女俑

Figurine_Woman with a Baby

뤄양시 이양현 양기무덤
洛阳市宜阳县杨机墓
북위 北魏
토도
높이 13.0
뤄양박물관

039 동이를 안고 있는 여인 도용

彩绘陶抱盆女俑

Figurine_Woman Holding a Jar

뤄양시 이양현 양기무덤
洛阳市宜阳县杨机墓
북위 北魏
토도
높이 13.5
뤄양박물관

040 두 귀 달린 솥

双耳铜鍑

Bronze Pot with Two Lugs

다퉁시 하이리촌 북위무덤
大同市海力村北魏墓
북위 北魏
청동
높이 19.0, 입지름 12.0
다퉁시박물관

041 용머리 자루 솥

龙首铜鐎斗

Bronze Tripod Cauldron with Dragon Head Handle

다퉁시 둥신광장 북위무덤
大同市东信广场北魏墓
북위 北魏
청동
높이 23.0, 최대너비 29.5
다퉁시박물관

042 세 발 달린 술 단지

彩绘陶樽

Tripod Liquor Container

다퉁시 난자오구 북위무덤
大同市南郊区北魏墓
북위 北魏
토도
높이 10.6, 입지름 13.0
다퉁시박물관

043 청자 사발

青瓷碗

Celadon Bowl

뤄양시 이양현 양기무덤
洛阳市宜阳县杨机墓
북위 北魏
토도
높이 7.5, 입지름 13.3
뤄양박물관

044 청자 병

青瓷盂

Celadon Bottle

뤄양시 지리구 여달무덤
洛阳吉利区吕达墓
북위 北魏
토도
높이 8.5
뤄양박물관

045 게르 모양 토기

陶毡帐

Miniature Pottery_Ger

다퉁시 윈보로 북위무덤군
大同市云波路北魏墓群
북위 北魏
토도
높이 38.0, 길이 28.0, 너비 28.0
다퉁시박물관

046 누각 모양 등

陶楼灯

Miniature Pottery_ Pavilion -shaped Lamp

다퉁시 치리촌 북위무덤군
大同市七里村北魏墓群
북위 北魏
토도
높이 24.6, 바닥너비 14.3
다퉁시박물관

047 말을 탄 인물 도용

骑马俑

Figurine_Man on Horseback

다퉁시 위창자위안 북위무덤
大同市御昌佳园北魏墓
북위 北魏
토도
높이 35.0, 길이 29.0
다퉁시박물관

048 말 수레 도용

马拉车

Figurine_Carriage

다퉁시 위창자위안 북위무덤
大同市御昌佳园北魏墓
북위 北魏
토도
높이 27.5, 잔존길이 53.0,
잔존너비 14.9
다퉁시박물관

049 소 수레 도용

牛拉车

Figurine_Oxcart

다퉁시 위창자위안 북위무덤
大同市御昌佳园北魏墓
북위 北魏
토도
높이 21.0, 잔존길이 48.2
다퉁시박물관

050 시종(남) 도용

侍俑(男)

Figurines_Male Attendant

다퉁시 위창자위안 북위무덤
大同市御昌佳园北魏墓
북위 北魏
토도
높이 25.4, 24.7
다퉁시박물관

051 시종(남) 도용

侍俑(男)

Figurines_Male Attendant

다퉁시 위창자위안 북위무덤
大同市御昌佳园北魏墓
북위 北魏
토도
높이 24.6, 24.5
다퉁시박물관

052 시종(여) 도용

侍俑(女)

Figurines_Female Attendant

다퉁시 위창자위안 북위무덤
大同市御昌佳园北魏墓
북위 北魏
토도
높이 23.6, 23.0
다퉁시박물관

053 시종(여) 도용

侍俑(女)

Figurines_Female Attendant

다퉁시 위창자위안 북위무덤
大同市御昌佳园北魏墓
북위 北魏
토도
높이 23.3, 23.0
다퉁시박물관

054 시종(남) 도용

侍俑(男)

Figurines_Male Attendant

다퉁시 위창자위안 북위무덤
大同市御昌佳园北魏墓
북위 北魏
토도
높이 24.9, 23.8
다퉁시박물관

055 시종(남) 도용

侍俑(男)

Figurines_Male Attendant

다퉁시 위창자위안 북위무덤
大同市御昌佳园北魏墓
북위 北魏
토도
높이 24.5, 24.8
다퉁시박물관

056 춤추는 인물 도용

舞俑

Figurine_Dancer

다퉁시 위창자위안 북위무덤
大同市御昌佳园北魏墓
북위 北魏
토도
높이 24.5
다퉁시박물관

057 춤추는 인물 도용

舞俑

Figurine_Dancer

다퉁시 위창자위안 북위무덤
大同市御昌佳园北魏墓
북위 北魏
토도
높이 24.5
다퉁시박물관

058 악기를 연주하는 인물 도용

彩绘陶伎乐俑

Figurine_Musician

뤄양시 이양현 양기무덤
洛阳市宜阳县杨机墓
북위 北魏
토도
높이 14.0
뤄양박물관

059 악기를 연주하는 인물 도용

彩绘陶伎乐俑

Figurine_Musician

뤄양시 이양현 양기무덤
洛阳市宜阳县杨机墓
북위 北魏
토도
높이 14.0
뤄양박물관

060 악기를 연주하는 인물 도용

彩绘陶伎乐俑

Figurine_Musician

뤄양시 이양현 양기무덤
洛阳市宜阳县杨机墓
북위 北魏
토도
높이 13.9
뤄양박물관

061 악기를 연주하는 인물 도용

彩绘陶伎乐俑

Figurine_Musician

뤄양시 이양현 양기무덤
洛阳市宜阳县杨机墓
북위 北魏
토도
높이 13.8
뤄양박물관

062 악기를 연주하는 인물 도용

彩绘陶伎乐俑

Figurine_Musician

뤄양시 이양현 양기무덤
洛阳市宜阳县杨机墓
북위 北魏
토도
높이 13.7
뤄양박물관

063 악기를 연주하는 인물 도용

彩绘陶伎乐俑

Figurine_Musician

뤄양시 이양현 양기무덤
洛阳市宜阳县杨机墓
북위 北魏
토도
높이 13.4
뤄양박물관

064 악기를 연주하는 인물 도용

彩绘陶伎乐俑

Figurine_Musician

뤄양시 이양현 양기무덤
洛阳市宜阳县杨机墓
북위 北魏
토도
높이 14.0
뤄양박물관

065 악기를 연주하는 인물 도용

彩绘陶伎乐俑

Figurine_Musician

뤄양시 이양현 양기무덤
洛阳市宜阳县杨机墓
북위 北魏
토도
높이 13.3
뤄양박물관

066 낙타 도용

彩绘陶骆驼

Figurine_Camel

뤄양시 이양현 양기무덤
洛阳市宜阳县杨机墓
북위 北魏
토도
높이 24.5, 길이 23.0
뤄양박물관

IV 불교의 융성

067 '景明三年경명3년'이 새겨진 청동 불상

景明三年铜佛

Bronze Buddha with Inscription of "景明三年"

옌스시 커우뎬진 시주촌
偃师市寇店镇西朱村
북위 北魏
청동
높이 13.0
뤄양박물관

068 '正光五年정광5년'이 새겨진 청동 불상

正光五年铜佛

Bronze Buddha with Inscription of "正光五年"

옌스시 커우뎬진 시주촌
偃师市寇店镇西朱村
북위 北魏
청동
높이 14.1
뤄양박물관

069 삼존보살입상

三尊菩萨造像

Stone Standing Bodhisattva Triad

뤄양시 멍진현
洛阳市孟津县
북위 北魏
돌
높이 80.5
뤄양박물관

070 영녕사 9층목탑 모형

永宁寺塔(模型)

Wooden Miniature Pagoda in Yongmingsi Temple (Replica)

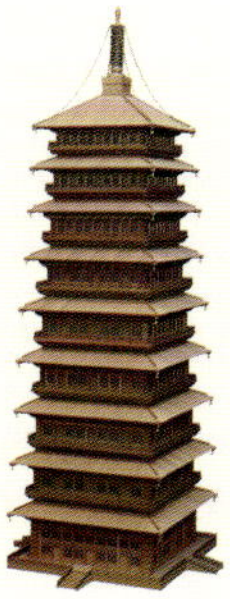

현대 现代
나무
높이 150.0, 바닥너비 44.0
다퉁시박물관

북위 北魏

선비 탁발부 鮮卑拓跋部 의 발자취

北魏鮮卑拓跋部的历史足迹

NORTHERN WEI

The Legacy of the Tuoba Tribe of the Xianbei

국립부여박물관 전시

2021.10.19TUE-11.28SUN

한성백제박물관 전시

2021.12.17FRI-2022.2.27SUN

발행인

유병하 윤형원

발행일

2021년 12월 21일

발행처

한성백제박물관

05540 서울특별시 송파구 위례성대로 71

Tel. 02-2152-5800

http://baekjemuseum.seoul.go.kr

국립부여박물관

33156 충청남도 부여군 부여읍 금성로 5

Tel. 041-833-8563

https://buyeo.museum.go.kr

디자인

(주)디자인나눔

04044 서울시 마포구 양화로 6길 9-24 동우빌딩5F

Tel. 02-325-3264

인쇄

두성프린트

발간등록번호

51-6113103-000070-01

ISBN

979-11-86012-85-7